U0604670

加油(气)站负责人与管理人员安全培训教材

国家安全生产监督管理总局宣传教育中心 编

UNITY PRESS 团结出版社

图书在版编目（CIP）数据

加油（气）站负责人与管理人员安全培训教

材／国家安全生产监督管理总局宣传教育中心编 . -- 北

京：团结出版社，2010.1

（企业主要负责人和安全管理人员安全生产培训教材

系列）

ISBN 978-7-80214-939-7

Ⅰ.①加… Ⅱ.①国… Ⅲ.①加油站－安全管理－技

术培训－教材 Ⅳ.①U491. 8

中国版本图书馆 CIP 数据核字（2009）第 211538 号

出　　版：团结出版社

　　　　　（北京市东城区东皇城根南街 84 号　邮编：100006）

电　　话：（010）65228880　65244790（出版社）

网　　址：www.tjpress.com

E - mail：65244790@163.com

经　　销：全国新华书店

印　　刷：北京神州伟业印务有限公司

开　　本：185mm×260mm

字　　数：339 千字

版　　次：2015 年 4 月第 2 版

印　　次：2018 年 8 月第 2 次印刷

书　　号：978-7-80214-939-7

定　　价：36.00 元

（版权所属，盗版必究）

编 委 会

主　　任：张新亮

委　　员：（按姓氏笔画排序）

　　　　　王春光　　王玉敏　　田学东　　李　进

　　　　　邢艳君　　刘　毅　　赵守超　　郭　健

编写人员：彭丽丽　　王　坤　　袁希翀　　赵　或

　　　　　刘　璐　　芦　杉　　张旋旋

修订说明

近年来，随着城市交通和车辆的迅速发展，加油（气）站如雨后春笋般建立，随之而来的安全事故隐患也日益突出，成为制约加油（气）站发展的一大瓶颈，加油（气）站负责人与管理人员安全意识和知识亟待加强。

2014年8月31日，第十二届全国人民代表大会通过了《全国人民代表大会常务委员会关于修改〈中华人民共和国安全生产法〉的决定》，自2014年12月1日起施行。修订后的《安全生产法》对于落实生产经营单位主体责任，加强政府监管，强化责任追究，预防和减少生产安全事故，保障人民群众生命和财产安全，促进经济社会持续健康发展具有重大意义。

根据《安全生产法》规定，生产经营单位主要负责人与管理人员应当接受专门的安全培训，具备与本单位所从事的经营活动相应的安全生产知识和管理能力。为此，国家安全生产监督管理总局宣传教育中心组织有关专家修订了《加油（气）站负责人与管理人员安全培训教材》一书。

此次修订在保留原版教材的基础上，重点突出以下几个特点：

1. 本书着重介绍了《安全生产法》《危险化学品安全管理条例》等相关安全生产法律法规和安全技术标准，明确了加油（气）站安全监管制度、加油（气）站经营单位法律责任处罚等。学习这些相关内容有助于加油（气）站负责人与管理人员明确安全生产职责及法律责任，强化安全意识，自觉遵守安全生产法律法规，并对其安全培训提出了新的规定和要求。

2. 本书注重加油（气）站的安全事故预防和隐患的排查治理，如电气安全管理的相关知识、防火与防爆的基本知识及防范措施、加油（气）站事故隐患排查治理与安全检查、加油（气）站事故预防与应急管理等内容。加油（气）站负责人与管理人员通过这些知识的学习，可以切实提高安全管理水平，有效预防事故的发生。

3. 本书注重案例教学，血的教训往往是最鲜活、最深刻的。本书精选了一些加油（气）站典型的事故案例，并深入分析了事故发生的原因、事故特点及事故教训和防范措施，还起到了一定的安全警示作用。

本书在编纂过程中，得到了湖南省安全生产监督管理局、湖南省人事培训处、四川省职业安全健康协会、青海省安全生产宣传教育中心、葫芦岛市安培技术咨询有限公司等单位的大力支持和协助。在此，谨向上述单位的领导和专家表示衷心的感谢。

由于时间仓促，编者水平有限，书中不足之处在所难免，敬请批评指正。

编　者

目 录

第一章 加油（气）站相关安全法律法规

第一节 安全生产方针和安全生产理念

一、安全生产方针

"安全第一、预防为主、综合治理"的安全生产工作"十二字方针"，明确了安全生产的重要地位、主体任务和实现安全生产的根本途径。

"安全第一"是指生产经营活动中，在处理保证安全与实现生产经营活动的其他各项目标的关系上，要始终把安全特别是从业人员和其他人员的人身安全放在首要位置，实行"安全优先"原则。坚持以人为本，在确保安全的前提下，实现生产经营的其他目标。当然，对于"安全第一"的方针也要有正确的理解，不是说安全投入越多越好，安全系数越高越好，更不能理解成为了保证安全而将一些高危行业统统关闭，而是要在保证生产安全的同时，促进生产经营活动的顺利进行，促进经济发展，"生产必须安全，安全为了生产"与"安全第一"的提法是一致的。

"预防为主"是指把预防生产安全事故的发生放在安全生产工作的首位，努力做到事前防范，而不是事后补救。按照系统化、科学化的管理思想，按照事故发生的规律和特点，千方百计预防事故发生，做到防患于未然，将事故消灭在萌芽状态。虽然人类在生产活动中还不能完全杜绝事故的发生，但只要思想重视，预防措施得当，事故是可以预防和减少的。

"综合治理"就是标本兼治，重在治本。党的十六届五中全会第一次把"综合治理"充实到安全生产方针当中，2014 年《安全生产法》修订，又将这一概念写入法律，反映了国家对安全生产工作的重视，同时也反映了安全生产发展的规律特点。在采取有力措施遏制重特大事故，实现治标的同时，积极探索和实施治本之策，综合运用科技手段、法律手段、经济手段和必要的行政手段，从发展规划、行业管理、安全投入、科技进步、经济政策、教育培训、安全立法、激励约束、企业管理、监管体制、社会监督以及追究事故责任、查处违法违纪等方面着手，解决影响制约我国安全生产的历史性、深层次问题，做到思想认识上警钟长鸣，制度保证上严密有效，技术支撑上坚强有力，监督检查上严格细致，事故处理上严肃认真。

二、安全生产理念

《安全生产法》将"以人为本，坚持安全发展"确立为安全生产理念。

"以人为本"，首先必须是以人的生命为本。安全发展强调"以人为本"，首先是以人的生命和健康为本，保护人的生命安全与健康，在确保广大人民群众生命安全与健康及财产安全的前提下实现又好又快发展。"以人为本"是我们党的根本宗旨和执政理念，保障人民群众安全是社会的共同责任、社会进步的必要条件。

坚持安全发展，在生产中获得安全保障，是劳动者的基本权利，也是保持社会和谐与稳定的必然要求。安全发展的核心体现了发展为了人民。无论在任何时候、任何情况下，都要把维护广大人民群众的生命权和健康权放在首位，把安全生产工作纳入各级党组织的重要工作议事日程、各级政府经济与社会发展总体规划和企业的长远发展规划之中，同步规划、同步部署、同步实施、同步考核和同步推进。

安全发展体现了我党的"立党为公、执政为民"的执政理念，反映了科学发展观"以人为本"的本质特征。而高度重视和切实抓好安全生产工作，是坚持立党为公、执政为民的必然要求，是贯彻落实科学发展观的必然要求，是实现好、维护好、发展好最广大人民群众根本利益的必然要求，也是构建社会主义和谐社会的必然要求。实现安全发展必须高度重视和切实抓好安全生产工作，实现安全形势彻底好转。正确把握"安全发展"的科学内涵，对安全生产工作具有十分积极、前瞻、深远的战略作用。

"以人为本、安全发展"重点包含三层含义：

1. 必须以人的生命为本

人的生命最宝贵，生命安全权益是最大的权益。发展决不能以牺牲人的生命为代价，这是一条不可逾越的红线。

2. 经济社会持续健康发展必须以安全为基础、前提和保障

国民经济和区域经济、各个行业和领域、各类生产经营单位的持续健康发展，要建立在安全保障能力不断增强、安全生产状况持续改善、劳动者生命安全和身体健康得到切实保障的基础上，做到安全生产与经济社会持续健康发展，各项工作同步规划、同步部署、同步推进，实现可持续健康发展。

3. 构建社会主义和谐社会必须解决安全生产问题

安全生产既是人民群众关注的热点、难点，也是和谐社会建设的切入点、着力点。只有搞好安全生产，实现安全发展，国家才能富强安宁，百姓才能平安幸福，社会才能和谐安定。

对生产经营单位来讲，安全发展是落实科学发展观，实现科学、持续、有效、较快和协调发展的必然要求和重要保证，是履行经济、政治和社会责任的重要体现，是增强市场竞争力的重要基础。

坚持安全发展，就是最大限度地提高发展效益，降低发展风险，实现社会又好又快地发展。实现安全发展的根本和落脚点是认真切实地贯彻落实好安全生产法规、制度和措施。

第二节 法律法规及安全技术标准

一、法律法规

1. 《安全生产法》

《安全生产法》由 2002 年 6 月 29 日第九届全国人民代表大会常务委员会第二十八次会议通过，根据 2014 年 8 月 31 日第十二届全国人民代表大会常务委员会第十次会议《关于修改〈中华人民共和国安全生产法〉的决定》修正，自 2014 年 12 月 1 日起施行。《安全生产法》是我国第一部规范安全生产的综合性法律。制定《安全生产法》的目的是加强安全生产工作，防止和减少生产安全事故，保障人民群众生命和财产安全，促进经济社会持续健康发展。

该法相关规定如下：

（1）生产经营单位的主要负责人对本单位的安全生产工作全面负责。

（2）国家实行生产安全事故责任追究制度，依照本法和有关法律、法规的规定，追究生产安全事故责任人员的法律责任。

（3）生产经营单位应当具备的安全生产条件所必需的资金投入，由生产经营单位的决策机构、主要负责人或者个人经营的投资人予以保证，并对由于安全生产所必需的资金投入不足导致的后果承担责任。

（4）矿山、金属冶炼、建筑施工、道路运输单位和危险物品的生产、经营、储存单位，应当设置安全生产管理机构或者配备专职安全生产管理人员。

（5）生产经营单位的主要负责人和安全生产管理人员必须具备与本单位所从事的生产经营活动相应的安全生产知识和管理能力。危险物品的生产、经营、储存单位以及矿山、金属冶炼、建筑施工、道路运输单位的主要负责人和安全生产管理人员，应当由主管的负有安全生产监督管理职责的部门对其安全生产知识和管理能力考核合格。考核不得收费。

（6）生产经营单位发生生产安全事故时，单位的主要负责人应当立即组织抢救，并不得在事故调查处理期间擅离职守。

2. 《消防法》

《消防法》于 1998 年 4 月 29 日第九届全国人民代表大会常务委员会第二次会议通过，2008 年 10 月 28 日由中华人民共和国第十一届全国人民代表大会常务委员会第五次会议通过修订，自 2009 年 5 月 1 日起施行。该法旨在预防火灾和减少火灾危害，加强应急救援工作，保护人身、财产安全，维护公共安全。

该法的相关规定如下：

（1）机关、团体、企业、事业等单位应当履行下列消防安全职责：

① 落实消防安全责任制，制定本单位的消防安全制度、消防安全操作规程，制定灭火和应急疏散预案。

② 按照国家标准、行业标准配置消防设施、器材，设置消防安全标志，并定期组织检验、维修，确保完好有效。

③ 对建筑消防设施每年至少进行一次全面检测，确保完好有效，检测记录应当完整准确，存档备查。

④ 保障疏散通道、安全出口、消防车通道畅通，保证防火防烟分区、防火间距符合消防技术标准。

⑤ 组织防火检查，及时消除火灾隐患。

⑥ 组织进行有针对性的消防演练。

⑦ 法律、法规规定的其他消防安全职责。

（2）单位的主要负责人是本单位的消防安全责任人。

（3）生产、储存、经营易燃易爆危险品的场所不得与居住场所设置在同一建筑物内，并应当与居住场所保持安全距离。生产、储存、经营其他物品的场所与居住场所设置在同一建筑物内的，应当符合国家工程建设消防技术标准。

（4）生产、储存、装卸易燃易爆危险品的工厂、仓库和专用车站、码头的设置，应当符合消防技术标准。易燃易爆气体和液体的充装站、供应站、调压站，应当设置在符合消防安全要求的位置，并符合防火防爆要求。

3.《突发事件应对法》

《突发事件应对法》于 2007 年 8 月 30 日第十届全国人民代表大会常务委员会第二十九次会议通过，自 2007 年 11 月 1 日起实施。

该法规定：

（1）所有单位应当建立健全安全管理制度，定期检查本单位各项安全防范措施的落实情况，及时消除事故隐患；掌握并及时处理本单位存在的可能引发社会安全事件的问题，防止矛盾激化和事态扩大；对本单位可能发生的突发事件和采取安全防范措施的情况，应当按照规定及时向所在地人民政府或者人民政府有关部门报告。

（2）矿山、建筑施工单位和易燃易爆物品、危险化学品、放射性物品等危险物品的生产、经营、储运、使用单位，应当制定具体应急预案，并对生产经营场所、有危险物品的建筑物、构筑物及周边环境开展隐患排查，及时采取措施消除隐患，防止发生突发事件。

（3）公共交通工具、公共场所和其他人员密集场所的经营单位或者管理单位应当制定具体应急预案，为交通工具和有关场所配备报警装置和必要的应急救援设备、设施，注明其使用方法，并显著标明安全撤离的通道、路线，保证安全通道、出口的畅通。有关单位应当定期检测、维护其报警装置和应急救援设备、设施，使其处于良好状态，确保正常使用。

（4）突发事件发生地的公民应当服从人民政府、居民委员会、村民委员会或者所属单位的指挥和安排，配合人民政府采取的应急处置措施，积极参加应急救援工作，协助维护社会秩序。

4.《危险化学品安全管理条例》

《危险化学品安全管理条例》于 2002 年 1 月 26 日以国务院第 344 号令的形式颁布，2011 年 2 月 16 日经国务院第 144 次常务会议通过第一次修订，2013 年 12 月 7 日经国务院第 32 次常务会议第二次修订。该条例旨在加强危险化学品的安全管理，预防和减少危险化学品事故，保障人民群众生命财产安全，保护环境。

该条例的相关内容如下：

（1）生产、储存、使用、经营、运输危险化学品的单位（以下统称危险化学品单位）的主要负责人对本单位的危险化学品安全管理工作全面负责。

（2）生产、储存危险化学品的单位，应当根据其生产、储存的危险化学品的种类和危险特性，在作业场所设置相应的监测、监控、通风、防晒、调温、防火、灭火、防爆、泄压、防毒、中和、防潮、防雷、防静电、防腐、防泄漏以及防护围堤或者隔离操作等安全设施、设备，并按照国家标准、行业标准或者国家有关规定对安全设施、设备进行经常性维护、保养，保证安全设施、设备的正常使用。

（3）生产、储存危险化学品的单位，应当在其作业场所和安全设施、设备上设置明显的安全警示标志。

（4）生产、储存危险化学品的单位，应当在其作业场所设置通信、报警装置，并保证处于适用状态。

（5）危险化学品生产企业、进口企业，应当向国务院安全生产监督管理部门负责危险化学品登记的机构办理危险化学品登记。

（6）储存危险化学品的单位应当建立危险化学品出入库核查、登记制度。

（7）危险化学品的装卸作业应当遵守安全作业标准、规程和制度，并在装卸管理人员的现场指挥或者监控下进行。

5.《易制毒化学品管理条例》

《易制毒化学品管理条例》于 2005 年 8 月 26 日以国务院第 445 号令的形式公布，根据 2014 年 7 月 29 日《国务院关于修改部分行政法规的决定》第一次修改，根据 2016 年 2 月 6 日《国务院关于修改部分行政法规的决定》第二次修改。该条例旨在加强易制毒化学品管理，规范易制毒化学品的生产、经营、购买、运输和进口、出口行为，防止易制毒化学品被用于制造毒品，维护经济和社会秩序。

该条例的相关规定如下：

（1）国家对易制毒化学品的生产、经营、购买、运输和进口、出口实行分类管理和许可制度。

（2）易制毒化学品的生产、经营、购买、运输和进口、出口，除应当遵守该条例的规定外，属于药品和危险化学品的，还应当遵守法律、其他行政法规对药品和危险化学品的有关规定。

（3）禁止走私或者非法生产、经营、购买、转让、运输易制毒化学品。

（4）生产、经营、购买、运输和进口、出口易制毒化学品的单位，应当建立单位内部易制毒化学品管理制度。

6.《危险化学品经营许可证管理办法》

《危险化学品经营许可证管理办法》于 2012 年 7 月 17 日由国家安全生产监督管理总局令第 55 号公布，根据 2015 年 5 月 27 日国家安全生产监督管理总局令第 79 号修正，自 2015 年

7月1日起施行。该办法旨在严格危险化学品经营安全条件，规范危险化学品经营活动，保障人民群众生命、财产安全。

该办法相关规定如下：

（1）从事危险化学品经营的单位（以下统称申请人）应当依法登记注册为企业，并具备下列基本条件：

① 经营和储存场所、设施、建筑物符合《建筑设计防火规范》（GB 50016）、《石油化工企业设计防火规范》（GB 50160）、《汽车加油加气站设计与施工规范》（GB 50156）、《石油库设计规范》（GB 50074）等相关国家标准、行业标准的规定。

② 企业主要负责人和安全生产管理人员具备与本企业危险化学品经营活动相适应的安全生产知识和管理能力，经专门的安全生产培训和安全生产监督管理部门考核合格，取得相应安全资格证书；特种作业人员经专门的安全作业培训，取得特种作业操作证书；其他从业人员依照有关规定经安全生产教育和专业技术培训合格。

③ 有健全的安全生产规章制度和岗位操作规程。

④ 有符合国家规定的危险化学品事故应急预案，并配备必要的应急救援器材、设备。

⑤ 法律、法规和国家标准或者行业标准规定的其他安全生产条件。

（2）上述规定的安全生产规章制度，是指全员安全生产责任制度、危险化学品购销管理制度、危险化学品安全管理制度（包括防火、防爆、防中毒、防泄漏管理等内容）、安全投入保障制度、安全生产奖惩制度、安全生产教育培训制度、隐患排查治理制度、安全风险管理制度、应急管理制度、事故管理制度、职业卫生管理制度等。

7.《生产安全事故信息报告和处置办法》

《生产安全事故信息报告和处置办法》于2009年6月16日由国家安全生产监督管理总局令第21号的形式公布，自2009年7月1日起实施。该办法旨在规范生产安全事故信息的报告和处置工作。

该办法相关规定如下：

（1）生产经营单位发生生产安全事故或者较大涉险事故，其单位负责人接到事故信息报告后应当于1小时内报告事故发生地县级安全生产监督管理部门、煤矿安全监察分局。发生较大以上生产安全事故的，事故发生单位在依照上述规定报告的同时，应当在1小时内报告省级安全生产监督管理部门、省级煤矿安全监察机构。发生重大、特别重大生产安全事故的，事故发生单位在依照上述规定报告的同时，可以立即报告国家安全生产监督管理总局、国家煤矿安全监察局。

（2）事故具体情况暂时不清楚的，负责事故报告的单位可以先报事故概况，随后补报事故全面情况。事故信息报告后出现新情况的，负责事故报告的生产经营单位应当依照相关规定及时续报。

（3）生产经营单位及其有关人员对生产安全事故迟报、漏报、谎报或者瞒报的，依照有关规定予以处罚。生产经营单位对较大涉险事故迟报、漏报、谎报或者瞒报的，给予警告，并处3万元以下的罚款。

8.《安全生产事故隐患排查治理暂行规定》

《安全生产事故隐患排查治理暂行规定》于 2007 年 12 月 28 日以国家安全生产监督管理总局令第 16 号的形式公布，自 2008 年 2 月 1 日起施行。该规定旨在建立安全生产事故隐患排查治理长效机制，强化安全生产主体责任，加强事故隐患监督管理，防止和减少事故，保障人民群众生命财产安全。

该暂行规定相关要求如下：

（1）生产经营单位应当建立健全事故隐患排查治理制度。生产经营单位主要负责人对本单位事故隐患排查治理工作全面负责。

（2）生产经营单位是事故隐患排查、治理和防控的责任主体。生产经营单位应当建立健全事故隐患排查治理和建档监控等制度，逐级建立并落实从主要负责人到每个从业人员的隐患排查治理和监控责任制。

（3）生产经营单位应当定期组织安全生产管理人员、工程技术人员和其他相关人员排查本单位的事故隐患。对排查出的事故隐患，应当按照事故隐患的等级进行登记，建立事故隐患信息档案，并按照职责分工实施监控治理。

（4）生产经营单位应当每季、每年对本单位事故隐患排查治理情况进行统计分析，并分别于下一季度 15 日前和下一年 1 月 31 日前向安全监管监察部门和有关部门报送书面统计分析表。统计分析表应当由生产经营单位主要负责人签字。对于重大事故隐患，生产经营单位除依照规定报送外，应当及时向安全监管监察部门和有关部门报告。

9.《国家安全监管总局关于印发企业安全生产责任体系五落实五到位规定的通知》（安监总办〔2015〕27 号）

为深入贯彻落实习近平总书记关于安全生产工作的重要论述精神和全国安全生产电视电话会议部署，全面贯彻落实新《安全生产法》，进一步健全安全生产责任体系，强化企业安全生产主体责任落实，国家安全监管总局在 2015 年 3 月 16 日制定了《企业安全生产责任体系五落实五到位规定》。具体如下：

（1）必须落实"党政同责"要求，董事长、党组织书记、总经理对本企业安全生产工作共同承担领导责任。

（2）必须落实安全生产"一岗双责"，所有领导班子成员对分管范围内安全生产工作承担相应职责。

（3）必须落实安全生产组织领导机构，成立安全生产委员会，由董事长或总经理担任主任。

（4）必须落实安全管理力量，依法设置安全生产管理机构，配齐配强注册安全工程师等专业安全管理人员。

（5）必须落实安全生产报告制度，定期向董事会、业绩考核部门报告安全生产情况，并向社会公示。

（6）必须做到安全责任到位、安全投入到位、安全培训到位、安全管理到位、应急救援到位。

二、安全技术标准

（一）《危险化学品重大危险源辨识》（GB 18218—2009）

该标准由国家安全生产监督管理总局和国家标准化委员会于 2009 年 3 月 1 日联合发布，自 2009 年 12 月 1 日起施行。

该标准分前言、范围、规范性引用文件、术语和定义、危险化学品重大危险源辨识共五部分。规定了辨识危险化学品重大危险源的依据和方法。适用于危险化学品的生产、使用、存储和经营等各企业或组织。

（二）《危险化学品从业单位安全标准化通用规范》（AQ 3013—2008）

该标准由国家安全生产监督管理总局于 2008 年 11 月 19 日发布，自 2009 年 1 月 1 日起施行。

该标准分前言、范围、规范性引用文件、术语和定义、要求、管理要素共六部分。明确了危险化学品从业单位开展安全标准化的总体原则、过程和要求。适用于指导危险化学品从业单位安全标准化系列标准的编制与实施。

（三）《石油化工企业安全管理体系实施导则》（AQ/T 3012—2008）

该标准由国家安全生产监督管理总局于 2008 年 11 月 19 日发布，自 2009 年 1 月 1 日起施行。

该标准给出石油化工企业安全管理模式和管理方法的指南。该标准适用于石油化工企业全过程的安全管理。企业可根据实际情况选择适用内容，并确保符合有关法律法规和标准的要求。

（四）《车用柴油》（GB 19147—2016）

该标准由国家质量监督检验检疫总局和国家标准化管理委员会于 2016 年 12 月 23 日联合发布，自 2016 年 12 月 23 日施行。

本标准规定了车用柴油的术语和定义、产品分类、技术要求和试验方法、取样、标志、包装、运输和贮存、安全及标准的实施。本标准适用于压燃式发动机汽车使用的、由石油制取或加有改善使用性能添加剂的车用柴油。本标准不适用于以生物柴油为调合组分的车用柴油。

（五）燃油加油站防爆安全技术

1. 《燃油加油站防爆安全技术　第 1 部分：燃油加油机防爆安全技术要求》（GB/T 22380.1—2017）

该标准由国家质量监督检验检疫总局和国家标准化管理委员会于 2017 年 12 月 29 日联合发布，自 2018 年 7 月 1 日起施行。

该标准代替《燃油加油站防爆安全技术 第 1 部分：燃油加油机防爆安全技术要求》（GB 22380.1—2008），本部分规定了安装在加油站的燃油加油机的安全要求和/或保护措施，以及试验和使用信息方面的要求。本部分适用于安装在加油站的燃油加油机（以下简称加油机），以不大于 200 L/min 的流量给车辆、船只、轻型飞机或给移动式罐体容器添加液体燃油，且用于在 -20 ℃～+40 ℃ 环境下使用或贮藏液体燃油。

2.《燃油加油站防爆安全技术 第2部分：加油机用安全拉断阀结构和性能的安全要求》（GB 22380.2—2010）

该标准由国家质量监督检验检疫总局和国家标准化管理委员会于 2010 年 11 月 10 日联合发布，自 2011 年 9 月 1 日起施行。

该标准分前言、范围、规范性引用文件、术语和定义、防爆措施、结构、物理性能、功能要求、试验、使用信息、附录共 11 部分。规定了安装在加油站、以不大于 200 L/min 的流量给车辆、船只、轻型飞机或移动式罐体容器添加液体燃料的燃油加油机用安全拉断阀结构和性能的安全要求。适用于安装在加油站以不大于 200 L/min 的流量给车辆、船只、轻型飞机或移动式罐体容器添加液体燃料的燃油加油机用安全拉断阀。

3.《燃油加油站防爆安全技术 第3部分：剪切阀结构和性能的安全要求》（GB 22380.3—2010）

该标准由国家质量监督检验检疫总局和国家标准化管理委员会于 2010 年 11 月 10 日联合发布，自 2011 年 9 月 1 日起施行。

该标准分前言、引言、范围、规范性引用文件、术语和定义、防爆措施、结构、物理性能、使用要求、试验、使用信息、附录共 12 部分。规定了安装在加油站、以不大于 200 L/min 的流量给车辆、船只、轻型飞机或移动式罐体容器添加液体燃料的燃油加油机用剪切阀结构和性能的安全和环境要求。适用于安装在加油站、以不大于 200 L/min 的流量给车辆、船只、轻型飞机或移动式罐体容器添加液体燃料的燃油加油机用剪切阀。

（六）车用汽油（GB 17930—2016）

该标准由国家质量监督检验检疫总局和国家标准化管理委员会于 2016 年 12 月 23 日联合发布，自 2016 年 12 月 23 日起施行。

该标准代替了《车用汽油》（GB 17930—2013），规定了车用汽油的术语和定义、产品分类、要求和试验方法、取样、标志、包装、运输和贮存、安全及标准的实施。适用于点燃式发动机使用的、由石油制取或由石油制取的加有改善使用性能添加剂的车用汽油。

第三节 加油（气）站安全监管制度

由于危险化学品对社会危害很大，为了保障人民生命财产安全，国家对危险品单位遵守有关法律法规情况的监督管理负有不可推卸的责任。《危险化学品安全管理条例》（以下简称《条例》）中规定，国家对危险化学品的生产、储存实行统筹规划、合理布局。

一、政府有关部门的监督管理职责

对危险化学品的生产、储存、使用、经营、运输实施安全监督管理的有关部门（以下统称负有危险化学品安全监督管理职责的部门)，依照下列规定履行职责：

(1) 安全生产监督管理部门负责危险化学品安全监督管理综合工作，组织确定、公布、调整危险化学品目录，对新建、改建、扩建生产、储存危险化学品（包括使用长输管道输送危险化学品，下同）的建设项目进行安全条件审查，核发危险化学品安全生产许可证、危险化学品安全使用许可证和危险化学品经营许可证，并负责危险化学品登记工作。

(2) 公安机关负责危险化学品的公共安全管理，核发剧毒化学品购买许可证、剧毒化学品道路运输通行证，并负责危险化学品运输车辆的道路交通安全管理。

(3) 质量监督检验检疫部门负责核发危险化学品及其包装物、容器（不包括储存危险化学品的固定式大型储罐，下同）生产企业的工业产品生产许可证，并依法对其产品质量实施监督，负责对进出口危险化学品及其包装实施检验。

(4) 环境保护主管部门负责废弃危险化学品处置的监督管理，组织危险化学品的环境危害性鉴定和环境风险程度评估，确定实施重点环境管理的危险化学品，负责危险化学品环境管理登记和新化学物质环境管理登记；依照职责分工调查相关危险化学品环境污染事故和生态破坏事件，负责危险化学品事故现场的应急环境监测。

(5) 交通运输主管部门负责危险化学品道路运输、水路运输的许可以及运输工具的安全管理，对危险化学品水路运输安全实施监督，负责危险化学品道路运输企业、水路运输企业驾驶人员、船员、装卸管理人员、押运人员、申报人员、集装箱装箱现场检查员的资格认定。铁路主管部门负责危险化学品铁路运输的安全管理，负责危险化学品铁路运输承运人、托运人的资质审批及其运输工具的安全管理。民用航空主管部门负责危险化学品航空运输以及航空运输企业及其运输工具的安全管理。

(6) 卫生主管部门负责危险化学品毒性鉴定的管理，负责组织、协调危险化学品事故受伤人员的医疗卫生救援工作。

(7) 工商行政管理部门依据有关部门的许可证件，核发危险化学品生产、储存、经营、运输企业营业执照，查处危险化学品经营企业违法采购危险化学品的行为。

(8) 邮政管理部门负责依法查处寄递危险化学品的行为。

二、政府监督管理部门的职权

负有危险化学品安全监督管理职责的部门依法进行监督检查，可以采取下列措施：

(1) 进入危险化学品作业场所实施现场检查，向有关单位和人员了解情况，查阅、复制有关文件、资料；

(2) 发现危险化学品事故隐患，责令立即消除或者限期消除；

(3) 对不符合法律、行政法规、规章规定或者国家标准、行业标准要求的设施、设备、装置、器材、运输工具，责令立即停止使用；

(4) 经本部门主要负责人批准，查封违法生产、储存、使用、经营危险化学品的场所，扣押违法生产、储存、使用、经营、运输的危险化学品以及用于违法生产、使用、运输危险化学品的原材料、设备、运输工具；

(5) 发现影响危险化学品安全的违法行为，当场予以纠正或者责令限期改正。

负有危险化学品安全监督管理职责的部门依法进行监督检查，监督检查人员不得少于2人，并应当出示执法证件；有关单位和个人对依法进行的监督检查应当予以配合，不得拒绝、阻碍。

第四节　加油（气）站经营单位法律责任处罚

一、《安全生产法》中有关安全生产违法行为及法律责任

（1）生产经营单位有下列行为之一的，责令限期改正，可以处五万元以下的罚款；逾期未改正的，责令停产停业整顿，并处五万元以上十万元以下的罚款，对其直接负责的主管人员和其他直接责任人员处一万元以上二万元以下的罚款：

① 未按照规定设置安全生产管理机构或者配备安全生产管理人员的。

② 危险物品的生产、经营、储存单位以及矿山、金属冶炼、建筑施工、道路运输单位的主要负责人和安全生产管理人员未按照规定经考核合格的。

③ 未按照规定对从业人员、被派遣劳动者、实习学生进行安全生产教育和培训，或者未按照规定如实告知有关的安全生产事项的。

④ 未如实记录安全生产教育和培训情况的。

⑤ 未将事故隐患排查治理情况如实记录或者未向从业人员通报的。

⑥ 未按照规定制定生产安全事故应急救援预案或者未定期组织演练的。

⑦ 特种作业人员未按照规定经专门的安全作业培训并取得相应资格，上岗作业的。

（2）生产经营单位有下列行为之一的，责令限期改正，可以处五万元以下的罚款；逾期未改正的，处五万元以上二十万元以下的罚款，对其直接负责的主管人员和其他直接责任人员处一万元以上二万元以下的罚款；情节严重的，责令停产停业整顿；构成犯罪的，依照刑法有关规定追究刑事责任：

① 未在有较大危险因素的生产经营场所和有关设施、设备上设置明显的安全警示标志的。

② 安全设备的安装、使用、检测、改造和报废不符合国家标准或者行业标准的。

③ 未对安全设备进行经常性维护、保养和定期检测的。

④ 未为从业人员提供符合国家标准或者行业标准的劳动防护用品的。

⑤ 危险物品的容器、运输工具，以及涉及人身安全、危险性较大的海洋石油开采特种设备和矿山井下特种设备未经具有专业资质的机构检测、检验合格，取得安全使用证或者安全标志，投入使用的。

⑥ 使用应当淘汰的危及生产安全的工艺、设备的。

（3）生产经营单位有下列行为之一的，责令限期改正，可以处十万元以下的罚款；逾期未改正的，责令停产停业整顿，并处十万元以上二十万元以下的罚款，对其直接负责的主管人员和其他直接责任人员处二万元以上五万元以下的罚款；构成犯罪的，依照刑法有关规定追究刑事责任：

① 生产、经营、运输、储存、使用危险物品或者处置废弃危险物品，未建立专门安全管理制度、未采取可靠的安全措施的。

② 对重大危险源未登记建档，或者未进行评估、监控，或者未制定应急预案的。

③ 进行爆破、吊装以及国务院安全生产监督管理部门会同国务院有关部门规定的其他危

险作业，未安排专门人员进行现场安全管理的。

④ 未建立事故隐患排查治理制度的。

（4）生产经营单位未采取措施消除事故隐患的，责令立即消除或者限期消除；生产经营单位拒不执行的，责令停产停业整顿，并处十万元以上五十万元以下的罚款，对其直接负责的主管人员和其他直接责任人员处二万元以上五万元以下的罚款。

二、《危险化学品安全管理条例》中规定的违法行为及法律责任

（1）生产、经营、使用国家禁止生产、经营、使用的危险化学品的，由安全生产监督管理部门责令停止生产、经营、使用活动，处 20 万元以上 50 万元以下的罚款，有违法所得的，没收违法所得；构成犯罪的，依法追究刑事责任。有前款规定行为的，安全生产监督管理部门还应当责令其对所生产、经营、使用的危险化学品进行无害化处理。违反国家关于危险化学品使用的限制性规定使用危险化学品的，依照上述的规定处理。

（2）未经安全条件审查，新建、改建、扩建生产、储存危险化学品的建设项目的，由安全生产监督管理部门责令停止建设，限期改正；逾期不改正的，处 50 万元以上 100 万元以下的罚款；构成犯罪的，依法追究刑事责任。未经安全条件审查，新建、改建、扩建储存、装卸危险化学品的港口建设项目的，由港口行政管理部门依照前款规定予以处罚。

（3）有下列情形之一的，由安全生产监督管理部门责令改正，可以处 5 万元以下的罚款；拒不改正的，处 5 万元以上 10 万元以下的罚款；情节严重的，责令停产停业整顿：

① 生产、储存危险化学品的单位未对其铺设的危险化学品管道设置明显的标志，或者未对危险化学品管道定期检查、检测的。

② 进行可能危及危险化学品管道安全的施工作业，施工单位未按照规定书面通知管道所属单位，或者未与管道所属单位共同制定应急预案、采取相应的安全防护措施，或者管道所属单位未指派专门人员到现场进行管道安全保护指导的。

③ 危险化学品生产企业未提供化学品安全技术说明书，或者未在包装（包括外包装件）上粘贴、挂挂化学品安全标签的。

④ 危险化学品生产企业提供的化学品安全技术说明书与其生产的危险化学品不相符，或者在包装（包括外包装件）粘贴、挂挂的化学品安全标签与包装内危险化学品不相符，或者化学品安全技术说明书、化学品安全标签所载明的内容不符合国家标准要求的。

⑤ 危险化学品生产企业发现其生产的危险化学品有新的危险特性不立即公告，或者不及时修订其化学品安全技术说明书和化学品安全标签的。

⑥ 危险化学品经营企业经营没有化学品安全技术说明书和化学品安全标签的危险化学品的。

⑦ 危险化学品包装物、容器的材质以及包装的型式、规格、方法和单件质量（重量）与所包装的危险化学品的性质和用途不相适应的。

⑧ 生产、储存危险化学品的单位未在作业场所和安全设施、设备上设置明显的安全警示标志，或者未在作业场所设置通信、报警装置的。

⑨ 危险化学品专用仓库未设专人负责管理，或者对储存的剧毒化学品以及储存数量构成重大危险源的其他危险化学品未实行双人收发、双人保管制度的。

⑩ 储存危险化学品的单位未建立危险化学品出入库核查、登记制度的。

⑪ 危险化学品专用仓库未设置明显标志的。

⑫ 危险化学品生产企业、进口企业不办理危险化学品登记，或者发现其生产、进口的危险化学品有新的危险特性不办理危险化学品登记内容变更手续的。

⑬ 从事危险化学品仓储经营的港口经营人有上述规定情形的，由港口行政管理部门依照规定予以处罚。储存剧毒化学品、易制爆危险化学品的专用仓库未按照国家有关规定设置相应的技术防范设施的，由公安机关依照规定予以处罚。

⑭ 生产、储存剧毒化学品、易制爆危险化学品的单位未设置治安保卫机构、配备专职治安保卫人员的，依照《企业事业单位内部治安保卫条例》的规定处罚。

（4）危险化学品包装物、容器生产企业销售未经检验或者经检验不合格的危险化学品包装物、容器的，由质量监督检验检疫部门责令改正，处 10 万元以上 20 万元以下的罚款，有违法所得的，没收违法所得；拒不改正的，责令停产停业整顿；构成犯罪的，依法追究刑事责任。将未经检验合格的运输危险化学品的船舶及其配载的容器投入使用的，由海事管理机构依照规定予以处罚。

（5）生产、储存、使用危险化学品的单位有下列情形之一的，由安全生产监督管理部门责令改正，处 5 万元以上 10 万元以下的罚款；拒不改正的，责令停产停业整顿直至由原发证机关吊销其相关许可证件，并由工商行政管理部门责令其办理经营范围变更登记或者吊销其营业执照；有关责任人员构成犯罪的，依法追究刑事责任：

① 对重复使用的危险化学品包装物、容器，在重复使用前不进行检查的。

② 未根据其生产、储存的危险化学品的种类和危险特性，在作业场所设置相关安全设施、设备，或者未按照国家标准、行业标准或者国家有关规定对安全设施、设备进行经常性维护、保养的。

③ 未依照本条例规定对其安全生产条件定期进行安全评价的。

④ 未将危险化学品储存在专用仓库内，或者未将剧毒化学品以及储存数量构成重大危险源的其他危险化学品在专用仓库内单独存放的。

⑤ 危险化学品的储存方式、方法或者储存数量不符合国家标准或者国家有关规定的。

⑥ 危险化学品专用仓库不符合国家标准、行业标准的要求的。

⑦ 未对危险化学品专用仓库的安全设施、设备定期进行检测、检验的。

从事危险化学品仓储经营的港口经营人有前款规定情形的，由港口行政管理部门依照前款规定予以处罚。

（6）有下列情形之一的，由公安机关责令改正，可以处 1 万元以下的罚款；拒不改正的，处 1 万元以上 5 万元以下的罚款：

① 生产、储存、使用剧毒化学品、易制爆危险化学品的单位不如实记录生产、储存、使用的剧毒化学品、易制爆危险化学品的数量、流向的。

② 生产、储存、使用剧毒化学品、易制爆危险化学品的单位发现剧毒化学品、易制爆危险化学品丢失或者被盗，不立即向公安机关报告的。

③ 储存剧毒化学品的单位未将剧毒化学品的储存数量、储存地点以及管理人员的情况报所在地县级人民政府公安机关备案的。

④ 危险化学品生产企业、经营企业不如实记录剧毒化学品、易制爆危险化学品购买单位的名称、地址、经办人的姓名、身份证号码以及所购买的剧毒化学品、易制爆危险化学品的

品种、数量、用途，或者保存销售记录和相关材料的时间少于 1 年的。

⑤ 剧毒化学品、易制爆危险化学品的销售企业、购买单位未在规定的时限内将所销售、购买的剧毒化学品、易制爆危险化学品的品种、数量以及流向信息报所在地县级人民政府公安机关备案的。

⑥ 使用剧毒化学品、易制爆危险化学品的单位依照本条例规定转让其购买的剧毒化学品、易制爆危险化学品，未将有关情况向所在地县级人民政府公安机关报告的。

⑦ 生产、储存危险化学品的企业或者使用危险化学品从事生产的企业未按照本条例规定将安全评价报告以及整改方案的落实情况报安全生产监督管理部门或者港口行政管理部门备案，或者储存危险化学品的单位未将其剧毒化学品以及储存数量构成重大危险源的其他危险化学品的储存数量、储存地点以及管理人员的情况报安全生产监督管理部门或者港口行政管理部门备案的，分别由安全生产监督管理部门或者港口行政管理部门依照前款规定予以处罚。

⑧ 生产实施重点环境管理的危险化学品的企业或者使用实施重点环境管理的危险化学品从事生产的企业未按照规定将相关信息向环境保护主管部门报告的，由环境保护主管部门依照规定予以处罚。

（7）生产、储存、使用危险化学品的单位转产、停产、停业或者解散，未采取有效措施及时、妥善处置其危险化学品生产装置、储存设施以及库存的危险化学品，或者丢弃危险化学品的，由安全生产监督管理部门责令改正，处 5 万元以上 10 万元以下的罚款；构成犯罪的，依法追究刑事责任。生产、储存、使用危险化学品的单位转产、停产、停业或者解散，未依照本条例规定将其危险化学品生产装置、储存设施以及库存危险化学品的处置方案报有关部门备案的，分别由有关部门责令改正，可以处 1 万元以下的罚款；拒不改正的，处 1 万元以上 5 万元以下的罚款。

（8）危险化学品经营企业向未经许可违法从事危险化学品生产、经营活动的企业采购危险化学品的，由工商行政管理部门责令改正，处 10 万元以上 20 万元以下的罚款；拒不改正的，责令停业整顿直至由原发证机关吊销其危险化学品经营许可证，并由工商行政管理部门责令其办理经营范围变更登记或者吊销其营业执照。

（9）危险化学品生产企业、经营企业有下列情形之一的，由安全生产监督管理部门责令改正，没收违法所得，并处 10 万元以上 20 万元以下的罚款；拒不改正的，责令停产停业整顿直至吊销其危险化学品安全生产许可证、危险化学品经营许可证，并由工商行政管理部门责令其办理经营范围变更登记或者吊销其营业执照：

① 向不具有本条例规定的相关许可证件或者证明文件的单位销售剧毒化学品、易制爆危险化学品的。

② 不按照剧毒化学品购买许可证载明的品种、数量销售剧毒化学品的。

③ 向个人销售剧毒化学品（属于剧毒化学品的农药除外）、易制爆危险化学品的。

（10）不具有本条例规定的相关许可证件或者证明文件的单位购买剧毒化学品、易制爆危险化学品，或者个人购买剧毒化学品（属于剧毒化学品的农药除外）、易制爆危险化学品的，由公安机关没收所购买的剧毒化学品、易制爆危险化学品，可以并处 5000 元以下的罚款。

（11）使用剧毒化学品、易制爆危险化学品的单位出借或者向不具有本条例规定的相关许可证件的单位转让其购买的剧毒化学品、易制爆危险化学品，或者向个人转让其购买的剧毒化学品（属于剧毒化学品的农药除外）、易制爆危险化学品的，由公安机关责令改正，处 10

万元以上 20 万元以下的罚款；拒不改正的，责令停产停业整顿。

（12）未依法取得危险货物道路运输许可、危险货物水路运输许可，从事危险化学品道路运输、水路运输的，分别依照有关道路运输、水路运输的法律、行政法规的规定处罚。

（13）有下列情形之一的，由交通运输主管部门责令改正，处 5 万元以上 10 万元以下的罚款；拒不改正的，责令停产停业整顿；构成犯罪的，依法追究刑事责任：

① 危险化学品道路运输企业、水路运输企业的驾驶人员、船员、装卸管理人员、押运人员、申报人员、集装箱装箱现场检查员未取得从业资格上岗作业的。

② 运输危险化学品，未根据危险化学品的危险特性采取相应的安全防护措施，或者未配备必要的防护用品和应急救援器材的。

③ 使用未依法取得危险货物适装证书的船舶，通过内河运输危险化学品的。

④ 通过内河运输危险化学品的承运人违反国务院交通运输主管部门对单船运输的危险化学品数量的限制性规定运输危险化学品的。

⑤ 用于危险化学品运输作业的内河码头、泊位不符合国家有关安全规范，或者未与饮用水取水口保持国家规定的安全距离，或者未经交通运输主管部门验收合格投入使用的。

⑥ 托运人不向承运人说明所托运的危险化学品的种类、数量、危险特性以及发生危险情况的应急处置措施，或者未按照国家有关规定对所托运的危险化学品妥善包装并在外包装上设置相应标志的。

⑦ 运输危险化学品需要添加抑制剂或者稳定剂，托运人未添加或者未将有关情况告知承运人的。

（14）有下列情形之一的，由交通运输主管部门责令改正，处 10 万元以上 20 万元以下的罚款，有违法所得的，没收违法所得；拒不改正的，责令停产停业整顿；构成犯罪的，依法追究刑事责任：

① 委托未依法取得危险货物道路运输许可、危险货物水路运输许可的企业承运危险化学品的。

② 通过内河封闭水域运输剧毒化学品以及国家规定禁止通过内河运输的其他危险化学品的。

③ 通过内河运输国家规定禁止通过内河运输的剧毒化学品以及其他危险化学品的。

④ 在托运的普通货物中夹带危险化学品，或者将危险化学品谎报或者匿报为普通货物托运的。

（15）在邮件、快件内夹带危险化学品，或者将危险化学品谎报为普通物品交寄的，依法给予治安管理处罚；构成犯罪的，依法追究刑事责任。

（16）邮政企业、快递企业收寄危险化学品的，依照《中华人民共和国邮政法》的规定处罚。

（17）有下列情形之一的，由公安机关责令改正，处 5 万元以上 10 万元以下的罚款；构成违反治安管理行为的，依法给予治安管理处罚；构成犯罪的，依法追究刑事责任：

① 超过运输车辆的核定载质量装载危险化学品的。

② 使用安全技术条件不符合国家标准要求的车辆运输危险化学品的。

③ 运输危险化学品的车辆未经公安机关批准进入危险化学品运输车辆限制通行的区域的。

④ 未取得剧毒化学品道路运输通行证，通过道路运输剧毒化学品的。

（18）有下列情形之一的，由公安机关责令改正，处1万元以上5万元以下的罚款；构成违反治安管理行为的，依法给予治安管理处罚：

① 危险化学品运输车辆未悬挂或者喷涂警示标志，或者悬挂或者喷涂的警示标志不符合国家标准要求的。

② 通过道路运输危险化学品，不配备押运人员的。

③ 运输剧毒化学品或者易制爆危险化学品途中需要较长时间停车，驾驶人员、押运人员不向当地公安机关报告的。

④ 剧毒化学品、易制爆危险化学品在道路运输途中丢失、被盗、被抢或者发生流散、泄露等情况，驾驶人员、押运人员不采取必要的警示措施和安全措施，或者不向当地公安机关报告的。

（19）对发生交通事故负有全部责任或者主要责任的危险化学品道路运输企业，由公安机关责令消除安全隐患，未消除安全隐患的危险化学品运输车辆，禁止上道路行驶。

（20）有下列情形之一的，由交通运输主管部门责令改正，可以处1万元以下的罚款；拒不改正的，处1万元以上5万元以下的罚款：

① 危险化学品道路运输企业、水路运输企业未配备专职安全管理人员的。

② 用于危险化学品运输作业的内河码头、泊位的管理单位未制定码头、泊位危险化学品事故应急救援预案，或者未为码头、泊位配备充足、有效的应急救援器材和设备的。

（21）有下列情形之一的，依照《内河交通安全管理条例》的规定处罚：

① 通过内河运输危险化学品的水路运输企业未制定运输船舶危险化学品事故应急救援预案，或者未为运输船舶配备充足、有效的应急救援器材和设备的。

② 通过内河运输危险化学品的船舶的所有人或者经营人未取得船舶污染损害责任保险证书或者财务担保证明的。

③ 船舶载运危险化学品进出内河港口，未将有关事项事先报告海事管理机构并经其同意的。

④ 载运危险化学品的船舶在内河航行、装卸或者停泊，未悬挂专用的警示标志，或者未按照规定显示专用信号，或者未按照规定申请引航的。

（22）未向港口行政管理部门报告并经其同意，在港口内进行危险化学品的装卸、过驳作业的，依照《中华人民共和国港口法》的规定处罚。

（23）危险化学品单位发生危险化学品事故，其主要负责人不立即组织救援或者不立即向有关部门报告的，依照《生产安全事故报告和调查处理条例》的规定处罚。危险化学品单位发生危险化学品事故，造成他人人身伤害或者财产损失的，依法承担赔偿责任。

第二章　油品和气体燃料基本知识

第一节　油品的基本性能及使用安全

汽车加油站主要是为机动车辆加注汽油、轻柴油的专门场所，兼营洗车、加注润滑油。加油站是油品销售的终端环节，由于油品具有易燃易爆、易积聚静电、易中毒等危险特性，油品性能质量的好坏直接对车辆安全行驶产生影响。因此必须掌握一定的油品知识，如汽油、柴油、煤油和润滑油等常用油品的性能要求和用油安全知识。

一、汽油

（一）车用汽油的性能要求

1. 汽油的蒸发性

汽油由液体状态转化为气体状态的性能称为汽油的蒸发性。汽油的蒸发性越好，就越容易汽化，与空气混合就越均匀，燃烧就完全，保证在各种条件下发动机容易启动，加速及时，降低油耗。但汽油的蒸发性也不宜太好，否则会使汽油在储存和保管时的损耗加大。而且在炎热的夏季以及在大气压力较低的高原地区使用时，汽油未进入汽化器以前就会在供油管路中蒸发，形成气阻，导致汽油不能顺利进入汽化器，严重时会中断供油。因此，汽油要有良好的蒸发性。汽油的蒸发性用馏程和蒸气压两个指标来评定。

2. 汽油的抗爆性

汽油的抗爆性是指汽油燃烧时不发生爆震现象的性能。汽油应具有良好的抗爆性，以保证发动机运转正常，不发生爆震，充分发挥效率。用来评定汽油抗爆性的指标是辛烷值和抗爆指数。

辛烷值是指和汽油抗爆性相同的标准燃料中所含异辛烷的体积百分数。

抗爆指数（ONI）是同一种汽油研究法辛烷值（RON）与马达法辛烷值（MON）的平均数，即 ONI＝（MON＋RON）/2，可用来近似地反映汽油的抗爆性能，更接近于车辆运行时的实际情况。

3. 汽油的安定性

汽油在常温和液相条件下抵抗氧化的能力称为汽油的抗氧化安定性，简称安定性。安定性好的汽油，长期储存也不变质。安定性差的汽油在储存和使用过程中，通常出现颜色变深、生成黏稠胶状沉淀物的现象。使用这类安定性差的汽油，会在油箱、输油管和过滤器中形成胶状物，堵塞油路，甚至中断供油。

影响汽油安定性的根本原因是汽油中存在不安定组分，特别是不饱和烃，如二烯烃等。它们虽含量不多，但极易氧化，对油品质量危害很大。另外汽油的安定性还受到储存条件的影响，如温度、空气、阳光、水分和金属等，都会加速汽油的氧化变质。汽油的安定性用实际胶质和诱导期两个指标来评定。

4. 汽油的腐蚀性

在储运和使用过程中，汽油中的不良成分对与之接触的金属产生腐蚀的能力称为汽油的腐蚀性，汽油中的不良组分包括硫及硫化物、水溶性酸或碱和有机酸性物质等，当然，质量指标合格符合国家标准的合格汽油是不会对金属产生严重腐蚀的。评定汽油腐蚀性的指标有硫含量、腐蚀试验、水溶性酸或碱和酸度。

（二）车用汽油的选用

随着汽车工业的进步，汽车发动机功率不断提高。要提高发动机功率并降低油耗，最重要的途径是提高发动机的压缩比（压缩比是发动机气缸的总容积与燃烧室容积之比值）。国产车的油耗一般较国外同类型汽车高 20%～30%，其原因除了道路条件不佳和汽车使用率不同外，国产汽车压缩比低，加之使用汽油牌号低都是油耗高的重要因素。选择车用汽油的牌号，主要可根据发动机的压缩比来确定牌号。

（三）车用汽油使用安全注意事项

（1）时刻牢记易燃、易爆等危险特性，注意防火防爆。

（2）严格执行安全操作规程，在储运、接卸油过程中，严防水分、机械杂质及其他油品混入产生油品质量事故。

（3）汽油具有一定毒性，平时不要用汽油洗手或洗其他物品，防止大量吸入油蒸气，严禁用嘴吸汽油。

（4）严禁用汽油作为煤油炉、汽化炉燃料，以免发生火灾。

二、柴油

柴油主要作为柴油机的燃料。柴油机具有热效率高、功率大、油耗少、燃料火灾危险性较小等优点。柴油分为轻柴油和重柴油两种，轻柴油是 1000 r/min 以上的高速柴油机的燃料，重柴油是 1000 r/min 以下的中低速柴油机的燃料。

（一）柴油的性能要求

1. 柴油的蒸发性

轻柴油要具有良好的蒸发性，能与空气形成均匀的可燃混合气，为此要求有合适的馏分组成和一定的黏度范围。柴油的蒸发性用馏程和闪点两个指标来评定。柴油的馏程为 200～365 ℃。

闪点对柴油的蒸发性能并无多大联系，它可看作是柴油在储存、接卸和使用中的防火安全指标。

2. 柴油的燃烧性

柴油的燃烧性又叫发火性，它表示柴油自燃的能力。为了保证柴油机正常工作，要求柴油要有良好的燃烧性能，在较短的时间内自燃着火，并正常地完全燃烧。评定柴油的指标是十六烷值。十六烷值是指和柴油燃烧性能相同的标准燃料中，所含正十六烷值的体积百分数。

使用十六烷值高的柴油，自燃延迟期短，易于启动，燃烧均匀且完全，但十六烷值过高，反而会加大油耗量。因而高速柴油机可使用十六烷值不小于 45 的轻柴油，中低速柴油机可使用十六烷值 35～40 的重柴油。

3. 柴油的低温流动性

柴油在低温下的流动性能，不仅关系到柴油机燃料供给系统在低温下能否正常供油，而且与柴油在低温下的储存、运输和灌装作业能否正常进行有着密切的关系。因此柴油要有良好的低温流动性。柴油的低温流动性用凝点和冷滤点来评定。

凝点是指在规定条件下，试油遇冷开始凝固而失去流动性的最高温度，以 ℃ 表示。凝点是划分柴油牌号的依据。柴油的凝点越低，在低温下的输转作业越顺利，在柴油机燃料供给系统中的泵送性越好。但柴油的凝点与柴油的低温使用性能没有直接的对应关系，即柴油的凝点不能作为柴油可以使用的最低温度。因为柴油在环境温度降低到某一温度时，就会析出针状的石蜡晶体，而使柴油发生混浊。当温度继续下降时，一方面黏度增大，另一方面析出的石蜡逐渐构成结晶网，使柴油失去流动性而凝固。柴油在凝固前，析出的石蜡往往会堵塞柴油机的滤网，造成供油中断，因而柴油的凝点要比环境温度低 4～6 ℃ 才能保证使用。

冷滤点是指在规定试验条件下，试油通过过滤器每分钟不足 20 mL 时的最高温度。柴油的冷滤点一般高于凝点 4～6 ℃。冷滤点和柴油的实际使用温度有良好的对应关系，且不管柴油是否加有流动改进剂，故可用冷凝点来判断柴油可能使用的最低温度。

4. 柴油的安定性

柴油的安定性是柴油在储存和使用过程中抵抗氧化的能力。安定性好的柴油在储存过程中外观颜色变化不大，不易生成胶质。安定性差的柴油储存一定时间后颜色明显变深，实际胶质增加，影响正常使用。

柴油安定性的好坏和汽油一样，除受储存条件的影响外，主要决定于其化学组成。直馏柴油烯烃含量很少，安定性好。用两次加工馏分调合的柴油含有较多烯烃，安定性就差，易氧化，不宜长期储存。

5. 柴油的腐蚀性

柴油不应有腐蚀性，否则会腐蚀柴油机的零部件，缩短其使用寿命。柴油的腐蚀性用硫含量、酸度、腐蚀试验及水溶性酸或碱四个指标来评定。

6. 柴油的清洁性

柴油要有良好的清洁性，柴油的清洁性用灰分、水分、机械杂质三个指标来评定。灰分会增加积炭的坚硬性；水分会使积炭增多，磨损增大；机械杂质除了容易堵塞过滤器外，更严重的是引起油泵柱塞、喷油嘴等精密零件的磨损和卡塞，柴油中不允许存在机械杂质。

（二）轻柴油的选用

选择轻柴油牌号的主要依据是保证柴油冷滤点高于使用环境的最低气温，应根据不同地区和季节区别选用。一般可按下列情况选用：

（1）10号轻柴油适用于有预热设备的柴油机；

（2）5号轻柴油适用于风险率为10％的最低气温在8℃以上的地区使用；

（3）0号轻柴油适用于风险率为10％的最低气温在4℃以上的地区使用；

（4）−10号轻柴油适用于风险率为10％的最低气温在−5℃以上的地区使用；

（5）−20号轻柴油适用于风险率为10％的最低气温在−14℃以上的地区使用；

（6）−35号轻柴油适用于风险率为10％的最低气温在−29℃以上的地区使用；

风险率为10％的最低气温表示最低气温低于该温度的概率为0.1。

（三）轻柴油使用安全注意事项

（1）加油站收卸、储存中，防止水分、机械杂质和汽油等其他油品的混入，造成油品品质下降。

（2）严禁与汽油混合后用于照明或作煤油炉燃料。

（3）严防曝晒及明火加热，尽量在较低温度下储存。当冬季使用高凝点柴油时，不能用明火加热，以免引起爆炸。

（4）轻柴油在使用前须经过充分沉淀、过滤，除去杂质和水分，做好净化工作，易保证柴油机燃料供给系统的正常工作。

（5）同一级别牌号不同的柴油，由于它们的质量指标除凝点和冷滤点外基本相同，所以当容器或资源不足时，可以在适当气温的情况下混用。

三、煤油

煤油由 $C_9 \sim C_{16}$ 的烃类组成，平均相对分子质量为200～250，馏程为180～310℃。主要用于点灯照明和各种喷灯、汽灯、汽化炉和煤油炉的燃料，机械零部件洗涤剂、橡胶和制药工业溶剂、油墨稀释剂、金属工件表面热处理等工艺用油。

（一）煤油的性能要求

1. 煤油的点燃性

煤油点燃时，要有足够的亮度，火焰稳定，亮度的降低率平稳缓慢，灯芯结焦少，不冒或少冒黑烟。煤油的点燃性用点灯试验和烟点两个指标来评定。

2. 煤油的吸油性

煤油点燃时，应能畅通无阻地通过灯芯，不堵塞灯芯的毛细孔，也不使灯芯结焦变硬，耗油率低。煤油的吸油性主要用馏程和浊点两个指标来评定。馏程用以保证煤油点燃时火焰的平稳和持久。煤油含重质馏分多，对灯芯吸油不利。但馏分也不能过轻，否则不仅会使单位时间内的油耗量增大，还会产生火焰跳动现象，甚至有火灾危险，降低了煤油的安全性。

3. 煤油的纯洁性

煤油的色度是保证煤油精制深度的指标，可以定性反映煤油中胶质含量及油品变质情况。煤油颜色越浅，胶质含量越少，点燃性、吸油性越好。水分会加速煤油变质，点灯时发生爆音使火焰不稳；机械杂质会直接堵塞灯芯毛细孔。因此，煤油中不允许存在水分和机械杂质。

4. 煤油的安全性

煤油安全性包括防火和防毒两个方面，用闪点、硫醇硫和硫含量三个指标来评定。

煤油是易燃易爆品，它的防火安全性用闭口闪点来控制。馏分越轻，火灾危险性越大。为了保证安全和减少储存中的蒸发损失，煤油闭口闪点不低于 40%。

硫化物燃烧后产生的二氧化硫、三氧化硫对人体和生物都十分有害，活性硫化物还有恶臭味和腐蚀作用。为保证煤油没有臭味，不腐蚀金属容器，不毒害人体健康，规定优级品煤油硫含量不大于 0.04%，一级品不大于 0.06%，合格品不大于 0.10%。

（二）煤油使用安全注意事项

（1）运输和储存煤油的设备不得与汽油共同使用。使用过汽油的油罐车、油罐、输油管线未经清洗不得盛装煤油，以免降低煤油闪点，引起火灾。

（2）不得用盛装过汽油的油桶和油壶改装煤油。

（3）不要用盛装过机油等重质油品的油罐、油桶等容器盛装煤油，否则煤油点燃时易冒黑烟。

（4）严禁用汽油、柴油或其混合物掺入煤油中使用或出售，以免酿成火灾。

（5）煤油在储存过程中严防混入水分、机械杂质，保证油品质量，防止发生油品质量事故。

四、润滑油、脂

加油站所经营的润滑油、脂主要是车用的内燃机油、齿轮油、制动液和车用润滑脂。

（一）内燃机油的安全使用

内燃机油简称机油，包括汽油机油和柴油机油。发动机是汽车的心脏，因此它的保养尤其重要。由于润滑油在发动机中工作条件比较苛刻，因此必须正确选择和使用。

1. 内燃机油的性能要求

（1）具有适宜的黏温性能，使黏度受温度变化的影响较小；

（2）良好的清净分散性能，能及时把发动机零件上的胶状物和沉积物清洗下来；

（3）应有较好的抗氧化、抗腐蚀性能，能延缓或阻止油品进程，有效保护金属表面，并能对发动机起到冷却作用。

（4）良好的抗泡沫性，阻止气泡生成和使气泡破裂，防止出现干摩擦。

2. 内燃机油使用注意事项

（1）高质量级别的内燃机油可以代替低质量级别的内燃机油，但不能用低质量级别的内燃机油代替高级别的内燃机油，否则会导致发动机故障甚至损坏。

（2）内燃机油使用不久后颜色变深是正常现象。

（3）合理使用内燃机油的关键是确定合理的换油期。为了延长内燃机油的使用期限，换油前要将污油放净，清洗残存油品，然后加入新油，以防降低使用效果。加入量要适中，不要过多或过少。

（4）加油站售卖润滑油也应遵循"先进先出"的原则。

（5）倒装和加注润滑油时要保持容器和工具的清洁，防止水分、杂质和铁锈等进入油中，影响油品质量。

（二）车辆齿轮油安全使用

由于齿轮结构的特点，润滑条件十分苛刻，故此对齿轮油的质量要求较高。车辆齿轮油除具有内燃机油的性能要求外，特别要求有较强的极压抗磨性，以保证在高温高压下的润滑作用。

1. 车辆齿轮油的分类

我国车辆齿轮油按 SAE 黏度级分为：70 W、75 W、80 W、85 W、90、140、250；按质量分为：普通车辆齿轮油、中负荷车辆齿轮油、重负荷车辆齿轮油。

2. 车辆齿轮油的选用

车辆齿轮油的选用，一方面要根据齿轮类型和工作条件来确定齿轮油的质量档次，另一方面要根据最低使用环境温度和传动装置的运行来确定黏度等级。我国长江以南冬季气温不低于 $-10\ ℃$ 的地区，可以全年使用 90 号油，东北及西北寒冷地区可以全年使用 80 W/90 号油，其余地区可以全年使用 85 W/90 号油。

（三）润滑脂的安全使用

润滑脂是由基础油、稠化剂、添加剂和稳定剂四部分组成。它主要有润滑、密封和保护三大作用。其外观应该是均匀的，不允许有皂粒、各种杂质以及从脂中分离出的水。下面介绍加油站经销的常用汽车润滑脂。

1. 钙基脂

钙基脂是用动植物油脂与石灰制成的钙皂稠化中等黏度的矿物油制成，俗名黄油。按锥入度分为 1 号、2 号、3 号、4 号等四个牌号。主要用于汽车的轮毂轴承、水泵轴承、变速器前轴承以及分电器凸轮等部分。钙基脂耐水性能好，遇水不易乳化变质，能在潮湿环境或与水接触的情况下使用。但耐热性差，应注意不要超过规定的使用温度，以免失水破坏结构，引起油皂分离，失去润滑作用。另外，储存过程中应密封储存防止雨淋及杂质混入。

2. 钠基脂

钠基脂是以钠皂稠化矿物油而制成。按锥入度分为 2 号、3 号等两个牌号。由于具有良好的耐热性，最适用于工作温度较高（120 ℃以下）的摩擦部位，如汽车离合器轴承、传动轴承等，但抗水性能差，不宜在潮湿或与水接触的润滑部位使用。其他注意事项同钙基脂。

3. 钙钠基脂

钙钠基脂是以动植物油钙钠混合皂稠化中等黏度的矿物油而制成，又叫轴承润滑脂。按锥入度分为 1 号、2 号等两个牌号。钙钠基脂有较好的抗水性和耐温性，抗水性优于钠基脂，耐温性优于钙基脂。适用于铁路机车和列车的滚珠轴承，汽车上多用于轮毂轴承等部位。在使用中应注意不能与其他润滑脂混用。

4. 石墨钙基润滑脂

该脂由动植物油钙皂稠化中等黏度矿物油并加入 10％鳞片状石墨制成。具有较好的抗磨极压性，能适应重负荷、粗糙摩擦面的润滑，并有较好的抗水性，能适应与水或潮气接触设备的润滑。

5. 通用锂基脂

通用锂基脂是由脂肪酸锂皂稠化精制矿物油并添加抗氧剂等制成。按锥入度分为 1 号、2 号、3 号等三个牌号。由于锂基脂具有良好的抗水性、机械安定性、防锈性和氧化安定性及高低温性能，所以，锂基脂是多用途的润滑脂，可取代钙基、钠基及钙钠基脂，是这些润滑脂的换代产品。广泛应用于－20～120 ℃范围内各种高速和与水接触的机械部件上。除严寒地区外，可全年在各种汽车的用脂部位使用。通用锂基脂不宜用大容器盛装，以免引起析油，在使用过程中不宜与其他脂类混合使用。

第二节　油品的危险特性

一、油品的理化参数

油品的理化参数是衡量使用性能最简易、最常用的尺度，在油品安全管理上具有重要意义。

1. 闪点

石油产品在规定条件下，加热到它的蒸气与空气所形成的混合气体接触火焰发生闪火时的最低温度称为闪点。闪点是有火灾危险出现的最低温度，可以判定油品发生火灾的危险性。闪点越低，火灾危险性越大。闪点的一般规律是油品的相对分子质量越小，馏分组成越轻，蒸气压越高，则油品的闪点越低，反之，馏分组成越重的油品，则具有较高的闪点。凡闪点不大于 45 ℃的油品为易燃油品，如汽油、煤油。闪点大于 45 ℃的油品为可燃油品，如柴油、润滑油。

两种或两种以上的油品相混后，其闪点低于混合油品闪点的平均值，不具有加合性，一般接近于低闪点的油品闪点。如闪点为－38 ℃的汽油和闪点为 38 ℃的煤油，按 1∶1 比例混合，则混合油品的闪点低于 0 ℃，接近于－38 ℃。因此混合油品的火灾危险性应以低闪点的油品来衡量。

2. 燃点和自燃点

石油产品在规定条件下，加热到它的蒸气能被接触的火焰引燃并燃烧不少于 5 s 时的最低温度称为燃点。油品燃点高于闪点。油品受热至一定程度时，没有与火焰接触能发生持续燃烧的最低温度称为自燃点。油品自燃点的变化规律与闪点相反。

3. 密度

单位体积所含物质的质量称为该物质的密度。油品的密度小于水，故不能直接用水扑救油品火灾。典型的油品密度范围见表 2-1。

表 2-1　　　　　　　　　　几种油品的密度范围

油　品	标准密度/（kg/m³）	油　品	标准密度/（kg/m³）
车用汽油	710～730	轻柴油	800～830
航空汽油	730～845	内燃机油	880～900
灯用煤油	820～840	汽轮机油	870～890

蒸气密度一般以相对密度来表示，是指气体或液体蒸气质量相对于某种其他气体的质量，可用等体积的两种气体的质量之比，或一种气体的密度与另一种气体的密度在相同压力和温度下的比值表示。一般以空气作为参照气体，油品蒸气的密度一般是纯空气的 1.1～5.9 倍，所以油蒸气同空气混合后，混合气体有集中于地面处或较低地势的趋势。由于油气密度比空气大，所以油品发生燃烧时，用于灭火的气体密度要高于油气密度，否则覆盖在火焰上，遮住或冲释可燃气体的作用就小。

4. 电阻率

电阻率是指单位长度导体，单位面积的电阻。油品电阻率是衡量油品导电性能的物理参数，是电导率的倒数，单位 $\Omega \cdot m$。原油或重油的电阻率一般低于 $10^8 \Omega \cdot m$，不易积聚静电，轻质油品的电阻率一般在 $10^{10} \sim 10^{12} \Omega \cdot m$，最易产生并积聚静电。

5. 热值

热值是指单位质量或单位体积的可燃物质在完全燃烧时所放出的热量。可燃物质在燃烧时产生的热量大小、火焰高低、燃烧速度快慢、爆炸时所能达到的最高温度和最大压力等等都与热值有关。热值越高，燃烧时产生的热量越大，燃烧温度越高，燃烧速度也就越快，其能达到的最高温度和最高压力也就越大。轻质油品的热值都比重质油品大，所以一旦发生燃烧，其产生的热量也很大，比重质油品更具有危险性。

6. 体积膨胀系数

当温度每变化 1 ℃，物质体积的相对变化率称为物质的体积膨胀系数，单位 ℃⁻¹。油品在 0～100 ℃ 范围内的平均体积膨胀系数 β 值：汽油为 0.0012，煤油为 0.0010，柴油为 0.0009。

油品的体积膨胀系数越大，受热后体积膨胀值也越大，同时蒸气压力增高。若在密闭容器中，会造成容器的膨胀，甚至爆裂，所以对盛装油品的容器，特别是轻质油品，容器应留有不少于5%的空间。

二、油品火灾危险性分类

闪点作为油品危险性分类的尺度，将油品分为甲、乙、丙三类，详见表2-2。

表2-2　　　　　　　　　　　油品的火灾危险性分类

类　别		油品闪点	举　例
甲		<28 ℃	原油、汽油
乙		28～<60 ℃	喷气燃料、灯用煤油、-35号柴油
丙	A	60～120 ℃	轻柴油、重柴油、20号重油
	B	>120 ℃	润滑油、100号重油

三、油品的危险特性

1. 易燃性

燃烧是一种同时有光和热产生的快速氧化反应。油品的组分主要是碳氢化合物极其衍生物，是可燃性有机物质。其中许多油品的闪点较低，同燃点很接近，不需要很高温度，甚至在常温下蒸发速度也很快。由于油品在储存收发作业中，不可能是全封闭的，导致油蒸气大量积聚和漂移，存在于有大量助燃物的空气中，只要有足够的点火能量，很容易发生燃烧。油品的燃烧速度很快，尤其是轻质油品，汽油的燃烧线速度最大可达5 mm/min，质量速度最大可达221 kg/（m² · h），水平传播速度也很大，即使在封闭的储油罐内，火焰水平传播速度可达2～4 m/s，因此，油品一旦发生燃烧，氧气供给难以控制，很容易造成更大的危险性。

2. 易爆性

物质从一种状态迅速地转变成另一种状态，并在瞬间放出巨大能量同时产生巨大声响的现象称为爆炸。爆炸是一种破坏性极大的物理化学现象。石油产品的蒸气中存在一定数量的氢分子，含有氢分子的油蒸气与空气组成混合气体达到爆炸极限时，遇到引爆源，即能发生爆炸。

油品的爆炸极限很低，尤其是轻质油品，浓度在爆炸极限范围的可能性大，引爆能量仅为0.2 mJ，而加油站中绝大多数引爆源都具有足够的能量来引爆油气混合物。油品的易爆性还表现在爆炸温度极限越接近于环境温度，越容易发生爆炸。冬天室外储存汽油，发生爆炸的危险性比夏天还大。夏天在室外储存汽油因气温高，在一定时间内，汽油蒸气的浓度容易处于饱和状态，遇火源往往发生燃烧，而不是爆炸。

3. 易积聚静电荷性

两种不同的物体，包括固体、液体、气体和粉尘，通过摩擦、接触、分离等相对运动而产生的没有定向移动的电荷称为静电。静电的产生和积聚同物体的导电性有关。油品的电阻率在10^{10} Ω · m以上，是静电非导体。当油品在输运、装卸和加油作业时产生大量的静电，并且油品静电的产生速度远大于流散速度，很容易引起静电荷积聚，静电电位往往可达几万伏。而静电积聚的场所，常有大量的油蒸气存在，很容易造成静电事故。油品静电积聚不仅能引起静电火灾爆炸事故，还限制了油品的作业条件。

4．易受热膨胀性

油品受热后，温度升高，体积膨胀。如汽油，温度变化 1 ℃，其体积变化 0.12％。所以储存汽油的密闭油桶如靠近高热或日光曝晒，受热膨胀，桶内压力增加，容易造成容器胀破。故各种规格的油桶，不同季节都应规定不同的安全容量。一般来说油桶装油后应保持 5％～7％的气体空间，以备油品受热膨胀。

5．易蒸发、易扩散和易流淌

石油产品主要由烷烃和环烷烃组成，大致是碳原子数 4 以下为气体，5～12 为汽油，9～16 为煤油，15～25 为柴油，20～27 为润滑油。碳原子数 16 以下为轻质馏分，烃类分子很容易离开液体，挥发到气体中。1 kg 的汽油大约能蒸发为 0.4 m³ 的汽油蒸气。煤油和柴油虽然蒸发较慢，但比水蒸发快得多。

油气同空气混合后的混合气体密度同空气很接近，尤其是轻质油品蒸气同空气的混合物受风影响扩散范围广，并沿地面漂移，积聚在坑洼地带，所以加油站内建构筑物之间一定要有安全距离，以防火灾及险情扩大。

液体都具有流动扩散的特性，油品的流动扩散能力取决于油品的黏度。低黏度的轻质油品，密度小于水，其流动扩散性很强。所以储存油品的设备由于穿孔、破损，常发生漏油事故。

6．毒性

油品及其蒸气都具有一定的毒性，一般属于刺激性、麻醉性的低毒物质。加油站作业中人体防护不可能全封闭，不可避免地接触到油品，吸入油蒸气。因此，加油站应加强防毒劳动保护措施。

第三节　液化石油气知识及其危险特性

对于 LPC 加气站来说，气体燃料是指液化石油气（LiquefiedPetroleum Gas，缩写为 LPG），用其作为燃料可用于经过改造的汽车，替代汽油或柴油燃料。气体燃料与液体燃料相比，既有相似之处，又有明显的区别。

一、液化石油气知识

液化石油气是一种低碳数的烃类化合物，它在常温常压下呈气体状态，只有在增加压力或降低温度的条件下，才变成液体，故称液化石油气。构成液化石油气的主要成分是丙烷、正丁烷、异丁烷、丙烯、1-丁烯、顺-2-丁烯、反-2-丁烯和异丁烯等 8 种碳氢化合物，俗称碳三（C₃）和碳四（C₄）。此外，还有微量的硫化物、水蒸气等非烃化合物。

（一）液化石油气的来源

液化石油气目前主要来源于炼油厂和油田伴生气，因此说液化石油气是一种石油产品。

（二）液化石油气的质量要求

液化石油气的来源不同，其成分和含量也不相同。汽车用液化石油气（GB 19159—2003）目前有车用丙烷和车用丙丁烷两种。其组分中，车用丙烷中丁烷及以上组分不超过 2.5％，丙烯不超过 5％。车用丙丁烷的组分中丙烷不小于 60％，戊烷及以上组分不超过 2％，丙烯不超过 5％。它们在 37.8 ℃时的蒸气压（表压）不大于 1 430 kPa。

（三）液化石油气的物理特性

1. 密度

密度是指单位体积的某中物质所具有的质量。由于液化石油气的生产和使用中经常呈现气态和液态两种状态，因此液化石油气的密度就有气态密度和液体密度两种之分。

（1）液化石油气气体密度，其单位是以 kg/m^3 表示。它随着温度和压力的不同而发生变化。因此在表示液化石油气气体密度时，必须规定温度和压力的条件。

气态液化石油气的密度随着温度及相应饱和蒸气压的升高而增加。

在压力不变的情况下，气态物质的密度随温度的升高而减少。

（2）液化石油气液体密度，单位以 kg/m^3 表示。它的密度受温度影响较大，温度上升密度变小，同时体积膨胀。由于液体压缩性很小，因此压力对液体密度的影响也很小，可以忽略不计。液化石油气液态的密度随温度升高而变小。

2. 相对密度

由于在液化石油气的生产、储存和使用中，同时存在气态和液态两种状态，所以应该了解它的液态相对密度和气态的相对密度。

（1）液化石油气的气态相对密度是指在同一温度和同一压力的条件下，同体积的液化石油气气体与空气的质量比。求液化石油气气体各组分相对密度的简便方法，是用各组分的相对分子质量与空气平均相对分子质量之比求得，因为在标准状态下 1 mol 气体的体积是相同的。

液化石油气气态比空气重 1.5～2.5 倍。由于液化石油气比空气重，因此一旦液化石油气从容器或管道中泄漏出来，它不像相对密度小的可燃气体那样容易挥发与扩散，而是像水一样往低处流动和滞存，很容易达到爆炸浓度。因此 LPG 加气站在设计和经营中必须充分注意，站内不应留有井、坑、穴、地沟等。对设计的水沟、水井、管沟必须密封，以防液化石油气气体的积聚，引起火灾。

（2）液化石油气液体的相对密度是指在规定温度下液体的密度与规定温度下的密度的比值。它一般以 20 ℃或 15 ℃时的密度与 4 ℃或 15 ℃时纯水密度的比值来表示。

液化石油气液态的相对密度，随着温度的上升而变小。

在常温下（20 ℃左右），液化石油气液态各组分的相对密度约在 0.5～0.59 之间，接近为水的一半。当液化石油气中含有水分时，水分就沉积容器的底部，并随着液化石油气一起加注给 IPG 车辆，这样既增加了用户的经济负担，又会引起容器底部腐蚀，缩短容器的使用期限。因此 LPG 加气站必须防止罐内存有积水。

3. 体积膨胀系数

绝大多数物质都有热胀冷缩的性质，液化石油气也不例外，受热会膨胀，温度越高，膨胀越大。膨胀的程度是用体积膨胀系数来表示的。所谓体积膨胀系数，就是指温度每升高 1 ℃，液体增加的体积与原来体积的比值。

液化石油气的体积膨胀系数比水大十几倍，且随着温度的升高而增大，因此液化石油气在充装作业中必须限制充装量。IPG 加气站在接卸、加注液化石油气作业时充装量不得大于 80％就是这个道理。

4. 气化潜热

液态变成气态时，需要吸收热量，气态变成液态时将放出热量，这些热量只用来改变物质的状态，而温度不发生变化，因此称之为潜热。气化潜热就是在一定温度下，一定数量的液体变为同温度下的气体所吸收的热量。由于液化石油气的气化潜热比较大，因此加气站在储存、接卸、加注中严禁使液化石油气直接接触人体，以免皮肤被吸收大量的热量，而造成严重冻伤。

二、车用 LPG 燃料

LPG 既是十分重要的石油化工原料，也被人们认为是发动机清洁燃料。据测定，汽车使用 LPG，比用汽油、柴油尾气排放 CO 降低 95％之多，NO_x 降低 23％，未充分燃烧碳氢化合物降低 22％，Pb 含量降为 0，对减少大气污染大有好处。

同时 IPG 用作汽车燃料具有辛烷值高、抗爆性好、储运安全、使用方便、热值高、价格比较低、可降低运行成本等优点，在城市属于替代汽油、柴油的最佳环保车用燃料。

三、车用 LPG 的危险特性

LPG 无色透明，在常温常压下极易挥发，气化后体积能迅速扩大 250～350 倍，也就是说 1 L LPG 挥发后，能变成 250 L 以上的气体，并且由于液化石油气比空气重 1.5～2.5 倍。因此一旦液化石油气从容器或管道中泄漏出来，它不像相对密度小的可燃气体那样容易挥发与扩散，而是像水一样往低处流动和滞存，与空气混合能形成爆炸性混合气体，遇有引爆源就会发生爆炸、燃烧事故。具体有下列特性。

1. 易燃性

构成 LPG 的主要成分是丙烷、丙烯、丁烷、丁烯等八种碳氢化合物，俗称碳三（C_3）和碳四（C_4）。其中丙烷的闪点为 -104 ℃、丙烯为 -108 ℃，丁烷为 -82 ℃、丁烯 -80 ℃。LPG 在常温常压下由液态极易挥发为气态，并迅速蔓延，又因为 LPG 的闪点很低，遇点火源很容易发生燃烧，且 LPG 的燃烧速度很快。

2. 易爆性

IPG 的爆炸极限为 1.5％～9.5％，且比汽油的爆炸极限范围大，爆炸下限低。故比汽油更容易发生燃烧爆炸。如 1 m³ 液化石油气与空气混合浓度达到 1.5％时，能形成至少体积为 16.5 m³ 的爆炸性混合气体，使爆炸的范围扩大，且爆炸速度高达 2000～3000 m/s。

3. 易产生静电积聚性

实验证明，IPG 的电阻率达 $10^{11}～10^{14}$ Ω·m，是静电非导体，在收发作业中易产生大量的静电荷积聚，故设备必须进行可靠的防雷、防静电接地。

4. 易膨胀性

LPG 的体积膨胀系数大约是同温度下水的体积膨胀系数的 10～15 倍。实验测定，装满液态丙烷的密闭储罐，当温度升高 1 ℃时，其压力就升高 3.4 MPa。液体的压缩系数很小，说明钢瓶等容器超量灌装 LPG 是非常危险的。当温度稍有升高，LPG 的体积增大，压力急剧升高，一旦超过容器压力极限时，就会造成容器破裂甚至物理爆炸，这就大大地增加了火灾危险性。所以，在常温下罐装 LPG 时，规定灌装到容器容积的 80％，以留有温度变化引起 LPG 膨胀的容量，确保安全。

5. 具有冻伤危险性

IPG 是加压液化的石油气体，储存于罐或钢瓶中，在使用时减压后又由液态气化变为气体。一旦设备、容器、管线破漏或钢瓶崩裂，大量的液化气喷出，由液态急剧减压变为气态，IPG 就会大量吸热、结霜冻冰，如果喷到人的身上，就会造成冻伤。

6. 能引起中毒

由于构成 LPG 的主要成分是低碳数的烃类化合物，此外，还有微量的硫化物。当人大量吸入液化石油气后，就会中毒，使人昏迷、呕吐或有不适，严重时可使人窒息死亡。

第四节　天然气知识及其危险特性

天然气是从油气田开采得到的可燃性气体，其主要成分是甲烷，甲烷含量一般高于 90％，其次是乙烷、丙烷、正丁烷、异丁烷、正戊烷等气态烃类。天然气的非烃类气体有硫化氢、二氧化碳、氢气、氮气以及极少量的硫醇、硫醚、二硫化碳等有机硫化合物。

天然气可分为气层气、伴生气和凝析气三种。气层气也称气田气，是指在地层中呈气态单独存在，开采到地面后仍为气态的天然气。

伴生气也称油田气，是指溶解在原油中或者呈气态与原油共存，随原油同时被采出的天然气。伴生气的甲烷含量一般约占 65％～80％，此外还有相当数量的乙烷、丙烷、丁烷等烃类。

凝析气是指在地层的原始条件下呈气态存在，在开采过程中由于压力降低而凝结出一些液体烃类的天然气。凝析气的组成大致和伴生气相似，但是它的戊烷、己烷等烃类含量比伴生气要多，一般经分离后可以得到天然汽油甚至轻柴油产品。

一、车用（CNG）燃料

车用压缩天然气（CNG）作为内燃机燃料，其辛烷值高达 130 左右，燃烧性能好，发热量大，不结焦，烟尘少，NO_x 排放量低，CO_2 排放较汽油减少 25％，HC、CO 大都在规定排放量的 10％以下。由于良好的使用性能，天然气作为汽车燃料具有很大优势。

二、天然气（CNG）的危险特性

天然气（CNG）的主要成分是甲烷，一般甲烷含量高于 90％，此外，天然气中还有少量的乙烷、丙烷等烃类以及微量的硫化氢气体等。天然气通常是无色的气体，比空气轻，密度为 0.5～1.0g/m³。气层气的密度一般是空气的 0.55～0.60 倍，伴生气的密度一般是空气的 0.75～0.85 倍。含有硫化氢的天然气带有臭鸡蛋味，含有戊烷以上的烃类的天然气带有汽油味。

天然气是一种易燃、易爆的气体，与空气混合后，当其浓度在 5％～16％范围内时，遇火源即会发生燃烧或爆炸。此外，天然气与空气混合后，只要温度达到 650 ℃左右，即使没有火源也会自行着火。组成天然气的气态烃本身是无毒的，但是，如果天然气中含有硫化氢时就会对人体有毒害作用。当天然气大量地泄漏到空气或室内达到一定浓度时，会使空气中的含氧量减少，严重时可使人窒息死亡。此外，天然气燃烧不完全时生成的一氧化碳，对人体也有毒害作用。其他性质与 LPG 类似。

第三章　加油（气）站安全管理

第一节　加油（气）站安全现状

一、加油（气）站安全现状

安全寓于经营之中，安全工作随生产经营而产生，也随着经营发展而发展。随着加油、加气站的规模增大，新建、收购加油站数量的急剧膨胀，各级企业从强化职工安全意识，建立健全各项规章制度和提高油（气）站设施的安全能力着手，强化加油、加气站的安全经营工作，使加油站、加气站的安全保障能力明显提高，事故发生率明显降低，但部分加油站还存在一些明显的问题。

1. 油站设备设施不符合安全要求，隐患多

（1）设备安装不符合安全防火规范，存在罐室储油、喷溅式卸油方式等安全隐患；输油管沟没有充沙填实；埋地油罐防腐处理不当，锈蚀严重，有的变形，有的渗漏；埋地油罐基础防浮处理不当，造成油罐倾斜和管线弯曲变形。

（2）安全距离不符合要求，主要是锅炉房、明火距爆炸危险区域安全距离不足。

（3）电气设备不符合整体防爆要求，防雷、防静电接地形同虚设。如加油机内电源接线不防爆，甚至还有接头裸露问题；许多加油站接卸场地静电接地线松动或损坏。

（4）消防器材摆放不合理，配置不足，或维护保养不到位。

2. 安全制度和操作规程不健全或未完全落实，人为因素多

在发生的事故中，因有章不循，造成的责任事故数不胜数，这充分说明了规章制度未能完全落实，员工严格执行安全规章制度和操作规程的意识还没有真正树立起来，重业务轻安全的意识还根深蒂固地存在于员工思想中。

3. 员工业务技术素质普遍偏低，新技术应用较少

在现有的加油站员工中，文化程度普遍偏低，对于新参加工作的员工，缺乏系统的业务技术培训，相应业务技术素质较差，更缺乏在一线岗位上的应急处理能力。企业员工教育培训工作跟不上加油站数量的快速发展，跟不上加油员工的急速增长。培训工作也还停留在表面上，不能适合员工的具体需求，有的只是流于形式，走走过场。这些都不能达到培训所原有的目的和本意。

在加油站的建设和改造过程中往往只注重雨棚的大小、建筑物的面积、加油机数量的多少等规模的大小，而忽视对新技术的应用，使加油站在管理上始终处于落后状态，不能用先进的技术来服务于经营和管理，管理跟不上技术的发展和市场的需求，从而加大了安全管理的难度。

4.环境保护工作达不到要求

虽然加油站在正常经营情况下，含油污水并不多，但如若进行清洗油罐或由于跑冒油品清洗地面，则含油污水量很大。目前，绝大多数加油站的含油污水没能得到应有的处理，有的直接接入排水管道，有的渗入地下污染水源。随着环境保护的日益加强，油气的散发将得到有效控制，但装配有油气回收装置的加油站却寥寥无几。

二、产生安全隐患问题的原因分析

产生问题的原因是多方面的，主要原因如下：

1.不按规范设计，建站施工质量低劣

某些加油站为了尽快投入使用，在降低建设费用上大做文章。降低安全要求，偷工减料，选用不懂石油工艺安装的建筑队施工。如：采用罐室储罐储油；管沟无填砂；埋地油罐不做防腐处理，或防腐处理不符合加强级要求；油罐区地下水位高，却不做防浮处理。到了雨季，油罐漂浮发生倾斜；输油管线选用废旧钢管，埋设后又未进行试压，在使用中油品四处渗漏；加油机无静电接地，接卸场地无单独接地装置等。

2.设备老化或带病运行

放松设备安全运行管理，设备老化不进行养护、更换，甚至带病运行，构成事故隐患。许多加油站加油机电源线由于没有穿管保护，电源线又多为胶套线，加油机渗漏下的油品对其长期侵蚀，致使绝缘皮腐蚀，强度降低，容易产生连电、打火事故。不少加油站内的加油机防爆接线盒电源输入、输出口密封不严；有的干脆没有密封垫；有的是由于电源线型号与线路不符合要求，与防爆接线盒输入口不相匹配，产生封闭不严现象；还有的加油机安装税控装置后，没有拧紧接线口，使接线盒不密封。

3.人员素质不高，缺乏责任感

加油站的超规模发展，人员大多招收临时工，文化水平普遍较低，缺乏油品知识和基本安全常识，不经专业岗前培训直接上岗。这些人进入加油站工作，构成了加油站事故隐患的一部分。如某市石油公司门市部的售货员，由于不懂油品知识，竟将汽油和煤油的混合油品误当煤油售出好几吨，直到有顾客在使用时发生火灾反映到公司来，此事才被发现。该石油公司为防止更大事故的发生，只好通过省、市电视台向市民发出紧急通知，收回了这批油。如果说缺乏知识导致事故令人痛心，那么缺乏责任感和纪律观念淡薄所引起的事故，则更是不能容忍的。某县石油公司加油站一辆油罐车在卸油时监卸人员和司机竟离岗去看电视，结果油罐车输油管破裂，造成大量油品外泄。人员素质不高缺乏责任已成为引发加油站事故的最大隐患。

4. 管理失控、有章不循

一些加油站的上级主管部门只讲销售量大小、上缴利润多少，安全管理意识比较淡薄，缺乏有效的安全监督，造成事故不断发生。例如某公司加油站，一辆卡车在该加油站加油时，由于汽车发生故障，司机在站内用旋凿敲打机械修车，撞击产生的火花遇油蒸气发生爆炸，修车司机及围观的 6 名人员均被烧伤。事后，当人们得知该汽车着火的地下埋有 9 个油罐、装有 60 多吨汽油时，连声说万幸。加油站内严禁修车、敲打铁器已是一条常识性的知识，而加油站人员竟不对修车现象及时加以制止，险些酿成一场大祸。

某些加油站为了多销售，无视《加油站管理规范》的有关规定，直接往塑料桶内注油品或给未熄火的汽车、摩托车加油。某县一加油站，加油员工未经上岗培训，不懂油品知识，一次给摩托车加油时，摩托车驾驶员要求向塑料桶内加油。加油员在加油过程中引起静电放电，酿成重大火灾事故，烧死 2 人，重伤 8 人，加油站几乎变成废墟。又如某县公司城区加油站电工在修理加油机时，无视安全操作规程，未切断电源，致使防爆接触器产生火花，引起加油机及地下储油罐内可燃气体瞬间爆炸，炸毁汽油地下罐 1 个，引爆正在卸油的东风油罐车 1 辆。管理失控、有章不循是造成事故的主要原因。

第二节 加油（气）站安全组织管理

由于加油站经营的是具有易燃、易爆等危险特性的油品，因此，需要周密的管理组织，健全的安全管理制度和预防事故的措施，才能确保加油站经营活动的顺利进行。

一、建立防火安全领导组织

为确保加油站工作正常开展，加油站应建立以站长为主的防火安全领导小组。站长为第一防火安全责任人，并应与上级领导签订安全目标责任书，全面负责加油站的安全管理工作，其主要职责为：

（1）定期召开安全工作会议。分析安全形势，总结工作经验，解决实际问题，制订工作计划，使加油站的安全管理工作经常化、规范化。

（2）定期开展安全教育。要按时组织本站员工认真学习上级的有关安全文件和加油站规章制度，参加岗位培训。同时，要根据季节的变化特点，开展形式多样的安全活动。如：消防模拟演练、安全知识竞赛、加油站典型事故分析、有奖问答等，以提高广大员工安全工作的积极性和主动性。

（3）定期组织安全检查。在安全检查中要有一定数量的人员参加，突出重点，查找薄弱环节，制订防范措施，限期整改隐患。

（4）定期开展安全奖惩活动。安全工作做得好坏，工作人员起决定作用。加油站要奖励那些对安全工作有突出贡献的人；对安全工作马马虎虎，不负责任的人要给予严肃处理。当然活动的目的都是一样的，即千方百计把加油站安全管理工作做好。

二、建立班组兼职安全员

加油站一般实行三班倒工作制，站长不可能天天跟班作业，这就要求加油站每班应指定一名专职现场安全员，并佩戴统一的安全员标志上岗，负责检查落实现场安全管理措施，其主要职责为：

（1）发现本站工作人员有违反安全管理制度的行为，有权指出和批评。

（2）发现客户有违反安全管理要求行为的，有权阻止。

（3）发现不安全因素或火险隐患，有权进行处理，并立即向站长汇报。

（4）积极参与加油站的安全管理工作，做到善于发现问题，解决问题，当好站长参谋。

三、建立群众性义务消防组织

建立群众性义务消防组织是全面加强和提高加油站自防自救能力的重要手段。加油站员工都应该成为义务消防队员，同时必须掌握油品的基本特性和防火、灭火知识，做到"四懂四会"，即：懂火灾危险性，懂预防措施，懂扑救方法，懂防污染措施；会报警，会使用灭火器材，会扑救初期火灾，会实施落水救护。同时，要制订详细的灭火作战方案，配有图表说明，做到分工明确，责任到人。义务消防组织，一般每半年组织训练一次，每年利用换药时间进行一次实战演习，这样，一旦发生问题，就能忙而不乱，使事故能够及时得到处理。

四、建立联防组织

加油站建立联防组织，对做好防火、防盗、防抢劫工作具有重要的作用。一般来说，加油站人员相对比较少，一旦发生事故，很难应付，除依靠自身的力量外，还需要依靠外部力量的支持。加油站应与周围近邻单位（包括居民住宅楼群）建立相应的联防组织，指定一二名负责人，兼顾这方面的工作，按时召开会议，定期开展安全活动，并相互走访，以座谈会的形式加强联防关系，融洽联防感情。同时，要制订联防方案，出现问题，齐心协力，以真正达到群防群治的效果。

第三节　加油（气）站安全管理制度

一、加油（气）站安全生产责任制

加油（气）站安全生产责任制是加油（气）站岗位责任制的一个组成部分。安全生产责任制是加油（气）站最基本的一项安全制度，是其他各项安全生产规章制度得以实施的基本保证。有了这项制度就能把安全与生产从组织领导上统一起来，把"管生产必须管安全""谁主管谁负责"的原则从制度上定下来。加油（气）站安全生产责任制按岗位可分为站长安全责任制、加油员岗位安全责任制、接卸岗位安全责任制、计量岗位安全责任制、设备维修岗位安全责任制和安全员岗位安全责任制等。

（一）加油（气）站站长安全职责

（1）站长对本站安全生产全面负责。

（2）认真贯彻执行国家和企业的安全生产法令、规定、指示和有关规章制度，把职业健康列入工作重要议事日程，做到"五同时"。即企业单位的各级领导人在管理生产的同时，必须负责管理安全工作，认真贯彻执行国家有关劳动保护的法令和制度，在计划、布置、检查、总结、评比生产的时候，同时计划、布置、检查、总结、评比安全工作。

（3）树立"安全第一"的思想，落实加油（气）站的各项管理制度。

（4）抓好职工的劳动纪律、消防安全、安全知识的教育。

（5）每周组织一次全站安全检查，落实隐患整改，确保加油（气）站的安全生产无事故。

（6）掌握加油（气）站的主要设备，熟悉其性能，了解工艺流程，做到正确指挥。

（7）掌握加油（气）站的经营情况，负责协调处理工作中出现的各种问题。

（8）对加油（气）站发生的事故及时报告和处理，坚持"四不放过"原则。

（二）加油站班组长安全职责

（1）在站长的领导下，负责组织和领导全班员工开展各项经营、管理和服务工作。

（2）认真落实各项安全制度，协助站长对本班员工及顾客进行安全教育，检查、监督各项安全措施的落实。

（3）熟悉本班组防火要求及措施，加强对消防器材的管理，严防丢失和损坏。做到"四懂""四会"。"四懂"：懂本岗位生产过程的火灾危险性，懂预防火灾的措施，懂扑救方法，懂疏散方法；"四会"：会报警，会使用灭火器材，会扑救初期火灾，会组织人员逃生。

（4）负责对本班人员进行班前后教育，对作业中出现的违章现象及时纠正和处理。

（5）负责对作业场所进行全面清理，做好作业记录及交接班工作。

（三）加油站安全员职责

（1）认真学习和贯彻企业安全管理制度，协助站（班）长对员工和顾客进行安全教育。

（2）负责当班的安全管理工作，监督员工严格执行安全生产规章制度，检查出入站人员和车辆，制止影响安全的行为。

（3）定期检查站内设备设施的安全状况，保持良好的工作状态，定期维修保养消防器材，保证其有效性。

（4）做好当班安全检查记录和隐患整改记录，与前后班安全员做好交接班工作。

（5）熟悉本岗位防火要求及措施，做到"四懂""四会"。

（四）加油站加油员安全职责

（1）在站（班）长的领导下，做好当班加油工作。

（2）加油作业中严格执行操作规程，严禁违章作业。

（3）掌握加油机的性能特点和操作技能，并能判断和排除一般故障。

（4）负责本场所的安全监督管理，发现不安全因素和危及加油站安全的行为及时阻止和汇报。

（5）熟悉本岗位防火要求及措施，做到"四懂""四会"。

（6）作业完毕清理现场，做好当班作业记录及交接班工作。

（五）加油站计量员安全职责

（1）计量人员必须持证上岗，严格执行各项安全制度和操作规程，保证加油站的安全经营。

（2）卸油作业时必须坚守岗位，防止跑冒油事故的发生。

（3）遇雷雨大风天气，应停止计量及卸油作业。

（4）卸油作业中，严禁用量油尺计量油罐。

（5）作业时严格遵守防爆防静电规定，上岗须按规定着装。爆炸危险区域严禁使用非防爆器具。

（6）熟悉本岗位防火要求及措施，做到"四懂""四会"。

（7）严格执行交接班记录，做好现场交接和书面记录。

（六）加油站记账员安全职责

（1）熟悉上级规定的有关财务制度和财经纪律及加油站账务管理制度，规范操作，按章办事。

（2）现金、票证的结算工作做到日结月清，及时填报各种报表，及时解缴现金。正确反映商品流转情况，做到账账、账物相符。

（3）熟悉本岗位安全防范知识，妥善保管本站现金、账册、凭证、单据及有关印章。

（4）熟悉站内消防器材性能，并能进行操作扑救。

（七）加油站开票员安全职责

（1）熟悉上级规定的有关财务制度和财经纪律及加油站现金、支票、油票、信用卡、发票等管理制度，规范操作，按章办事。

（2）熟悉加油站经营的商品知识、商品价格和收款、开票程序，快速、准确地收款、开票。

（3）认真做好本班加油员上缴的现金、支票、油票、加油凭证的核对、汇总工作，核对其他商品的销售额，填制本班销售日报。

（4）妥善保管发票、现金、支票等，严防丢失、被盗。

（5）熟悉站内消防器材性能，并能进行操作扑救。

（八）油罐汽车驾驶员安全职责

（1）认真执行国家和上级主管部门的有关法规、制度和规程，服从指挥与分配，热爱工作岗位，圆满完成工作任务。

（2）严格遵守交通法规，自觉维护交通秩序，行驶证等证件齐全有效。

（3）保持良好驾驶作风，文明驾驶、礼貌行车，切实做到"三先""五慢""七不超"。

"三先"：会车时先慢、先让、先停。

"五慢"：通过繁华街道慢；过窄桥、隧道慢；转弯、下坡慢；过窄路、交叉路口慢；下雪、结冰、雨雾视线不清慢。

"七不超"：过桥梁、涵洞不超；前车不让不超；前车正在超越其他车辆时不超；对面来车不超；下雪、结冰、雨雾视线不清不超；转弯不超。

（4）掌握油料防火、防爆基本知识，熟悉油料装卸、运输操作要领，装卸油料时不远离车辆。

（5）熟悉本岗位防火要求及措施，做到"四懂""四会"。

（6）严禁酒后开车、私自出车、私自将车交给他人驾驶。严禁超员和同时装运其他易燃、易爆物品。

（7）切实执行出车前、行车中、回车后的车辆技术状况和安全检查工作，能够排除一般故障。

（8）保证行车安全，如发生事故应保护现场，并积极抢救受伤人员和物资。

二、安全教育制度

安全教育制度是指加油站对全体员工进行教育的要求、范围、内容、形式及考核等制定的一系列规定。

安全教育的内容包括：安全思想和安全意识教育，安全技术和安全知识教育，安全技能和专业技能训练，遵纪和守法教育。通过安全教育，不仅能提高广大员工的责任感和自觉性，还能使加油站员工提高安全技术操作水平，增强自我保护意识，有利于安全生产的开展和劳动生产率的提高。

1. 三级安全教育

对生产岗位所有新职工（包括学徒工、外单位调入职工、合同工、代培人员和大中专院校实习生等）上岗前必须进行厂（公司）级、车间（加油站）级、班组级三级安全教育。三级安全教育时间不得少于 56 小时，其中公司级安全教育时间不得少于 24 小时；加油站级安全教育时间不少于 24 小时；班组级安全教育时间不少于 8 小时。

2. 特殊安全教育

凡从事电气、锅炉、焊接、车辆驾驶等特殊工种作业人员，必须由企业有关部门与当地政府主管部门组织进行专业性安全技术教育，经考试合格，取得特种作业操作证，方可上岗工作。特种作业人员应按当地劳动部门的有关规定，定期参加培训和复审，成绩记入个人安全教育卡片。

在新工艺、新技术、新装置、新产品投产前，各主管部门要组织编制新的安全操作规程，进行专门教育。有关人员经考试合格，取得安全作业证上岗操作。

3. 日常安全教育

加油站必须开展以班组为单位的安全活动，班组安全活动每月不得少于 3 次，每次不少于 1 小时。加油站全站安全活动每月 1 次，每次不少于 2 小时。安全活动时间不得挪作他用。

4. 外来施工人员的安全教育

进站施工人员在施工前，主管公司（或加油站）应与施工队签订安全合同，明确双方责任，落实安全措施，对施工人员进行安全防火教育。

三、安全检查制度

安全检查制度是指对加油站的安全检查内容、目的、方法、要求和评比等制定的规定。

（1）加油站应认真贯彻"预防为主"的方针，坚持自检自查为主、上级主管监督检查相结合的原则，分级落实安全工作。

① 加油站每周组织一次安全检查。

② 当班安全员应对作业现场监督，发现违章行为和不安全因素，有权制止和向上级反映。

③ 加油站主管公司每月和重大节日要对加油站进行安全检查。

（2）检查主要内容包括安全责任制落实情况、作业现场安全管理、设备技术状况、灭火作战预案以及隐患整改情况等。

（3）安全检查中发现的问题和隐患，加油站能解决的，应限期抓紧整改；加油站无力解决的，应书面向上级报告，同时采取有效的防范措施。

四、消防管理制度

消防管理制度应包括消防组织的建立、灭火作战预案的制定、各种消防器材的配置、消防器材的管理等内容，具体有以下几个方面：

（1）成立群众性义务消防组织，站长是防火第一责任人，每个员工都是义务消防员，应做到"四懂""四会"。每半年组织一次消防训练。

（2）加油站应有灭火作战预案，并编制图表说明，作为训练和实战的主要依据，其主要内容：

① 火场组织领导和指挥系统；

② 加油站地理位置；油罐位置、数量、容积；加油机位置、数量；输油管线走向；其他重要设备及其他油品的存放地点、数量；

③ 建构筑物的结构形式、耐火等级、面积、高度、内部设施及相互间的距离；

④ 灭火作战人员的配置、分工，警卫力量的布置，物资抢救、人员疏散措施及相应的操作程序；

⑤ 各种消防器材的数量、摆放位置、应急补充措施；

⑥ 对外通讯联络及外援力量的部署、指挥等。

（3）加油站各种消防器材按有关规定配置，且摆放合理，取用方便。

（4）消防器材应定专人管理，定时检查，经常养护，定期换药，保证完好有效。

五、直接作业环节安全监督管理

（一）用火作业安全管理

安全用火系指在具有火灾爆炸危险场所内进行的用火作业。当安全用火涉及进入受限空间、临时用电、起重吊装、高处作业等作业时，必须办理相应的作业许可证。安全用火作业前，针对作业内容，进行危害识别和风险评估，制定相应的作业程序及安全措施，并将安全措施填入用火作业许可证内。

1. 安全用火的分级

一级安全用火范围——储存收发易燃、可燃液（气）体的罐区、泵房、装卸作业区（铁路、公路、码头）、桶装仓库；加油（气）站的罐区（储气瓶）、加油（气）区、液化气泵房、压缩机房、接卸区；输油（气）管道、隔油池、污水处理设施；易燃、可燃液体和气体的罐车、油轮、驳船等爆炸危险性区域的用火作业。

二级安全用火范围——从易燃、易爆及有毒储罐、泵房、装卸区等拆除且已运到安全地点并经过吹扫处理检验合格的容器、管线和附件；罐区、泵房、装卸作业区等非防爆区域及防火间距以外的区域；发电机房、配电间、消防泵房、化验室；储存收发润滑油的储罐、桶装油品仓库、收发区域等火灾危险性区域的用火作业。

三级安全用火范围——在油库、加油站内，除一、二级以外的用火均属三级用火。

固定安全用火范围——在禁火区内的生产单位，在没有火灾危险性的区域划出固定用火区。

在二级以上用火区域内，不得设固定用火区。

2. 用火作业许可证的办理

一级用火作业由用火单位填写用火作业许可证，报直属企业安全、生产部门审查合格后，主管安全生产领导签发。直属企业主管安全生产领导可授权二级单位主管安全领导签发。

二级用火作业由用火单位填写用火作业许可证，报直属企业二级单位安全部门（安全人员）审查合格后，主管安全生产领导签发。

三级用火作业由用火单位填写用火作业许可证，报基层单位负责人签发。

固定用火区的设定应由用火单位提出申请，报直属企业二级单位安全部门会同消防部门进行审查批准。

3. 用火作业措施

（1）凡在生产、储存、输送可燃物料的设备、容器及管道上动火，应首先切断物料来源加好盲板，经彻底吹扫、清洗、置换后，打开孔盖，通风换气，并经检测分析合格，方可动火。正常生产的装置和罐区内，凡是可动可不动的火一律不动。凡能拆下来的一定拆下来移到安全地方动火。节假日不影响生产正常进行的动火，一律禁止。

（2）一张用火作业许可证只限一处用火，实行一处（一个用火地点）、一证（用火作业许可证）、一人（用火监护人），不得用一张用火作业许可证进行多处用火。用火作业许可证有效时间为一个作业周期，但最多不超过 5 天，若中断作业超过 1 小时继续用火，监护人、用火人和现场负责人应重新确认。固定用火点，每半年检查认定一次。

（3）用火分析。凡需要用火的罐、容器等设备和管线，必须进行内部和环境气体化验分析，要有分析数据，分析数据要填入用火作业许可证中，分析单附在用火作业许可证的存根上，以备存查和落实防火措施。当可燃气体爆炸下限>4％时，分析检测数据（气体浓度）<0.5％为合格；可燃气体爆炸下限<4％时，分析检测数据<0.2％为合格。

4. 用火作业人职责

（1）用火作业人员必须持有有效的焊接工种作业证。

（2）用火作业人员应严格执行"三不用火"的原则。

（3）用火作业人员对不符合"三不用火"原则的用火要求，有权拒绝用火。

（二）临时用电安全管理

在正式运行的电源上所接的一切临时用电，应办理临时用电作业许可证。加油站在罐区、装卸区域等火灾爆炸危险场所内，一般不允许接临时电源。如果检修、施工等确实需要，在办理临时用电许可证的同时办理用火作业许可证。

1. 作业许可证办理程序

（1）施工单位负责人持电工作业操作证、施工作业单等资料到配送电单位办理临时用电作业许可证。

（2）配送电单位负责人应对作业程序和安全措施进行确认后签发临时用电作业许可证。

（3）施工单位负责人应向施工作业人员进行作业程序和安全措施的交底。

（4）作业完工后，施工单位应及时通知负责配送电单位停电，施工单位拆除临时用电线路。

2. 作业安全措施

（1）有自备电源的施工和检修队伍，自备电源不得接入公用电网。

（2）安装临时用电线路的电气作业人员，必须持有电工作业证。

（3）临时用电设备和线路必须按供电电压等级和容量正确使用，所用的电气元件必须符合国家规范标准要求，临时用电电源施工、安装必须严格执行电气施工安装规范。在防爆场所使用的临时电源、电气元件和线路要达到相应的防爆等级要求，并采取相应的防爆安全措施。

（4）临时用电架空线必须采用绝缘铜线或绝缘铝线。架空线最大弧垂与地面距离，在施工现场不低于2.5 m，穿越机动车道不低于5 m。架空线必须架设在专用电杆上，严禁架设在树木和脚手架上。对地埋敷设的电缆线线路必须设有"走向标志"和"安全标志"。电缆埋深不得小于0.7 m，穿越公路时必须加设防护套管。

（5）对现场临时用电配电盘、箱要有编号，要有防雨措施，盘、箱、门必须能牢靠关闭。行灯电压不得超过36 V，在特别潮湿的场所或塔、釜、槽、罐等金属设备作业装设的临时照明行灯电压不得超过12 V。临时用电设施必须安装符合规范要求的漏电保护器，移动工具、手持式电动工具应一机一闸一保护。

（6）配送电单位必须进行每天两次的巡回检查，建立检查记录和隐患问题处理通知单，确保临时供电设施完好。存在重大隐患和发生威胁安全的紧急情况时，配送电单位有权紧急停电处理。

（7）临时用电单位必须严格遵守临时用电规定，不得变更地点和工作内容，禁止任意增加用电负荷，严禁私自向其他单位转供电。

（三）进入受限空间作业安全管理

受限空间是指炉、塔、釜、罐、仓、槽车、管道、烟道、隧道、下水道、沟、坑、井、池、涵洞等封闭或半封闭设施及场所内。在进入受限空间作业前，应办理进入受限空间作业许可证。进入受限空间涉及用火、临时用电、高处作业等作业时，应办理相应的作业许可证。进入受限空间作业前，针对作业内容，应对受限空间进行危害识别，制定相应的作业程序及安全措施。

1. 作业许可证办理程序

（1）进入受限空间作业的负责人，应持有施工任务单，到直属企业二级单位或基层单位，办理进入受限空间作业许可证。

（2）直属企业二级单位或基层单位主管安全领导，应对作业程序和安全措施进行确认后，签发进入受限空间作业许可证。

（3）施工单位负责人应向施工作业人员进行作业程序和安全措施的交底，并指派作业监护人；直属企业二级单位或基层单位与施工单位现场安全负责人对受限空间作业的全过程实施现场监督。

（4）进入受限空间作业完工后，在进入受限空间作业许可证的完工验收栏中，直属企业二级单位或基层单位与施工单位现场安全负责人签名。

2. 作业安全措施

（1）直属企业二级单位或基层单位与施工单位现场安全负责人对现场监护人和作业人进行必要的安全教育，内容应包括所从事作业的安全知识、作业中可能遇到意外时的处理和救护方法等。

（2）应制定安全应急预案，内容包括作业人员紧急状况时的逃生路线和救护方法、现场应配备的救生设施和灭火器材等。现场人员应熟知应急预案的内容。

（3）无进入受限空间作业许可证和监护人，禁止进入作业。当受限空间状态改变时，为防止人员误入，在受限空间的入口处设置"危险！严禁入内"警告牌。

（4）为保证设备内空气流通和人员呼吸需要，可采用自然通风，必要时采取强制通风方法，但严禁向内充氧气。进入受限空间内的作业人员每次工作时间不宜过长，应安排轮换作业或休息。

（5）在进入受限空间作业前，应切实做好工艺处理，与其相连的管线、阀门应加盲板断开。不应以关闭阀门代替安装盲板，盲板处应挂牌标识。

（6）进入油罐的作业照明电压≤12 V；当需使用电动工具或照明电压＞12 V时，应按规定安装漏电保护器，其接线箱（板）严禁带入容器内使用。

（7）当作业环境内存在爆炸性气体，则应使用防爆电筒或电压≤12 V的防爆安全行灯，行灯变压器不应放在容器内或容器上；作业人员穿戴防静电服装，使用防爆工具。

（8）进入受限空间作业前4 h内，受限空间应处于作业所需的安全环境；在施工作业期间每隔4 h取样复测一次。

（9）进入受限空间作业的人员、工具、材料须进行登记。作业结束后，进行全面检查，确认无误后，方可交验。

3. 监护人职责

（1）作业监护人应熟悉作业区域的环境和工艺情况、作业程序，了解作业内容和危害因素。

（2）确认现场处于安全环境状态，检查防护器具、急救器材是否齐全完好。

（3）对作业过程实时监控，确保安全措施到位。

（4）遇有紧急情况，有权终止作业，按应急预案进行处理。

4. 作业人员职责

（1）持有经审批同意、有效的进入受限空间作业许可证方可施工作业。

（2）在作业前应充分了解作业的内容、地点（位号）、时间、要求，熟知作业中的危害因素和进入受限空间作业许可证中的安全措施。

（3）对进入受限空间作业许可证上的安全防护措施应经落实确认和监护人同意后，方可进入设备容器内作业。

（4）对违反本制度的强令作业、安全措施不落实的、作业监护人不在场等情况有权拒绝作业，并向上级报告。

（5）应服从作业监护人的指挥，禁止携带作业器具以外的物品进入设备容器内。如发现作业监护人不履行职责时，应立即停止作业。

（6）在作业中如发现情况异常或感到不适和呼吸困难时，应立即向作业监护人发出信号，迅速撤离现场，严禁在有毒、窒息环境中摘下防护面罩。

（四）高处作业安全管理

高处作业是指在坠落高度基准面 2 m 以上（含 2 m），有坠落可能的位置进行的作业。进行 15 m（含 15 m）以上的高处作业，应办理高处作业许可证。高处作业涉及用火、临时用电、受限空间等作业时，应办理相应的作业许可证。进行高处作业前，针对作业内容，应进行危害识别，制定相应的作业程序及安全措施，将安全措施填入高处作业许可证内。凡患高血压、心脏病、贫血病、癫痫病、精神病以及其他不适于高处作业的人员，不应从事高处作业。作业人员应熟悉高处作业应知应会的知识，掌握操作技能。

1. 作业许可证办理程序

（1）施工单位的负责人，应持有施工任务单，到直属企业二级单位或基层单位，办理高处作业许可证。

（2）直属企业二级单位或基层单位负责人，应对作业程序和安全措施进行确认后，签发高处作业许可证。

（3）施工单位负责人应向施工作业人员进行作业程序和安全措施的交底；直属企业二级单位或基层单位与施工单位现场安全负责人对高处作业的全过程实施现场监督。

（4）高处作业完工后，在高处作业许可证的完工验收栏中，直属企业二级单位或基层单位与施工单位现场安全负责人签名。

2. 作业安全措施

（1）直属企业的二级单位或基层单位与施工单位现场安全负责人应对作业人进行必要的安全教育，内容包括所从事作业的安全知识、作业中可能遇到意外时的处理和救护方法等。

（2）应制定安全应急预案，内容包括作业人员紧急状况时的逃生路线和救护方法、现场应配备的救生设施和灭火器材等。现场人员应熟知应急预案的内容。

（3）高处作业人员应系用与作业内容相适应的安全带，安全带应系挂在施工作业处上方的牢固构件上，不应系挂在有尖锐棱角的部位。安全带系挂点下方应有足够的净空。安全带应高挂（系）低用。

（4）劳动保护服装应符合高处作业的要求。对于需要戴安全帽进行的高处作业，作业人员应系好安全帽。

（5）高处作业严禁上下投掷工具、材料和杂物等，所用材料应堆放平稳，必要时应设安全警戒区，并设专人监护。工具在使用时应系有安全绳，不用时应将工具放入工具套（袋）内。在同一坠落平面上，一般不应进行上下交叉高处作业，如需进行交叉作业，中间应有隔离措施。

（6）高处作业人员不应站在不牢固的结构物上进行作业，不应高处休息。

（7）供高处作业人员上下用的梯道、电梯、吊笼等应完好；除此之外高处作业人员上下时应有可靠措施。

（8）遇有不适宜高处作业的恶劣气象条件时，严禁高处作业。在应急状态下，按应急预案执行。

3. 作业人员的职责

（1）持有经审批同意、有效的高处作业许可证方可进行高处作业。

（2）在作业前充分了解作业的内容、地点（位号）、时间、要求，熟知作业中的危害因素和高处作业许可证中的安全措施。

（3）对高处作业许可证上的安全防护措施经现场负责人确认后，方可进行高处作业。

（4）对违反本制度强令作业、安全措施不落实的，作业人员有权拒绝作业，并向上级报告。

（5）在作业中如发现情况异常或感到不适等情况时，应发出信号，并迅速撤离现场。

4. 高处作业许可证的管理

高处作业许可证是进行高处作业的依据，不应涂改；如确需修改时，应经签发人在修改内容处盖章确认。高处作业许可证应妥善保管，保存期为1年。高处作业许可证一式三联，二级单位或基层单位留存第一联，施工作业现场负责人持有第二联，二级单位或基层单位现场负责人持有第三联。高处作业许可证中各栏目应由相应责任人填写，其他人不应代签，作业人员姓名应与高处作业许可证上的相符。高处作业许可证的有效期为作业项目一个周期。当作业中断再次作业前，应重新对环境条件和安全措施予以确认；当作业内容和环境条件变更时，需要重新办理高处作业许可证。

（五）破土作业安全管理

破土作业系指在生产装置、油气集输站、天然气净化站、油库、液化气充装站、爆炸物品库、加油站内部地面、埋地电缆、电信及地下管道区域范围内，以及影响交通、消防通道上开挖、掘进、钻孔、打桩、爆破等各种破土作业。凡在上述区域内进行破土作业应办理破土作业许可证。破土作业涉及用火、临时用电、进入受限空间等作业时，应办理相应的作业许可证。作业前，针对作业内容，应进行危害识别，制定相应的作业程序及安全措施，并将安全措施填入破土作业许可证内。

1. 作业许可证办理程序

破土作业许可证由施工单位填写，到建设单位审批。建设单位应到破土作业涉及的电力、电信、地下供排水管线、生产工艺埋地管道等相关部门会签后，才能签发破土作业许可证。

2. 作业安全措施

（1）破土前，施工单位应逐条落实安全措施，并对所有作业人员进行安全教育和安全技术交底后方可施工。破土作业涉及电力、电信、地下供排水管线及生产工艺埋地管道等地下设施时，施工单位应设专人进行施工安全监督。

（2）在破土开挖前，应先做好地面和地下排水，严防地面水渗入到作业层面，造成塌方。破土开挖，应防止邻近建（构）筑物、道路、管道等下沉和变形，必要时采取防护措施，加强观测，防止位移和沉降。挖掘破土时应由上至下逐层挖掘，严禁采用挖空底脚和挖洞的方法。在破土开挖过程中应采取防止滑坡和塌方的措施。

（3）作业人员在作业中应按规定着装和佩戴劳动防护用品。

（4）在施工过程中，需要占用规划批准范围以外的场地的，可能损坏道路、管线、电力、邮电通信等公共设施的，需要临时停水、停电、中断道路交通的，需要进行爆破的等，应报告建设单位，采取有效措施后方可继续进行作业。

（5）在道路上（含居民区）及危险区域内施工，应在施工现场设围栏及警告牌，夜间应设警示灯。

（6）在施工过程中，如发现不能辨认物体时，不应敲击、移动，应立即停止作业，报建设单位，采取有效措施后，方可再施工。

（7）雨期和解冻期在土方工程内作业应及时检查土方边坡，当发现边坡有裂纹或不断落土及支撑松动、变形、折断等情况应立即停止作业，经采取可靠措施检查无问题后方可再施工。

（8）在破土开挖过程中，出现滑坡、塌方或其他险情时，应做到：立即停止作业；先撤出作业人员及设备；挂出明显标志的警告牌，夜间设警示灯；划出警戒区，安排警戒人员日夜值勤；通知设计、建设和安全等有关部门，共同对险情进行调查处理。

（9）使用电动工具应安装漏电保护器。

3. 破土作业许可证的管理

破土作业许可证一式三联，第一联交建设单位留存，第二联交施工单位，第三联交现场施工管理人员随身携带。一个施工点、一个施工周期应办理一张作业许可证。作业许可证保留1年。

第四章　加油（气）站建设安全要求

第一节　站址选择的安全要求

一、加油（气）站的等级划分

1. 汽车加油站的等级划分

加油站的油罐容量不同，其经营的业务量也不同，危险性和对周围建筑物的影响程度也有区别。按加油站油罐的容量将加油站分成三级，见表4-1。

2. 液化石油气（IPG）加气站的等级划分

应符合表4-2的规定。

表4-1 汽车加油站的等级划分

级别	油品储罐容积/m³	
	总容积	单罐容积
一级	120＜V≤180	≤50
二级	61＜V≤120	≤50
三级	V≤60	≤30

注：V为油罐总容积；柴油罐容积可折半计入油罐总容积。

表4-2 液化石油气加气站的等级划分

级别	液化石油气储罐容积/m³	
	总容积	单罐容积
一级	45＜V≤60	≤30
二级	30＜V≤45	≤30
三级	V≤30	≤30

注：V为液化石油气罐总容积。

3. 压缩天然气（CNG）加气站储气设施

压缩天然气（CNG）加气储气设施的总容积应根据加气汽车数量、每辆汽车加气时间等因素综合确定，在城市建成区内不应超过16 m³。

4. 加油和液化石油气加气合建站时的等级划分

应符合表4-3的规定。

5. 加油和压缩天然气加气站合建站的等级划分

应符合表4-4的规定。

表 4-3   加油和液化石油气加气合建站时的等级划分

加油站 液化石油气加气站	一级 ($120<V\leqslant180$)	二级 ($60<V\leqslant120$)	三级 ($30<V\leqslant60$)	三级 ($V\leqslant30$)
一级 ($45<V\leqslant60$)	×	×	×	×
二级 ($30<V\leqslant45$)	×	一级	一级	一级
三级 ($20<V\leqslant30$)	×	一级	二级	二级
三级 ($V\leqslant20$)	×	一级	二级	三级

注：(1) V 为油罐总容积或液化石油气罐总容积，m^3。

    (2) 柴油罐容积可折半计入油罐总容积。

    (3) 当油罐总容积大于 $60m^3$ 时，油罐单罐容积不应大于 $50m^3$；当油罐总容积小于或等于 $60m^3$ 时，油罐单罐容积不应大于 $30m^3$。

    (4) 液化石油气罐单罐容积不应大于 $30m^3$。

    (5) "×"表示不应合建。

表 4-4   加油和压缩天然气加气站合建站的等级划分

级别	油品储罐容积/m^3		压缩天然气储气设施总容积/m^3
	总容积	单罐容积	
一级	61～100	≤50	≤12
二级	≤60	≤30	

注：柴油罐容积可折半计入油罐总容积。

二、加油（气）站址选择的安全要求

加油站、加气站及加油加气合建站的站址选择，应符合城镇规划、环境保护和安全防火的要求，并应选择在交通便利的地方。站址的选择是否合适，直接影响到社会效益和经济效益，影响到加油站本身和加油站周边设施的安全，也影响到加油站的服务质量。为此，对站址的选择提出下列几点安全要求。

(1) 在加油站、加气站规模的确定时，由于一级加油站和一级加气站储罐容积大，加油、加气量大，一旦发生事故对周围建、构筑物及人群的安全和环保方面的有害影响较大，也容易因站前车流量大造成交通堵塞等，故此，在城市建成区内不应建一级加油站、一级液化石油气加气站和一级加油加气合建站。

(2) 加油站、加气站及油气合建站的站址选择应符合建筑防火规范和《汽车加油加气站设计与施工规范》的防火安全要求。

① 加油站、加油加气合建站的油罐、加油机和通气管管口与站外建、构筑物的防火距离，不应小于表 4-5 的规定。

② 液化石油气（LPG）加气站、加油加气合建站筑物的防火距离应符合表 4-6 的规定。

③ 液化石油气加气站以及加油合建站的液化石油气卸车点、加气机、放散管管口与站外建、构筑物的防火距离，不应小于表 4-7 的规定。

④ 压缩天然气（CNG）加气站和加油加气合建站的压缩天然气工艺设施与站外建构筑物的防火距离，不应小于表 4-8 的规定。

表 4-5　　　　　油罐、加油机和通气管管口与站外建、构筑物的防火距离　　　　　单位：m

级别　　　　　项目		埋地油罐			通气管管口	加油机
		一级站	二级站	三级站		
重要公共建筑物		50	50	50	50	50
明火或散发火花地点		30	25	18	18	18
民用建筑物保护类别	一类保护物	25	20	16	16	16
	二类保护物	20	16	12	12	12
	三类保护物	16	12	10	10	10
甲、乙类物品生产厂房、库房和甲、乙类液体储罐		25	22	18	18	18
其他类物品生产厂房、库房和丙类液体储罐以及容积不大于 $50m^3$ 的埋地甲、乙类液体储罐		18	16	15	15	15
室外变配电站		25	22	18	18	18
铁路		22	22	22	22	22
城市道路	快速路、主干路	10	8	8	8	6
	次干路、支路	8	6	6	6	5
架空通信线	国家一、二级	1.5 倍杆高	1.0 倍杆高	不应跨越加油站	不应跨越加油站	
	一般	不应跨越加油站	不应跨越加油站	不应跨越加油站	不应跨越加油站	
架空电力线路		1.5 倍杆高	1.0 倍杆高	不应跨越加油站	不应跨越加油站	

注：（1）明火或散发火花地点和甲、乙类物品及甲、乙类液体的定义应符合现行国家标准《建筑设计防火规范》的规定。

　　（2）对柴油罐及其通气管管口和柴油加油机，本表的距离可减少 30%。

　　（3）对汽油罐及其通气管管口，若设有卸油油气回收系统，本表的距离可减少 20%；当同时设置卸油和加油油气回收系统时，本表的距离可减少 30%，但均不得小于 5m。

　　（4）油罐、加油机与站外小于或等于 1000 kV·A 箱式变压器、杆装变压器的防火距离，可按本表的室外变配电站防火距离减少 20%。

　　（5）油罐、加油机与郊外公路的防火距离按城市道路确定：高速公路、Ⅰ级和Ⅱ级公路按城市快速路、主干路确定，Ⅲ级和Ⅳ级公路按照城市次干路、支路确定。

表 4-6　　　　　　　　　　液化石油气罐与站外建、构筑物的防火距离　　　　　　　　单位 m

项　目 ＼ 级别	地上液化石油气罐			埋地液化石油气罐		
	一级站	二级站	三级站	一级站	二级站	三级站
重要公共建筑物	100	100	100	100	100	100
明火或散发火花地点	45	38	33	30	25	18
民用建筑物保护类别　一类保护物	45	38	33	30	25	18
二类保护物	35	28	22	20	16	14
三类保护物	25	22	18	15	13	11
甲、乙类物品生产厂房、库房和甲、乙类液体储罐	45	45	40	25	22	18
其他类物品生产厂房、库房和丙类液体储罐以及容积不大于 $50m^3$ 的埋地甲、乙类液体储罐	32	32	28	18	16	15
室外变配电站	45	45	40	25	22	18
铁路	45	45	45	22	22	22
电缆沟、暖气管沟、下水道	10	8	8	6	5	5
城市道路　快速路、主干路	15	13	11	10	8	8
次干路、支路	12	11	10	8	6	6
架空通信线　国家一、二级	1.5 倍杆高	1.5 倍杆高	1.5 倍杆高	1.5 倍杆高	1.0 倍杆高	1.0 倍杆高
一般	1.5 倍杆高	1.0 倍杆高	1.0 倍杆高	1.0 倍杆高	0.75 倍杆高	0.75 倍杆高
架空电力线路　电压＞380V	1.5 倍杆高	1.5 倍杆高		1.5 倍杆高	1.0 倍杆高	
电压≤380V		1.0 倍杆高			0.75 倍杆高	

注：(1) 液化石油气罐与站外一、二、三类保护物地下室的出入口、门窗的距离应按本表一、二、三类保护物的防火距离增加 50%。

(2) 采用小于或等于 $10m^3$ 的地上液化石油气罐整体装配式的加气站，其罐与站外建、构筑物的防火距离，可按本表三级站的地上罐减少 20%。

(3) 液化石油气与站外建筑面积不超过 $200m^2$ 的独立民用建筑，其防火距离可按本表的三类保护物减少 20%，但不应小于三级站的规定。

(4) 液化石油气罐与站外小于或等于 1000kV·A 箱式变压器、杆装变压器的防火距离，可按本表室外变配电站的防火距离减少 20%。

(5) 液化石油气罐与郊区公路的防火距离可按城市道路确定：高速公路、Ⅰ 级和 Ⅱ 级公路按城市快速路、主干路确定，Ⅲ 级和 Ⅳ 级公路按照城市次干路、支路确定。

表 4-7　　　　液化石油气卸车点、加气机、放散管管口与站外建、构筑物的防火距离　　　单位：m

名 称 项 目		液化石油气卸车点	放散管管口	加气机
重要公共建筑物		100	100	100
明火或散发火花地点		25	18	18
民用建筑 物保护类别	一类保护物	25	18	18
	二类保护物	16	14	14
	三类保护物	13	11	11
甲乙类物品生产厂房、库房和甲、 乙类液体储罐		22	20	20
其他类物品生产厂房、库房和丙类 液体储罐以及容积不大于 50m³ 的埋地 甲、乙类液体储罐		16	14	14
室外变配电站		22	20	20
铁路		22	22	22
城市道路	快速路、主干路	8	8	6
	次干路、支路	6	6	5
架空通信线	国家一、二级	1.0 倍杆高		
	一般	0.75 倍杆高		
架空电力线路	电压＞380V	1.0 倍杆高		
	电压≤380V	0.75 倍杆高		

注：(1) 液化石油气卸车点、加气机、放散管管口与站外一、二、三类保护物地下室的出入口、门窗的距离应按本表
　　　一、二、三类保护物的防火距离增加 50%。

　　(2) 液化石油气卸车点、加气机、放散管管口与站外建筑面积不超过 200m² 的独立民用建筑，其防火距离可按本表
　　　的三类保护物减少 20%，但不应小于 11 m。

　　(3) 液化石油气卸车点、加气机、放散管管口与站外小于或等于 1000kV·A 箱式变压器、杆装变压器的防火距离，
　　　可按本表室外变配电站的防火距离减少 20%。

　　(4) 液化石油气卸车点、加气机、放散管管口与郊区公路的防火距离可按城市道路确定：高速公路、Ⅰ级和Ⅱ级公
　　　路按城市快速路、主干路确定，Ⅲ级和Ⅳ级公路按照城市次干路、支路确定。

表 4-8　　　　　　　　压缩天然气工艺设施与站外建、构筑物的防火距离　　　　　　　单位：m

名 称 项 目		储气瓶、脱硫 脱水装置	放散管管口	储气井组、加气机、 压缩机
重要公共建筑物		100	100	100
明火或散发火花地点		30	25	20
民用建筑 物保护类别	一类保护物	30	25	20
	二类保护物	20	20	14
	三类保护物	18	15	12

名 称 项 目		储气瓶、脱硫 脱水装置	放散管管口	储气井组、加气机、 压缩机
甲、乙类物品生产厂房、库房和甲、乙类液体储罐		25	25	18
其他类物品生产厂房、库房和丙类液体储罐以及容积不大于 50m³ 的埋地甲、乙类液体储罐		18	18	13
室外变配电站		25	25	18
铁路		30	30	22
城市道路	快速路、主干路	12	10	6
	次干路、支路	10	8	5
架空通信线	国家一、二级	1.5 倍杆高	1.5 倍杆高	不应跨越加气站
	一般	1.0 倍杆高	1.0 倍杆高	
架空电力线路	电压＞380V	1.5 倍杆高	1.5 倍杆高	不应跨越加气站
	电压≤380V	1.5 倍杆高	1.0 倍杆高	

注：(1) 压缩天然气加气站的撬装设备与站外建、构筑物的防火距离，应按本表相应设备的防火距离确定。

(2) 压缩天然气工艺设施与郊区公路的防火距离按照城市道路确定：高速公路、Ⅰ级和Ⅱ级公路按城市快速路、主干路确定，Ⅲ级和Ⅳ级公路按照城市次干路、支路确定。

(3) 加油站、加气站的站址应避开人流密集区和重要建筑物，如商业街、文化中心、学校、医院、托儿所、影剧院和体育馆等。

(4) 站址选择要特别注意地下情况，尽量避开土质较差的地段，避开各种地下管线、电缆等，避开在塌陷地区及泄洪道旁建站，以免增加工程造价和影响加油站安全。

第二节 平面布置的安全要求

在加油（气）站平面布置时，首先要根据其功能和性质进行分区，以便于设计、施工和经营管理，保证加油（气）站安全作业和经营。

一、功能区域的划分

加油站、加气站根据其使用性质的不同，一般将总平面分成 4 个功能区域。加油站根据其使用性质可将平面分成加油区、油罐区、营业区和辅助区；IPG 加气站可分成加气区、储罐区（包括卸液点）、营业区和辅助区；CNG 加气站根据加气站的功能分为加气母站和加气子站，CNG 加气站可分为加气区、储气瓶组（或储气井）、生产区和辅助区。当然，区域的划分并不是唯一的，但一般总是根据其具体功能来进行划分的。

二、合理确定安全间距

在加油（气）站平面组合时，既要满足经营和作业功能的要求，又必须符合安全防火规定，满足防火距离要求。因此必须合理确定安全间距。计算合理间距的起算点：油罐指罐外壁；加油机指中性线；道路是指路面的边缘。加油站、加气站及合建站内设施的防火间距不应小于表 4-9 的规定。

三、加油（气）站内的主要设施布置的安全要求

加油站主要设施有：油罐、密闭卸油点、通气孔、加油机、加油岛、站房、配电间、围墙等。

液化石油气（IPG）加气站的主要设施有：储罐、卸车点、安全放空管、加气机、加气岛、烃泵房、压缩机房、站房、配电间、消防设施、围墙等。

压缩天然气（CNG）加气站的主要设施有：储气瓶组、脱硫塔、加气机、加气岛、调压装置、压缩机间、站房、配电间、围墙等。

加油（气）站的站内主要设施布置应满足下列安全要求：

（1）隔绝一般火种及禁止无关人员进入，以保障站内安全。加油站、加气站及合建站与站外建、构筑物相邻一侧，应设置高度不小于 2.2 m 的非燃烧实体围墙；但面向进、出口道路的一侧宜设置非实体围墙，或开敞，这主要是为了进出站内的车辆视野开阔，行车安全，方便操作人员对加油、加气车辆进行管理。同时，在城市还能满足城市景观美化的要求。

（2）车辆进、出口应分开设置。站内平面布置宜按进站汽车槽车正向行驶设计。在运营管理中，严禁加油、加气车辆堵塞汽车槽车驶离车道，以防止发生事故时阻碍汽车槽车迅速驶离。

（3）站内单车道宽度不应小于 3.5 m，双车道宽度不应小于 6 m；站内的道路转弯半径按行驶主流车型确定不宜小于 9 m，如果在国道和省道等主要道路上的加油站转弯半径宜选择不小于 12 m，以方便大型车辆进出和转弯。道路坡度不应大于 6%，且宜坡向站外。在汽车槽车卸车停车处，宜按平坡设计，避免溜车；站内停车场和道路不应采用沥青路面，以防止火灾事故时沥青发生熔融而影响车辆撤离和消防工作正常进行，可采用混凝土材料建造，其厚度根据承受的载荷计算确定。

表 4-9　　　　　　　　　　　　　　　　　　　　　　　　　站 内 设 施 之 间

设施名称		汽、柴油罐		液化石油气罐						压缩天然气储气瓶组（储气井）	压缩天然气放散管管口	密闭卸油点	液化石油气卸车点
		埋地油罐	通气管管口	地上罐			埋地罐						
				一级站	二级站	三级站	一级站	二级站	三级站				
汽、柴油罐	埋地油罐	0.5	—	*	*	*	6	4	3	6	6	—	5
	通气管管口	—	—	*	*	*	8	6	6	8	6	3	8
液化石油气罐	地上罐 一级站			D			*	*	*			12	12/10
	地上罐 二级站				D	.	*	*	*			10	10/8
	地上罐 三级站					D	*	*	*			8	8/6
	埋地罐 一级站						2					5	5
	埋地罐 二级站							2				3	3
	埋地罐 三级站								2			3	3
压缩天然气储气瓶组（储气井）										1.5（1）	—	6	
压缩天然气放散管管口												6	
密闭卸油点												—	4
液化石油气卸车点													—
液化石油气烃泵房、压缩机间													
天然气压缩机间													
天然气调压器间													
天然气脱硫和脱水装置													
加油机													
加气机													
站房													
消防泵房和消防水池取水口													
其他建筑物、构筑物													
燃煤独立锅炉房													
燃油（气）热水炉间													
变配电间													
道路													
站区围墙													

的 防 火 距 离　　　　　　　　　　　　　　　　　　单位：m

液化石油气烃泵房、压缩机间	天然气压缩机间	天然气调压器间	天然气脱硫和脱水装置	加油机	加气机	站房	消防泵房和消防水池取水口	其他建构筑物	燃煤独立锅炉房	燃油(气)热水炉间	变配电间	道路	站区围墙
5	6	6	5	—	4	4	10	5	18.5	8	5	—	3
6	6	6	5		8	4	10	7	18.5	8	5	3	3
12/10				12/10	12/10	12/10	40/30	12	45	18/14	12	5	6
10/8				10/8	10/8	10/8	30/20	12	38	16/12	10	4	5
8/6				8/6	8/6	8	30/20	12	33	16/12	9	3	5
6				8	8	8	20	10	30	10	9	4	4
5				6	6	6	15	8	25	8	7	2	3
4				4	4	6	12	8	18	8	7	2	3
	3	3	5	6		5	6	10	25	14	6	4	3
	—	—	—	6	6	5	6	10	15	14	6	4	3
4	6	6	5	—	4	5	10	10	15	8	6	—	—
5	*	*	*	6		5	6	12	25	12		2	2
—	*	*	*	4	4	6	8	10	25	12	7	2	2
	—	4	5	4	4	5	8	10	25	12	6	2	2
		—	5	6	6	5	8	10	25	12	6	2	2
		—	5	6	5	5	15	10	25	12	6	2	3
				—	4	5	6	8	15	8	6	—	—
					—	5	6	8	18	12	6	—	—
							—	*	6	6	—	—	—
								—	6	12	—	—	—
								—	6	5	—	—	—
											5		
											5	—	
												—	—
												—	
													—

注：(1) 分子为液化石油气储罐无固定喷淋装置的距离，分母为液化石油气储罐设有固定喷淋装置的距离。

(2) D 为液化石油气地上罐相邻较大罐的直径。

(3) 括号内数值为储气井与储气井的距离。

(4) 加油机、加气机与非实体围墙的防火距离不应小于 5 m。

(5) 液化石油气储罐放散管管口与液化石油气储罐距离不限，与站内其他设施的防火距离可按相应级别的液化石油气埋地储罐确定。

(6) 采用小于或等于 10 m³ 的地上液化石油气储罐的整体装配式的加气站，其储罐与站内其他设施的防火距离，可按本表中三级站的地上储罐减少 20%。

(7) 压缩天然气加气站的撬装设备与站内其他设施的防火距离，应按本表相应设备的防火距离确定。

(8) 压缩天然气加气站内压缩机间、调压器间、变配电间与储气瓶组的距离不能满足本表的规定时，可采用防火隔墙，防火间距可不限。

(9) 站房、变配电间的起算点应为门窗。其他建、构筑物系指根据需要独立设置的汽车洗车房、润滑油储存及加注间、小商品便利店。

(10) 表中："—"表示无防火间距要求，"＊"表示该类设施不应合建。

(4) 加油岛、加气岛及汽车加油、加气场地宜设罩棚，罩棚应采用非燃烧材料，其有效高度不应小于 4.5 m/罩棚边缘与加油机或加气机的投影距离不宜小于 2 m。

(5) 加油、加气岛为安装加油机、加气机的平台，又称安全岛。为使汽车加油、加气时，加油机、加气机和罩棚柱不受汽车碰撞和确保操作人员人身安全。加油岛、加气岛应高出停车场地坪 0.15～0.2 m；宽度不应小于 1.2 m；加油、加气岛上的罩棚支柱距岛端部，不应小于 0.6 m。

(6) 液化石油气（LPG）地上储罐应集中单排布置，且罐组四周应设置高度为 1 m 的防火堤，防火堤内坡角线至储罐罐壁净距不应小于 2 m，储罐间净距不应小于相邻较大罐的直径；LPG 地下储罐之间应采用防渗混凝土墙隔开，储罐之间距离不应小于 2 m；如需设罐池时，其池内壁与储罐之间净距不应小于 1 m。

(7) 在合建站内，宜将柴油储罐布置在液化石油气储罐或压缩天然气储气瓶组与汽油储罐之间。

第三节 加油站工艺设施安全要求

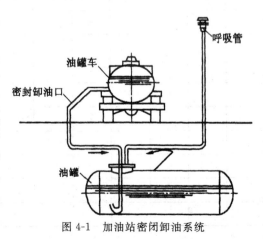

图 4-1 加油站密闭卸油系统

一、加油站工艺安全要求

1. 加油站卸油工艺

加油站油罐车卸油必须采用密闭卸油方式（图 4-1），其含义包括加油站的油罐必须设置专用进油管道，向下伸至罐内距罐底 0.2 m 处。并采用快速接头连接进行卸油。严禁采用敞口卸油方式。密闭卸油的主要优点是可以减少油品挥发损耗，避免敞口卸油时出现油气沿地面扩散加重对空气的污染，更重要的是防止引起火灾爆炸事故。

汽油属于易挥发油品，而且点火能量很低，从保护环境和节能的角度上讲，汽油油罐车的卸油宜采用密闭油气回收系统（图 4-2），使加油站油罐内的油气在卸油的同时回收到油罐车内，避免向大气中释放，其意义将十分重大。这种卸油方式在不少发达国家的城市实施较普遍，北京市也在 2000 年开始了全面实施。

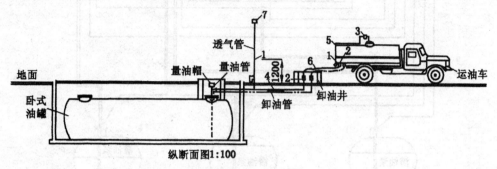

图 4-2　油罐车卸油密闭油气回收系统

1—旋塞（X13W—6T DN50）；2—快速接头（DN50）；3—活接头 DN50；

4—油气管（埋地），为镀锌钢管 DN50；5—油气管（车用），为镀锌钢管 DN50；

6—油气管（联接），为耐油胶管 DN50；7—呼吸阀（组装件 DN50）

卸油油气回收与密闭卸油，从工艺的主要不同之处是油罐车与地下油罐之间加设了一条油气回收连通管道和地下油罐的通气管管口安装机械呼吸阀。若采用卸油油气回收系统时，应符合下列要求：

（1）油罐车上的油气管连同接口，应设在油罐车油罐的顶部人孔盖上，并应装设手动阀门。

（2）密闭卸油管道的各操作接口处，应设快速接头及闷盖。固定油气连接应装设手动阀门。

（3）加油站内的卸油接口、油气连通接口宜设在地面以上。

（4）油罐应设带有高液位报警功能的液位计。

2.加油站加油工艺

（1）潜油泵加油机。随着加油站技术发展，加油站宜采用油罐装设潜油泵的一泵供多机（枪）的配套加油工艺（图 4-3）。与自吸式加油机相比，其最大特点是：油罐正压出油、技术先进、加油噪音低、工艺简单，一般不受油罐液位低和管线长等条件的限制。

（2）自吸式加油机。为保证加油机正常吸入油品，当采用自吸式加油机时，每台加油机应按加油品种单独设置进油管（图 4-4）。如果几台加油机共用一根接自油罐的出油管，会造成互相影响，流量不均。当一台加油机停泵时，还有抽入空气的可能，影响加油机的正常吸入性能和计量的准确度，甚至出现断流现象。

（3）悬挂式加油机。是一种新型的加油设备，其特点是可以充分利用有限空间，输油管可横向移动达 1.2 m，加油范围大，半径可达 4.2 m，使加油车辆自由进位（图 4-5）。但缺点是停车位不明确，容易造成加油作业程序混乱。另外，设备价格较高，国内没有厂家生产，主要靠进口。

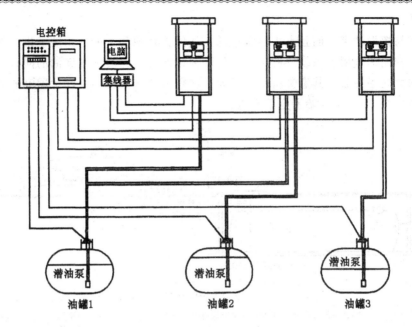

图 4-3　潜油泵加油机加油系统示意图

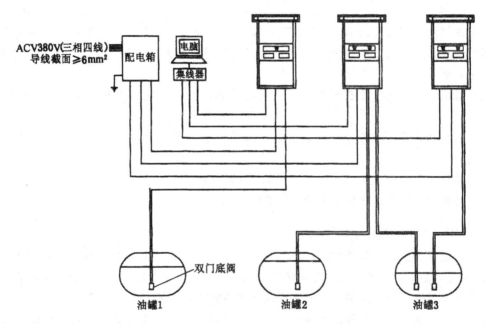

图 4-4　自吸式加油机加油系统示意图

3. 加油站配管工艺

加油站配管工艺比较简单，其工艺设计主要有两种方式：

（1）单罐单机配管工艺。这是一种普遍采用的工艺配管方式，其特点是油罐与加油机对应，专罐专机，操作简单，有利于管理（图4-6）。这种工艺较适合于规模较小的加油站，如果较大规模的加油站，加油机（枪）数量大，就会给输油管线的排列和布置带来一定的难度。

故这种配管工艺不适合大中型加油站。

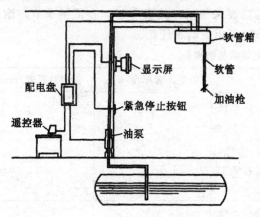

图 4-5　悬挂式加油机系统示意图

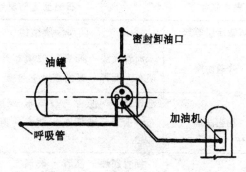

图 4-6　单罐单机配管工艺

（2）单罐多机配管工艺。一地下储油罐配两台以上的加油机。这种设计加油能力强，适用于加油量大的加油站（图 4-7）。如果加油站规模较大，加油机距储油罐距离较远，为保证加油机正常工作，宜选用潜油泵加油机工艺。这种设计管线布置清晰、简洁。

在实际使用中，两种工艺相互交叉使用，已满足加油站的经营需求和工艺安全要求。加油站的输油管线和通气管线均采用无缝钢管。埋地管线连接应采用焊接方式，若采用法兰连接，多一对法兰就多一处渗

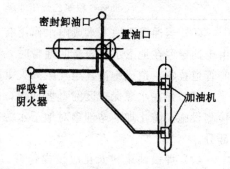

图 4-7　单罐多机配管工艺

漏的可能，多一处隐患。直埋地下油罐的进油管、出油管和通气管均应坡向油罐，其坡度不应小于 2%。加油站的管线应埋地敷设，且不得穿过站房等建、构筑物。如果一定需要采用管沟敷设，沟内应用干砂或细土填实，以防积聚油气。当油品管道与管沟、电缆沟和排水沟相交叉时，应采取相应的防渗漏措施。目的是防止油气串通，避免火焰传播。

二、油罐设置的安全要求

1. 加油站油罐的设置

（1）汽车加油站的储油罐应采用卧式钢制油罐，其罐壁的有效厚度不应小于 5 mm。

如果油罐的壁厚小于 5 mm 是不能满足埋地强度和需附加的腐蚀裕量要求的。即使不会塌瘪，但罐壁也常常处于临界屈服状态，会加速油罐的自然腐蚀，很不利于油罐的使用寿命和加油站的安全。

（2）汽油、柴油罐应直埋敷设，严禁设在室内或地下室内。油罐的顶部覆土厚度不应小于 0.5 m，油罐的周围应回填厚度不小于 0.3 m 干净的沙子或细土夯石，不得有砖、石块等杂物，以免损坏油罐外防腐层。对油罐直埋有困难的地区，可采用地上覆土，且罐内最高液面低于罐外 4 m 范围内地面的最低标高 0.2 m。

（3）埋设油罐的罐区地坪应高于地坪 0.15 m，并在罐区周围砌边墙，防止地面水流入罐

区；同时埋设油罐应安装接地防护网。

（4）油罐的外表面，应采用不低于加强级的防腐保护层。见表4-10。在低温季节，涂层固化较慢，为了不妨碍溶剂的挥发，外部塑料布也可用玻璃布代替。

表 4-10   石油沥青防腐涂层等级与结构表

防腐涂层等级	防腐涂层结构	每层沥青厚度/mm	涂层总厚度/mm
普通防腐	沥青底漆－沥青－玻璃布－沥青－玻璃布－沥青－聚氯乙烯工业膜	≈1.5	≥4.0
加强防腐	沥青底漆－沥青－玻璃布－沥青－玻璃布－沥青－玻璃布－沥青－聚氯乙烯工业膜	≈1.5	≥5.5
特加强防腐	沥青底漆－沥青－玻璃布－沥青－玻璃布－沥青－玻璃布－沥青－玻璃布－沥青－聚氯乙烯工业膜	≈1.5	≥7.0

（5）当油罐受地下水或雨水作用有上浮的可能时，应采用防止油罐上浮的措施。主要是由于油罐埋在地下水位较高的地带时，在空罐情况下，会有漂浮的危险，有可能将与其连接的管道拉断，造成跑油甚至发生火灾事故。

（6）建在水源保护区的直埋油罐，应对油罐采取防渗漏扩散的保护措施，并应设置渗漏检测设施。防止加油站油罐对地下水源和附近江河海岸的污染，是我国治理和保护环境的一部分。

（7）埋设油罐的人孔应设操作井，以方便检修操作。油罐的进油管、出油管、量油孔、通气管等各结合管，应设在油罐的顶部，其中出油结合管宜设在人孔盖上（图4-8）。油罐的进油管应向下伸至罐内距罐底0.2 m处。这主要是为了避免油品喷溅卸油产生静电火花，引起着火。

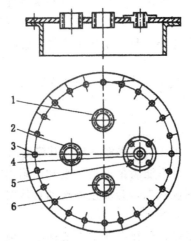

图 4-8   地下油罐人孔开孔图

1—排气孔；2—量油孔；3—φ18 钻孔 24 均布；

4—吸油孔；5—法兰钻孔；6—进油孔

（8）当采取自吸式加油机时，油罐内出油管的底端应设底阀，底阀入油口距离罐底宜为

0.15～0.20 m。油罐的量油孔应设带锁的量油帽。

当罐底低于加油机油泵中心时，加油机的吸油管应设底阀的目的在于，当加油机停泵时油品不致倒流到油罐内，以免下次开泵时还要再抽真空才能加油。吸油管管口距罐底不能太高，否则会有大量油品不能抽出，减小了油罐付油容量；距离油罐也不能太低，否则将会把罐底的积水和污物吸入泵内。

2. 油罐通气管的设置

（1）汽油罐和柴油罐的通气孔应分开设置。这主要是防止两种不同种类的油品储罐互相连通，避免冒油时油品经通气管流到另一油罐。对同一类油品，允许采用共用一根通气立管。但共用时必须考虑避免清洗油罐时互相影响，发生事故。所以每个油罐通气管最好单独设置。

（2）通气管的管径应不小于 DN 50。某些加油站的通气管采用 DN 25 的管子，阻力太大，延长卸油时间，为了缩短进油时间，卸油时打开量油孔排气。若采用 DN 40 的通气管，向汽车加油时进气没有问题，但自流卸油时，若按 10 min 卸一个 6 m³ 的罐车，通气管中的气体流速为 8 m/s，显得较大，阻力增加，延长卸油时间。

（3）通气管的管口应高出地面至少 4 m。沿建筑物的墙（柱）向上敷设的通气立管口，应高出建筑物的顶面 1.5 m，其与站房门窗的直线距离，不应小于 4 m；与站内其他建筑的门窗水平距离，不应小于 7 m；当采用卸油油气回收系统时，通气立管与围墙的距离可不小于 2 m。通气管管口应安装阻火器。当采用卸油油气回收系统和加油油气回收系统时，汽油通气管管口还应安装机械呼吸阀。呼吸阀的工作压力应符合表 4-11 中的规定。从采用油气回收系统的多座加油站的应用情况看，如果通气管管口不加控制，气路系统处于常压状态，就无法完全实现卸油密闭油气回收和加油油气回收。

表 4-11   机械呼吸阀的工作压力单位：Pa

设计使用状态	工作压力	
	正压	负压
仅卸油采用密闭油气回收系统	2000～3000	200～500
卸油和加油均采用油气回收系统		1500～2000

第四节　加气站工艺设施的安全要求

目前我国推广应用的加气站主要是液化石油气（LPG）和压缩天然气（CNG）加气站两种形式。

一、液化石油气（LPG）加气站工艺设施的安全要求

液化石油气加气站是为液化石油气（LPG）燃气机动车辆充装车用液化石油气的专门场所。

（一）LPG 加气站工艺安全要求

1.LPG 加气站工艺

LPG 加气站由液化石油气汽车罐车运至加气站，大部分工艺是利用槽车上的卸液泵将液化石油气卸入储罐中。当 LPG 汽车加气时，利用储罐中的潜液泵将 LPG 输送至加气机，最后通过 LPG 加气机注入 LPG 汽车，见图 4-9。

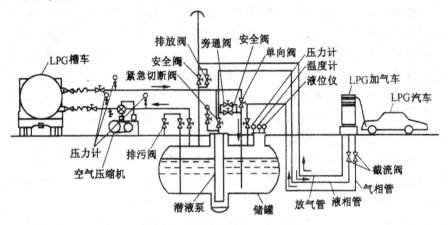

图 4-9　LPG 加气站工艺流程

压力计、温度计、液位仪等用来监控储罐的压力、温度及液位。当 LPG 槽车在卸液时，液化石油气的体积超过储罐容积的 80%，液位监测系统就会发出信号，通知工作人员停止卸液。

卸液液相管路中的单相阀是靠卸液时的液体压力打开的，防止液化石油气回流。加气液相管路中的紧急截断阀是用来在发生紧急情况时，切断储罐与加气机的联系，防止泄漏。卸液液相管和加气液相管路之间的安全阀和旁通阀，在加气管路压力过高或加气机流量过大时会打开，使由潜油泵压出的液化石油气部分回流到储罐，以降低管路压力或加气机流量。

放气管路及管路中的排放阀和安全阀的作用是：在储罐或加气机内压力过高时，将液化石油气排放到大气中，以降低压力。排污阀一般情况下是关闭的，在需要排除储罐中杂质时打开。

还有一种工艺是应用双螺杆 LPG 抽吸泵来进行卸车，还可以代替潜液泵充装 LPG。目前，北京市在这方面已进行了一定的推广应用。

2.LPG 紧急切断系统

液化石油气比空气密度大，易沉积在地面等低洼地带，并且爆炸极限浓度低，上下限浓度范围宽，发生事故危害性大，且不宜控制。为了能在紧急事故状态下迅速切断物流，避免液化石油气大量外泄，阻止事态扩大，加气站应设置紧急切断系统。

（1）该系统应能在事故状态下迅速关闭重要管道阀门和切断液化石油气泵、压缩机的电源。

（2）与液化石油气储罐相连接的所有液相和气相工艺管道以及液化石油气泵出口管道上

应设紧急截断阀。紧急截断阀宜为气动阀。

（3）为了防止槽车卸车时意外启动或溜车而拉断管道，一旦站内发生火灾事故槽车能迅速离开，连接槽车液相管道上应设置拉断阀和紧急截断阀，气相管道上应设置拉断阀，拉断阀的分离拉力宜为 400～600 N。全关阀与接头的距离不应大于 0.2 m。

（4）紧急截断阀以及液化石油气泵和压缩机电源，应能由手动启动的遥控切断系统操纵关闭。紧急切断系统应只能手动复位。

（5）紧急切断系统至少应能在以下位置启动：距卸车点 5 m 以内；在加气机附近工作人员容易接近的位置；在控制室或值班室内。

（二）LPG 加气站储罐设置的安全要求

1. LPG 储罐设置

（1）液化石油气储罐严禁设在室内或地下室内。在城市建成区内，液化石油气储罐应直埋地下敷设，且不宜布置在车行道下。由于液化石油气的气体比空气重，液化石油气储罐设在室内或地下室内，泄漏出来的液化石油气气体易于在室内积聚，形成爆炸性混合气体。

（2）对于直埋地下液化石油气罐采用的罐池应采用防渗措施，回填中性细沙或采用沙包填实。罐顶的覆盖厚度（含盖板）不应小于 0.5 m，周边填充厚度不应小于 0.9 m；池底一侧应设有排水沟，池底面坡度宜为 3%。抽水井内应采用防爆型电气设备。

（3）直埋地下液化石油气储罐罐顶的覆土厚度不应小于 0.5 m，罐周围应回填中性细沙，其厚度不应小于 0.5 m。

（4）液化石油气储罐应采用钢筋混凝土基础，并应严格限制基础沉降。卧罐应坡向排污端，坡度应为 3%～50%。

（5）直埋地下液化石油气储罐外表应采用特加强级的防腐绝缘保护层和阴极保护措施。在其引出管的阀门后，应安装绝缘法兰。特加强级的防腐绝缘保护层结构见表 4-10。

2. LPG 储罐的管路系统和附属设备的设置

（1）储罐的出液管道端口接管位置，应按选择的充装泵要求确定，其他管道端口接管位置宜设置在罐顶。进液管道和液相回流管道宜接入储罐内的气相空间（图 4-9）。

（2）储罐的进液管、液相回流管和气相回流管上应设置止回阀，出液管上应设置过流阀。止回阀和过流阀宜设置在储罐内。止回阀和过流阀有自动关闭功能，设置止回阀和过流阀可有效防止 LPG 管道发生意外泄漏事故。过流阀的关闭流量宜为最大工作流量的 1.6～1.8 倍。

（3）阀门及附件系统的压力等级不应小于 2.5 MPa。

（4）液化石油气储罐必须设置全启封闭式弹簧安全阀。安全阀与储罐之间的管道上应装设截断阀。地上储罐放散管管口应高出储罐操作平台 2.0 m 及以上，且距地面不应小于 5.0 m。地下储罐的放散管管口应高出地面 2.5 m 及以上。放散管管口应设有防雨罩。储罐应设置检修用的放散管（≥DN 40），并宜与安全阀接管共用一个开孔。

（5）在储罐外的排污管上应设置两道截断阀，阀间宜设置排污箱。在寒冷地区，从储罐底部引出的排污管的根部管道应加装拌热或保温装置。

（6）液化石油气储罐必须设置就地指示的液位计、压力表和测量液化石油气液相或气相的温度计，且应设置液位上、下限报警装置，并宜设置液位上限限位控制和压力上限报警装置，以防止超装事故发生。在一、二级站内，储罐液位和压力的测量宜设置远传二次仪表。二次仪表一般设在站房的控制室内，这样更便于对储罐进行监测。

（三）LPG管道设置安全要求

（1）液化石油气管道应选用10号、20号钢或具有同等级的无缝钢管。管件材质应与管道材质相同。管道上的阀门及其他配件的材质宜为碳素钢，严禁采用铸铁件。管道和配件的压力等级不得小于2.5 MPa。

（2）管道间的连接宜采用焊接连接，管道与储罐、设备及阀门的连接宜采用法兰连接方式。

（3）管道系统上的胶管应采用耐液化石油气腐蚀的钢丝缠绕高压胶管，压力等级不应小于6.4 MPa。

（4）液化石油气管道宜埋地敷设。埋设深度应在冰冻线以下，且最小覆土厚度不得小于0.8 m。当需要穿越车行道时，宜加设套管。非焊接连接的液化石油气管道不得直接埋在地下。

当需要管沟敷设时，管沟应用中性沙子填实，管沟进入建筑物、构筑物或防火堤处，必须设置密封隔断墙。

（5）由于液化石油气是非常危险的介质，所以埋地敷设的管道应做特加强级防腐绝缘保护层，详见表4-10。

二、压缩天然气（CNG）加气站工艺设施的安全要求

压缩天然气加气站是为压缩天然气（CNG）燃气机动车辆充装车用压缩天然气的专门场所。

（一）CNG加气站工艺安全

1.CNG加气站工艺

压缩天然气加气站进站天然气的质量应符合现行国家标准《天然气》（GB 17820）中规定的Ⅱ类气质标准。进入压缩机的天然气的质量必须符合压缩机运行要求的有关规定。增压后进入储气装置及出站的压缩天然气应符合国家现行标准《车用压缩天然气》（GB 18047）规定的气质标准。

进站天然气需脱硫处理时，脱硫装置应设在压缩机前。脱硫装置应设双塔。当进站天然气需脱水处理时，脱水可在天然气增压前、增压中或增压后进行，脱水装置应设双塔。见图4-10。

2.CNG加气站工艺设施的安全保护

（1）天然气进站管线上应设置手动紧急截断阀，紧急截断阀的位置应便于发生事故时能及时切断气源。紧急截断阀宜设在阀井内。在远离作业区的天然气进站管道上，为了防止发生火灾或其他事故，在自控系统失灵时，操作人员仍可以靠近并关闭截断阀，切断气源，防止事故扩大。

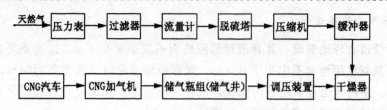

图 4-10　CNG 加气站工艺流程示意图

（2）储气瓶进气总管上应设安全阀及紧急放散管、压力表及超压报警器，每个储气瓶出口应设截止阀。

（3）在储气瓶组与加气机之间应设储气瓶组截断阀、主截断阀、紧急截断阀和加气截断阀，见图4-11。

储气瓶各组的截断阀设置是为了检查、保养、维修气瓶，截断阀组如个别地方渗漏或堵塞不同时，即可分段关闭进行检修；储气瓶组总输出管设置截断阀是为了储气区的维修、方便操作和安全的需要；紧急截断阀主要是切断加气区与储气区、压缩机房之间的通道，以便于维修和发生事故时紧急切断；加气截断阀主要用于加气机的加气操作。CNG 加气站内的各类高压阀门宜选用高压球阀，工作压力为 25 MPa，试验压力为工作压力的 3 倍以上，要求阀门密封性能好，高压操作安全可靠。

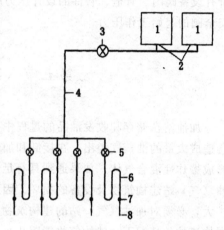

图 4-11　储气瓶组与加气枪间
阀门设置示意图

1—储气瓶组；2—储气瓶组截止阀；3—主截止阀；4—输气管道；5—紧急截断阀；6—供气软管；7—加气截断阀；8—加气枪

（二）CNG 加气站储气瓶（储气井）设置的安全要求

1. 储气瓶设置

采用大容积储气瓶具有瓶阀少、接口少、安全性高等优点，所以，压缩天然气加气站宜选用同一规格型号的大容积的储气瓶，储气瓶组宜由同一种规格型号的储气瓶组合。目前我国加气站采用较多的是国产 60 L 钢瓶，当选用小容积储气瓶时，每组储气瓶的总容积不宜大于 4 m³，且瓶数不宜大于 60 个。

储气瓶编组是根据汽车加气的工艺程序确定，加气方法是利用储气瓶的压力与汽车气瓶的压力平衡进行加气，汽车加气的最高压力限定在 20 MPa，站内储气瓶的压力限定在 25 MPa，通过编组方法提高加气效率，满足快速加气的要求。加气站的储气瓶宜按运行压力分高、中、低三级设置，各级瓶组自成系统。

小容积储气瓶应固定在独立支架上，宜卧式存放。卧式瓶组限宽为 1 个储气瓶的长度，限高 1.6 m，限长 5.5 m，储气瓶之间净距不应小于 30 mm，储气瓶组间距不小于 1.5 m。为防止进站加气汽车控制失误撞入储气设施造成事故，储气瓶组或储气井与站内通道相邻一侧应设有坚固的安全防护拦或采取其他防撞措施。

2. CNG 加气站管道及管件

加气站内管道宜埋地敷设，其管道顶部距地面不应小于 0.5 m，以避免外界干扰。若采用低架敷设，其管底距地面不应小于 0.3 m，管道跨越道路时，管道底部距地面的净距离不应小于 4.5 m。室内管道宜采用管沟敷设，但管沟应用干沙填实，并设活门及通风孔。埋地管道防腐应采用特加强级（或加厚级）防腐层。

加气站内与压缩天然气接触的所有设备、管材、管件、垫片等均应与天然气相容。站内所有设备阀门、管道、管件的设计压力应比最大工作压力高 10%，且在任何情况下不应低于安全阀的起始工作压力。

第五节　建构筑物的防火防爆

加油站在储存和收发油品的过程中，由于设备的不严密或接卸、加注油品过程中的渗漏会造成大量的油蒸气溢出，在接卸和加注油品场所充满了油蒸气。而加气站作业场所则更易形成爆炸性混合气体，如果遇到具有足够能量的引爆源，就会发生火灾或爆炸事故，造成加油（气）站建构筑物及设备的损坏。因此，为了预防加油（气）站事故的发生及防止事故的扩大，必须对加油（气）站的建构筑物进行防火防爆设计。在加油（气）站一旦发生火灾或爆炸事故的情况下，建构筑物能阻止火灾的蔓延扩大，减轻建构筑物的破坏程度，减少事故造成的损失。

一、建筑材料的耐火性能

加油（气）站常用的建筑材料有砖、石、钢、混凝土等，其耐火性能如下：

（1）普通黏土砖承受 800～900 ℃ 的高温时无显著破坏，遇水急冷的影响也不太大。空心砖因各面受热不均，膨胀不一，产生裂缝及表面剥落。

（2）花岗石等由不同岩石组成的石材，遇高热就开裂。石灰石等单一岩石组成的石材，可耐 800～900 ℃ 的高温。

（3）钢材在温度上升到 250 ℃ 左右时强度最大，当温度在 300～400 ℃ 时，强度很快下降。温度达到 500 ℃ 时，钢材的强度降低一半。一般情况下，温度达到 600 ℃ 时就失去承载能力。

根据火灾统计资料分析来看，无防火保护的钢结构，一般均在起火后 10 min 左右，建筑物倒塌。此外，钢在高温时遇水冷却也会变形，造成房屋倒塌。因此对于无防火保护层的钢结构，为了提高其耐火性，就必须设法推迟构件达到极限温度的时间，其主要方法是在构件表面粘贴隔热的保护层。

（4）混凝土的耐火性主要决定于它的骨料。花岗岩骨料混凝土在 550 ℃ 时，因骨料碎裂而出现裂纹。石灰石骨料混凝土耐火可达 700 ℃。由于混凝土比热容较大，升温较慢，所以混凝土在短时间内是不易被烧坏的。

钢筋混凝土在温度低于 400 ℃ 时，受力条件较好，但温度过高，钢筋变形较大，受力条件变差。钢筋保护层厚度越大，耐火时间越长。

（5）石棉耐高温（200～1300 ℃左右），是一种良好的隔热材料。用石棉和水泥混合而制成的板材就是石棉板。石棉板在均匀受热时，能耐热 700～750 ℃，但高温时遇水冷却立即被破坏。

（6）窗玻璃在 700～800 ℃时软化，900～950 ℃时熔化。在火灾条件下，由于玻璃的膨胀，变形受到窗框的限制，一般在 250 ℃时便开裂，自行破碎。

（7）砂浆抹灰作为结构的保护层，当与结构表面结合牢固，厚达 15～20 mm 时，能使结构的耐火时间延长 20～30 min。

（8）木材受热后开始蒸发水分，到 100 ℃以后，开始分解可燃气体，放出少量的热。遇明火点燃，便会出现火焰起火燃烧。木材的燃点介于 240～270 ℃之间。木材在高温作用下超过 400 ℃以后，达到发火的自燃温度，不用明火点燃能自己发火燃烧。

二、建筑构件的耐火极限

（一）建筑构件的燃烧性能

根据建筑构件在明火或高温作用下的变化特征，分为三类：

（1）非燃烧体。用金属、砖、石、混凝土等非燃烧材料制成的构件。这种构件受到火烧和高温作用下不起火、不微燃、不炭化。

（2）难燃烧体。用难燃烧材料制成的构件，或用燃烧材料为基层，而用非燃烧材料为保护层制成的构件。此构件在空气中受到火烧或高温作用下难起火、难微燃、难炭化，当火源移走后，燃烧或微燃立即停止。如沥青混凝土、经过防火处理的木材等都属于难燃烧体。

（3）燃烧体。用燃烧材料制成的构件。此构件在明火或高温作用下能立即起火或微燃，且火源移走后，仍能继续燃烧或微燃。如木柱、木梁、纤维板等。

（二）建筑构件的耐火极限

建筑构件的耐火极限，是按研究实验所规定的火灾升温曲线。对建筑构件进行耐火试验，从受到火的作用时起，到失去支撑能力或发生穿透裂缝或背火一面温度升高到 220 ℃止的时间，这段时间称为耐火极限，用 h 表示。

三、建构筑物的耐火等级

确定合适的建构筑物的耐火等级，不仅有利于预防火灾，限制火灾的蔓延扩大，及时扑救，而且有利于减少投资，经济节约。

建筑物的耐火等级是由组成建筑物的构件的燃烧性能和构件最低的耐火极限决定的。根据建筑常用的几种结构形式，按其耐火性能划分成 4 级，一般来讲：一级耐火等级建筑用钢筋混凝土结构楼板、屋顶、砌体、墙组成；二级耐火等级建筑和一级基本相似，但所用材料的耐火极限可以较低；三级耐火等级建筑用木结构屋顶、钢筋混凝土楼板和砖墙组成的砖木结构；四级耐火等级建筑用木屋顶、难燃烧体楼板和墙的可燃结构。各耐火等级建筑物的燃烧性能和耐火极限应满足《建筑设计防火规范》的要求。

四、防火分隔

加油站或加气站建筑物的火灾危险性都较大，如果一栋建筑物的火灾蔓延至其他建筑物，将会造成巨大的经济损失，甚至导致灾难性的火灾。为此，在建筑的设计、布置中，应设置防火间距，确定合理的建筑物耐火等级，控制爆炸危险区域建筑物的层数及面积等措施。

防火分隔就是在建筑物内部设置耐火等级较高的防火分隔物，把建筑物的空间分隔成若干个防火区段，使每一个防火区段发生火灾时，都能在一定时间内不至于向外蔓延扩大。防火分隔场应有较高的耐火极限，能有效地隔绝火势和热气流的影响，为扑灭火灾赢得时间。目前在加油（气）站应用较广的防火分隔物有防火墙、防火间隔墙等。

（一）防火墙的分类及要求

防火墙按其在建筑物中的位置及构造形式，可分为横向防火墙（与屋脊方向垂直）、纵向防火墙（与屋脊方向平行）、内墙防火墙、外墙防火墙、独立防火墙等。对其结构基本要求如下：

（1）防火墙应由非燃烧体材料构成，其耐火极限不应低于 4.00 h。

（2）防火墙应直接砌筑在基础上或框架结构的框架上。当防火墙一侧的屋架、梁、楼板被烧毁或严重破坏时，防火墙本身仍应不致受到破坏。

（3）防火墙上不宜开门、窗洞口，若必须开时，应设耐火极限不低于 1.20 h 的非燃烧体或难燃烧体的防火门、窗。

（4）防火墙上不宜通过管道，如必须通过时，应用非燃烧材料将穿墙进孔周围的空隙紧密填塞。

（5）在防火墙上内部不宜设置通风道。

（二）防火墙的应用

（1）当建筑物的占地面积超过了规定的要求时，应在建筑物内部用防火墙加以分隔，使其符合要求。

（2）建筑物内部防火要求不同或灭火方法不同的部位之间，如在同一库房内存放不同种类的桶装油品；桶装库房、烃泵房、压缩机间与锅炉房之间，都要设防火墙或防火间隔墙加以分隔并设单独出入口。

（3）易燃、易爆的作业场所，如烃泵泵房、压缩机间与配电室及生产管理室之间均应用防火墙或防爆墙分隔。

五、加油（气）站建筑物防爆设计

（一）防爆设计的基本措施

可燃气体或易燃、可燃液体蒸气与空气混合达到一定浓度后就形成了爆炸性混合物，遇到火源就能引起爆炸。这种爆炸，在极短的时间内释放出大量的能量，产生出大量的高温高压气体，使周围空气发生猛烈震荡，这种空气震荡的现象称为冲击波。在离爆炸中心一定范围内，人将受到冲击波及被炸裂碎片的伤害，建筑物也将受到倒塌和燃烧破坏。

由于可燃气体或易燃、可燃液体蒸气与空气混合后发生爆炸的威力巨大，其爆炸压力可达 $0.15 \sim 1.50$ MPa，而建筑物的耐爆能力却很差，如 37 cm 厚砖墙耐爆压力只有 7 kPa，显然要想完全通过提高建筑物的耐爆能力来解决这一矛盾是行不通的。为了防止爆炸事故的发生，减少爆炸事故造成的损失，在建筑设计上主要采取以下基本措施：

（1）避免爆炸危险性混合物的形成。

（2）排除能够引起爆炸危险性混合物的引爆源来尽量避免爆炸事故的发生。

（3）对于建筑物，一旦发生爆炸事故，要求主体结构要能承受一定的爆炸压力，并设立各种能减轻爆炸事故危害的泄压设施，不至形成整体建筑物的坍塌。如建筑物采用框架结构、设置防爆墙、采用轻质屋盖和外墙及泄压窗等。

以上防爆技术措施要从建筑物的平面及空间布置，建筑构造及建筑设施上加以实施。

（二）合理布置有爆炸危险的建筑物

对于加油（气）站中有爆炸危险的建筑物，在总平面布置和建筑物的平面和空间布置时，都应从防止爆炸事故的发生和减少爆炸事故所造成的损失出发来考虑。

1. 总平面布置

前面已经从安全的角度讨论了加油（气）站总平面布置中应考虑的事项，具体详见本章第二节内容。

2. 平面及空间布置

（1）防爆建筑物的形状不宜变化过多，一般应为矩形。面积也不宜过大，厂房内部应尽量用防火、防爆建筑物加以分隔，以便在发生事故时，尽量减少损失。

（2）有爆炸危险的工作场所不宜设在地下室或半地下室内。

（3）防爆建筑物内应有良好的自燃通风或机械通风。

（4）易发生爆炸的设备在建筑物内布置时，应尽量避开建筑物的主要承重构件，以免发生事故时造成房屋的倒塌，其上部应为轻质屋盖。

（5）防爆房间宜单独设置，如必须和非防爆房间毗邻，只能有一面毗邻，两者之间应用防火墙或防爆墙隔开，相邻两者不应有门相通。

（6）防爆建筑物内不应设办公室、休息室等辅助用房。

（三）选用耐爆较强的结构形式

存在爆炸危险的建筑物尽可能采用敞开式或半敞开式建筑形式，以防可燃气体或可燃蒸气的积聚。

对于有爆炸危险的建筑结构选型十分重要，选用耐火性好、耐爆性强的结构形式，一旦发生事故可以避免建筑物的破坏。

钢筋混凝土框架结构的建筑，耐爆性强、耐火性较好。装配式钢筋混凝土的建筑，有柱、梁、楼板互相连接，整体刚性较差，耐爆强度不如钢筋混凝土框架结构。

钢结构的耐爆强度虽然很高，但是耐火极限很差，当发生火灾爆炸事故时，受到一定高温就会变形倒塌。

（四）设置防爆泄压设施

在有爆炸危险性的建筑设计中设置泄压的轻质屋顶、轻质外墙、泄压门窗等建筑构件。当发生爆炸时，这些耐压最薄弱的建筑构件，将最先爆破向外释放大量的气体和能量，使室内压力迅速下降，因而可以减轻爆炸压力的作用，承重结构不至于倒塌破坏，所有这些面积称为泄压面积。

泄压方向易朝向上空，尽量避免朝向人员集中的地方和交通要道，以及储存易燃、可燃物质的建筑物，以免伤害人员及二次火灾爆炸。泄压面积的确定，根据规范要求，我国对有爆炸危险厂房泄压面积与厂房体积的比值采用 $0.05 \sim 0.10 \ \mathrm{m^2/m^3}$。

六、加油（气）站建、构筑物防火防爆要求

加油站、加气站、加油加气合建站内的所有建、构筑物必须符合国家有关防火的法规及规范外，其耐火等级不应低于二级。此外还必须满足以下要求：

（1）加气站、加油加气合建站内的门、窗应向外开；有爆炸危险的建筑物，应按现行国家标准《建筑设计防火规范》的有关规定，采取泄压措施。

（2）液化石油气（LPG）加气站内，具有爆炸危险建筑物的室内地坪应采用不发火花地面；当采用地下储罐池时，罐池底和侧壁应采取防渗漏措施，以防储罐发生泄漏对邻罐的影响。地上储罐的支座应采用钢筋混凝土支座，其耐火极限不应低于 5 h，以避免储罐塌陷引起重大事故。

（3）压缩天然气（CNG）加气站的储气瓶间宜采用开敞式或半开敞式钢筋混凝土结构或钢结构。开敞面应设置防冲撞钢栏杆，屋面应采用非燃烧材料制作。

（4）压缩天然气（CNG）加气站的储气瓶间与压缩机房、调压气间相邻时，应用钢筋混凝土隔墙隔开，隔墙高度比储气瓶高出 1.0 m，隔墙长度为储气瓶组总长每端延伸 2.0 m，隔墙厚度不小于 20 cm，且无开口。

（5）压缩天然气（CNG）加气站的压缩机房宜采用单层开敞式或半开敞式建筑，净高不宜低于 4.0 m，屋面应为非燃烧材料的轻型结构。

第六节　加油站建设的安全监督

加油站建设的安全监督工作必须认真贯彻"安全第一、预防为主、综合治理"的方针。安全监督应严格执行《建设工程质量管理条例》《实施工程建设强制性标准监督规定》等国家法律、法规及国家和行业有关标准、规范，为保证加油站投产后安全运营和生产创造基本条件。

一、加油站建设的监督原则及程序

加油站建设的安全设施和劳动保护措施，应贯彻"全过程"监督。所以，安全监督的范围应包括：建设项目的建议书或可行性研究报告、设计任务书、施工图设计、施工、验收等

各个阶段。

（一）加油站建设的监督原则

加油站建设的安全监督，应针对建设中构成安全隐患及对人、物、环境的危害等诸多因素，按照法规和规范的要求，对加油站建设工程的总体规划、工艺流程、设备选用、安全设施、劳动保护措施和环境保护等实施监察和监督。

安全监督除了应严格执行《汽车加油加气站设计与施工规范》《建筑设计防火规范》《建设工程质量管理条例》及《中华人民共和国招标投标法》等法律、法规及标准外，还应从安全系统工程实施的可行性、可靠性及经济效益等方面进行分析和综合评价，保证加油站建设的安全可靠。

（二）加油站建设的监督程序

1. 项目建议书

项目建议书的编制、审核及批准阶段，应考虑安全措施及职业健康的要求。

2. 设计任务书及委托

设计任务书的编制，应有安全技术措施方面的论证内容，并将安全方面所需设施的投资纳入项目投资。设计委托应保证批准后的设计任务书中规定的安全要求得到实施。

3. 设计

设计分两步，一是初步设计，初步设计文件编制时，应有设计单位同时编制有关安全、卫生、消防、环保等部门规定的设计说明；二是施工图设计，施工图设计文件的编制及设计交底，应不断完善初步设计所确定的安全技术措施。在设计时如有设计变更，要及时征得各级安全监督部门的同意。

4. 施工

在施工过程中，建设单位的安全管理部门，一方面要加强对建设项目的安全监督，以检查施工过程中对安全设施施工时是否按设计要求进行；另一方面要加强对施工单位施工现场进行安全监督，办理必要的手续，如临时用电、用火许可证等。

5. 验收

工程验收应由建设单位负责，向有关部门递交验收申请报告，完成验收资料和竣工图纸。组织设计、施工、消防、工商、质检、环保等部门参加验收。

二、项目建设各阶段安全监督要求

（一）项目建议书阶段

项目建议书的编写及审批，应对安全措施进行全面综合考虑，这对保证今后加油站项目的安全生产经营要求，起着关键性的作用。

（1）提出加油站建设项目的必要性依据时，应同时考虑建设项目中保证安全的措施及设施，满足国家现行规范、标准等各种法规中有关安全的要求。

（2）加油站的拟建规模应考虑职业危害的可能性及安全生产的可靠性。

（3）加油站地点的选择，除了应从销售网络需要、建设条件和经济效益等因素考虑外，还应从安全、健康及环境保护方面进行综合考虑。

（4）建设项目的投资估算，应包括安全、卫生及环保应采取的技术措施和设施所需要的投资。

（二）项目设计任务书阶段

项目任务书包括建站条件、总平面规划、工艺设施、安全设施和投资估算。其中安全设施内容中应包括：

（1）按现行的国家标准、规范和当地的有关安全法规的要求，综合考虑安全设施。对必须设置的消防设施、安全监测设施、油气回收及污水处理等单项工程进行审查。如 LPG 加气站必须设置消防泵房和消防水池、可燃气体浓度及压力检测。

（2）应对各种事故发生时所需应急措施、事故紧急处理及灾害扑救设施作出研究分析及安全对策。

（3）在投资估算时应考虑到安全检测、报警设备和设施费用；灭火器材等消防设施、安全防范设施费用；事故应急措施费用。

（三）初步设计阶段

初步设计包括总平面布置、工艺设计、建筑设计、电气设计、给排水和消防设计等内容。

1. 监督原则

（1）初步设计的内容，应满足设计任务书或可行性研究报告及其审批文件中关于安全方面的措施及要求。如储罐区和加油区的防火、防爆、防静电、防雷电及防毒等各项措施；在加气站中还应满足可燃气体浓度的检测和报警系统。

（2）初步设计应严格执行国家或行业有关安全的法规和技术标准。

（3）在初步设计变更有关安全方面的内容时，要征得有关各级安全、消防部门的同意。

2. 监督要点

在完成初步设计后，要组织有关部门进行图纸会审，作为建设单位的安全管理和监督部门，要派人参加。这就要求安全管理人员会识读平面布置图、工艺流程图、电气初步设计图、消防器材和设施的设置图等，并指出设计中存在的安全隐患问题。主要包括以下几个方面：

（1）储油罐的合理容量，油罐区及加油区各个区域之间的位置是否合理，站内各设施之间的安全距离是否满足规范要求，绿化与环保是否满足当地规定等。

（2）工艺布置是否合理，是否满足安全生产和经营要求。如加油站卸油是否满足密闭卸油要求，输油管道是否直接埋地敷设等，LPG 加气站输液管道上是否安装紧急切断阀等。

（3）在消防器材的选用和配置上是否满足使用要求和规范要求。如对于 LPG 加气站其消防用水是否足够等。

（4）对于加油站电气设计，要判断出供配电方案是否合理，是双向供电还是单项供电，电气接地和防静电、防雷电设施是否符合安全要求。

（5）在给排水设计中，含油污水的汇集、处理和排放是否可行。

（6）在土建设计中，要考虑到埋地储罐的基础设计、建筑耐火等级。

（7）在工程预算中，要列出消防设施、防静电、防雷电、油罐和管线防腐、含油污水处理、防泄漏及其他安全方面款项。

（四）施工图设计阶段

建设项目初步设计经审查批准后，在施工图设计时，应不断完善初步设计中确定的职业健康设施，并落实初步设计中提出的有关安全方面的审查意见。

施工图设计阶段一般实施自行监督，主要应有设计负责人与专业设计负责人对施工图设计内容及质量实施监督。涉及到安全方面的设计方案，在施工图设计时如有变动，要征得有关部门的同意。

（五）施工阶段安全监督

加油站施工图设计完成、项目施工前，建设单位要组织由设计单位、施工单位参加的技术交底会，会上要对施工图纸、施工组织设计和施工方案进行审查，设计单位要针对施工图中有关问题进行交代，必要时应对安全措施的实际作进一步说明，其内容应有安全项目。如消防设施，可燃气体报警装置，含油污水处理，防爆、防静电设施的施工安排。

施工时建设单位和施工单位的工程监管人员要严格把关，认真执行加油站施工安全管理中的各项安全规定，如明火管理制度、安装施工单位管理制度。既要保证安全施工，又要确保安全设施与主体工程同时施工、同时竣工、同时验收投产使用。

（六）验收阶段安全监督

在进行项目验收的同时，要提供安全措施和设施施工情况的相关资料，必要时进行现场抽查、测试相关项目。主要包括：

（1）安全生产记录，如油罐防腐施工记录，管线的压力试验记录，隐蔽工程施工记录等；

（2）消防设施及设备的试运行情况记录，防雷、防静电接地点平面图及测试数据记录表；

（3）加油站安全管理规章制度明细及安全人员培训考核成绩表；

（4）加油站灭火器材、消防设施的配置方式和数量情况，安全人员配备情况等。

第五章　电气安全管理

第一节　危险区域的划分

加油（气）站内生产和生活设施在不同环境和作业条件下具有不同的安全要求，特别是安全用电要求。为了便于正确合理地进行电气设计，设备选型、安装、维护和安全管理，把加油（气）站划分成爆炸危险区域、火灾危险区和一般用电区。

爆炸危险区域是指油品蒸气、液化石油气或压缩天然气与空气混合后，有可能达到爆炸极限的区域，包括易燃油品、液化石油气或压缩天然气和闪点低于环境温度的可燃油品的生产作业区及其周围的有限空间。

火灾危险区域是指闪点高于环境温度的可燃油品生产作业区。

一般用电区域是指除上述两个区域以外的其他区域。

一、爆炸危险区域的划分

可燃性气体或可燃液体蒸气与空气或氧气混合后，在某一浓度范围内，遇到火源将引起爆炸，此浓度范围称为混合气体的爆炸极限。当浓度高于或低于某一极限值时，火焰便不再蔓延。能使可燃气体或蒸气与空气或氧气组成的混合物在点火后可以蔓延的最低浓度称为该混合气体的爆炸下限；同样能使火焰蔓延的最高浓度称为混合气体的爆炸上限。浓度在爆炸极限范围以内的混合气体称为爆炸性气体混合物。

加油站、加气站经营的汽油、煤油、－35号柴油的蒸气或薄雾、液化石油气或压缩天然气与空气混合形成爆炸性气体混合物，根据其出现的频繁程度和持续时间，将爆炸危险区域划分为三个等级。

0级区域（简称0区）：连续出现或长期出现爆炸性气体混合物的环境。

1级区域（简称1区）：在正常运行时可能出现爆炸性气体混合物的环境。

2级区域（简称2区）：在正常运行时不可能出现爆炸性气体混合物的环境，或即使出现也仅是短时存在爆炸性气体混合物的环境。

正常运行是指正常的开车、运行、运转、停车，油品、液化石油气或天然气的装卸、输送，密闭容器盖的开闭，安全阀、排放阀等以及设备在其设计参数范围内工作的状态。

区域划分图的图例见图 5-1。

二、爆炸危险区域的等级划分

(一) 加油站爆炸危险区域的等级划分

(1) 汽油加油机爆炸危险区域的划分见图 5-2。

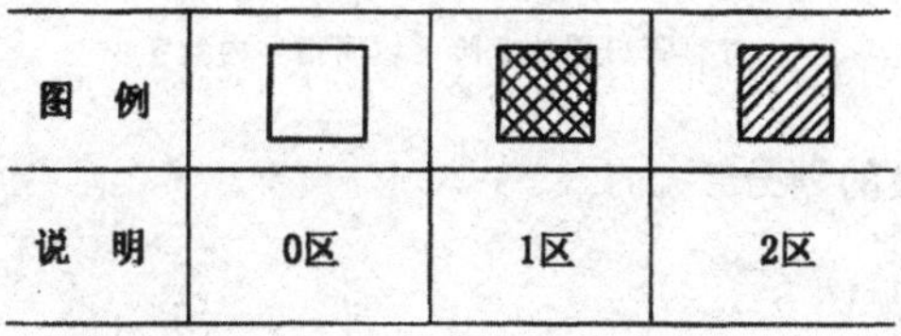

图 例	□	▨	▨
说 明	0区	1区	2区

图 5-1 爆炸危险区域划分图的图例

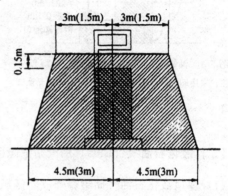

图 5-2 汽油加油机爆炸危险区域划分

注：采用加油油气回收系统的加油机爆炸危险区域用括号内数字

① 加油机壳体内部空间划为 1 区。

② 以加油机中线为中心，上面半径为 3 m（1.5 m）、下面半径为 4.5 m（3 m），高度为从地坪向上至加油机顶上 0.15 m 的圆台形空间，划为 2 区。

(2) 油罐车卸汽油时，爆炸危险区域的划分见图 5-3。

① 油罐车内部的油品表面以上空间划分为 0 区。

② 以通气口为中心、半径为 1.5 m 的球形空间及以密闭卸油口为中心、半径为 0.5 m 的球形空间划为 1 区。

③ 以通气口为中心、半径为 3 m 的球形并延至地面及以密闭卸油口为中心、半径为 1.5 m 延至地面的空间划为 2 区。

(3) 埋地卧式汽油储罐爆炸危险区域的划分见图 5-4。

① 罐内部油品表面以上的空间划为 0 区。

② 阀井内部空间以通气管口为中心、1.5 m（0.75 m）为半径的球形空间及密闭卸油口为中心、0.5 m 为半径的球形空间划为 1 区。

③ 距阀井外边缘 1.5 m 为边界、距地坪 1 m 高的圆柱体空间，以通气管口为中心、半径为 3 m（2 m）的球形空间，及以密闭卸油口为中心、半径为 1.5 m 的球形空间并延至地面划为 2 区。

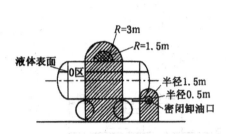

图 5-3　油罐车卸汽油时爆炸危险区域划分

注：采用卸油油气回收系统的汽油罐通气管管口
爆炸危险区域用括号内数字

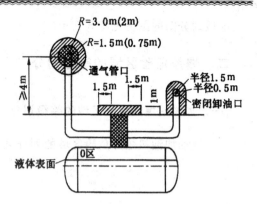

图 5-4　埋地卧式汽油储罐爆炸
危险区域划分

注：采用卸油油气回收系统的汽油罐通
气管管口爆炸危险区域用括号内数字

（二）液化石油气（LPG）加气站危险区域等级的划分

（1）埋地液化石油气储罐爆炸危险区域的划分见图 5-5。

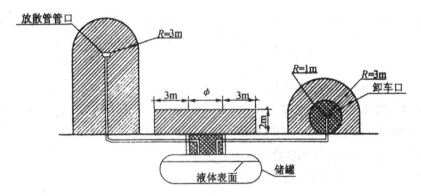

图 5-5　埋地液化石油气储罐爆炸危险区域划分

①罐内部液体表面以上的空间划为 O 区。

②阀井内部空间，密闭卸气口为中心、半径为 1 m 的球形空间，划为 1 区。

③距阀井外缘 3 m 为边界，距地坪 2 m 高的圆柱体空间，以放散管管口口为中心、半径为 3 m 的球形空间并延至地面，以密闭卸气口为中心、半径为 3 m 的球形空间并延至地面划为 2 区。

（2）地上液化石油气储罐爆炸危险区域的划分见图 5-6。

①储罐内部液体表面以上的空间划为 O 区。

②以卸车口为中心、半径为 1 m 的球形空间划分为 1 区。

③以放散管管口口为中心、半径为 3 m 的球形空间，储罐外壳 3 m 以内空间并延至地面，高为防火堤等高的空间和以卸车口为主心、半径为 3 m 的球形并延至地面的空间划为 2 区。

（3）液化石油气加气机爆炸危险区域划分见图 5-7。

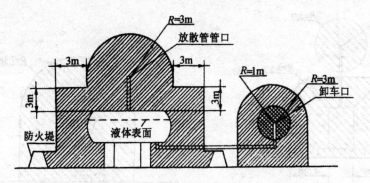

图 5-6 地上液化石油气储罐爆炸危险区域划分

① 加气机内部空间及爆炸危险区域内的沟或坑划为 1 区。

② 以加气机中线为中心，上面半径为 3 m，下面半径为 5 m，高度为从地坪向上至加气机顶上 0.15 m 的圆台形空间，划为 2 区。

（三）压缩天然气（CNG）加气站爆炸危险区域的等级划分

（1）压缩天然气加气机爆炸危险区域的划分见图 5-8。

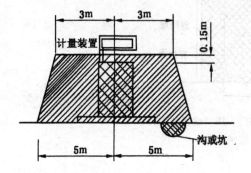

图 5-7 液化石油气加气机爆炸危险区域划分

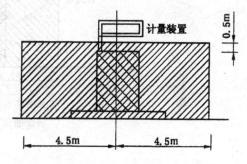

图 5-8 压缩天然气加气机爆炸危险区域划分

① 加气机壳体内部空间划为 1 区。

② 以加气机中线为中心、半径为 4.5 m，高度为从地坪向上至加气机顶上 0.5 m 的圆柱形空间划为 2 区。

（2）室外储气瓶组爆炸危险区域的划分见图 5-9。

以放散管管口为主心、半径为 3 m 的球形空间和距储气瓶组壳体（储气井）4.5 m 以内并延至地面的空间划为 2 区。

（3）露天设置的天然气压缩机组阀门、法兰或类似附件爆炸危险区域的划分见图 5-10。

以压缩机组、阀门、法兰或类似附件壳体为中心、半径为 7.5 m 的球形空间并延至地面划为 2 区。

（4）天然气压缩机、阀门、法兰或类似附件的房间爆炸危险区域的范围见图 5-11。

① 压缩机、阀门、法兰或类似附件的房间内部空间划为 1 区。

② 有孔或开式墙外半径 R 以内至地坪空间划为 2 区。

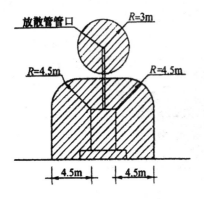

图 5-9 室外或棚内压缩天然气储气
瓶组（储气井）爆炸危险区域划分

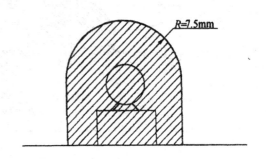

图 5-10 露天（棚）设置的天然气压缩机组、阀门、
法兰或类似附件爆炸危险区域划分

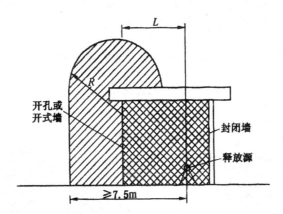

图 5-11 天然气压缩机、阀门、法兰或类似附件
的房间爆炸危险区域划分

第二节 电气安全要求

一、加油（气）站供电电源

加油站及 LPG 加气站一般只有 380/220 V 低压负荷，用外接低压电源具有投资少、经营费用低、维护管理方便等优点，故应首先考虑附近的低压外接电源。CNG 加气站则宜采用 6/10 kV 外接电源，并应设置独立的计量装置。根据加油站、加气站的经营业务，突然中断供电虽然会影响正常业务，但一般不会造成人员伤亡或重大经济损失，因此供电负荷为三级。当加油站由独立变压器供电时，宜采用三项四线接零保护或三项五线专用接地线保护；当使用电网直供或由邻近企业转供电时，用电设备的保护方式应与供电网保持一致。在同一加油站或合建站内，不得将一部分用电设备保护接地而另一部分保护接零。

在缺电、少电地区的加油站，供电不稳定，经常出现停电就会影响加油站的经营。在这种情况下，可考虑设置小型内燃发电机组。使用自备发电机供电时，一定要等发电机运转平稳后再向加油机供电，并保证电压在 220 V±20％或 380 V±20％范围内，以免发电机启动时的高峰电压烧坏加油机电脑元件。柴油发电机组属非防爆电气设备，其排烟管口应安装排气阻火器，防止火星引燃油蒸气发生爆炸火灾事故。排烟管口到各爆炸气体释放源的水平距离为：排烟口高度低于 4.5 m 时应为 15 m；排烟口高度高于 4.5 m 时应为 7 m。

加油站或加气站的电力线路，应采用电缆并直埋敷设。但线路穿越行车道时，电缆应穿钢管保护。当电缆较多时，可采用电缆沟敷设。但电缆不得与油品、热力管线敷设在同一沟内，且电缆沟内必须充沙填实，以防止爆炸性气体积聚。另外加油站、加气站内不得随意装接临时电气线路。

二、绝缘防护

目前，加油站、加气站电气为防止偶然触及或过分接近带电体，常采取绝缘防护、屏蔽防护、安全间距防护的主要安全技术。

电气设备和线路都是由导电部分和绝缘部分组成的，良好的绝缘是保证设备正常运行和线路正常运行的必要条件，也是防止触电事故的重要措施之一。绝缘水平应根据电气设备和线路的电压等级来选择，并能适应周围的环境运行条件。

绝缘材料的主要问题是老化过程。在高压电气设备中主要是电老化，它是由绝缘材料的局部放电引起的。一般而言，电压越高，对绝缘材料的要求也越高。在低压电气设备中，一般是热老化。每种绝缘材料都有一个极限的耐热温度，如超过这一极限，绝缘老化就会加剧，寿命缩短。

材料的绝缘性能还受到温度、湿度、电场作用、机械振动、化学腐蚀以及由于温度变化引起的热冲击、热膨胀应力的影响。加油站由于加油机内油品的渗漏，在加油机底座下的电缆最易受到化学腐蚀。

电气设备和电工材料的绝缘指标是指在不同的电压、温度和湿度等条件下，它们所具有的绝缘电阻值，其值等于加在绝缘体两端的直流电压与流经绝缘体的泄漏电流之比。在不便将带电体包以绝缘或者带电体外虽有绝缘但仍不足以确保安全的场合，可用遮拦、栅栏、护罩、护盖和箱匣等将带电体隔离开来。安装在室内或室外地面上的变、配电设备均应作屏蔽防护，屏蔽防护设备应挂警示牌。

三、电气设备的保护接地与保护接零

（一）接地的基本概念

接地是指把电气设备的某一部分通过接地装置同大地紧密地连接在一起。

1. 接地的分类

（1）检修接地。是指在检修设备和线路时，除了切断电源外，还要临时将检修的设备或线路的导电部分与大地连接起来，以防万一发生误合闸等意外情况时造成触电事故。

（2）故障接地。是带电体与大地之间发生了意外的连接。

（3）工作接地。是指维持供电系统正常安全运行的接地，如三相四线制 220/380 V 系统变压器中性点的接地等。

（4）安全接地。是为了防止触电、雷击、静电火花、爆炸、电磁辐射危害而实施的接地。

2. 接地电阻

接地电阻是接地体流散电阻与接地装置电阻的总和。流散电阻是电流自接地体向周围大地流散过程所遇到的全部电阻。由于接地线的电阻很小，与流散电阻相比可以略去不计，因此从数值上看，流散电阻就等于接地电阻。当电流通过接地体流入大地时，接地体处具有最高的电压，离开接地体后电压逐渐下降，离开接地体半径约 20 m 处电压降为零。

我国规定 1 kV 以下中性点直接接地的供电系统，接地电阻 $R_d \leqslant 4 \ \Omega$。

3. 接地装置的运行和维护

（1）定期的巡视和检查。正常使用的接地装置一般不进行大修，只对其进行维护和更换。

（2）日常维护。除对接地装置进行定期巡视检查外，还应加强日常维护工作。

（二）保护接零

保护接零就是把电气设备在正常情况下不带电的金属壳体部分与供电系统的零线作电气连接。

（三）保护接地

保护接地适用于变压器低压侧中性点不接地的电网中。在这种电网中，凡是由于某种原因可能出现较高电压引起触电危险的金属部件，一般都要保护接地。

（四）保护接零的安全要求

1. 接零与接地不能混用

在同一供电系统中，不允许有的电气设备采用保护接零，而有的电气设备采用保护接地。

2. 对重复接地和接零装置的安全要求

对于电气系统，为了增强安全程度、重复接地和接零装置必须始终处于良好可靠的工作状态。主要有以下几个方面的安全要求：

（1）保证导电的连续性，不得脱断；

（2）连接处要牢固可靠，接触良好；

（3）具有足够的机械强度、导电能力和热稳定性；

（4）其他方面的要求：如防腐蚀要求，接地装置应采用镀锌钢材，焊接处涂沥青；每台电气设备接零线应单独与接零干线相连，不得多台电气设备串联，为提高可靠性，接零干线应有两处同接地体连接；埋地深度要求大于 0.6 m，并在冻土层以下；保证足够的地下安装间距。

四、电气安全装置

为了保证生产经营的正常进行，防止事故（触电、接地、火灾、爆炸等）发生，加油站、加气站内使用的有关电气安全装置统称为电气安全装置。按装置的用途可分为漏电保护装置、电气安全联锁装置和信号装置三类。

（一）漏电保护装置

漏电保护装置适用于 1000 V 及以下的低压系统，但作为检查漏电也可用于高压系统。它用于防止漏电而引起的触电事故；防止单相触电事故；防止漏电引起的火灾事故；监视和切除一相接地故障。

（二）联锁装置和信号装置

凡装置的动作取决于另一装置的动作者，就称另一装置对该装置联锁，它们统称为联锁装置。以安全为目的的电气联锁装置称为电气安全联锁装置。信号装置也具有一定的联锁关系，与前者不同之处主要在于只发出信号而不直接实现控制。电气联锁装置一般装设于设备本身以及各设备之间或附在其他设备上，按用途可分为四种。

（1）以防止人体直接接触或接近带电体等事故为基础的防止触电事故的联锁装置，如配电间的防误操作联锁装置和电容器自动放电联锁装置；

（2）以排除短路、过载、缺相运行等故障为基础的排除电路故障的联锁装置；

（3）以供电安全和自动化需要为基础，实现一定动作程序、执行安全程序的联锁装置（母联开关、分段投切联锁装置等）；

（4）借助电气安全联锁装置来防止机械伤害、爆炸等非电气事故的联锁装置，如防止爆炸性气体混合物或化学有害物质增加到危险值时的电气联锁装置等。

另外还有信号和报警装置，一般以光、电、机械吊牌和音响报警显示为内容。当故障发生时，发出信号警告，指示事故性质和自动装置的动作情况，以便及时采取安全措施，消除危险。

第三节　防爆电气设备

加油站经营的汽油、柴油，加气站经营的液化石油气或天然气，这些油蒸气和易燃气体极易形成爆炸性气体混合物，并存在于一定的区域内。因此处于该区域的电气设备，不能产生电火花或危险的表面温度。换句话说，在加油站或加气站的爆炸危险区域内所使用的电气设备必须是防爆电气。在加油站或加气站主要使用隔爆型、增安型、本质安全型等电气设备。

一、防爆电气设备的防爆型式

1. 隔爆型电气设备

隔爆型电气设备用符号"d"表示。它是把设备可能点燃爆炸性气体混合物的部件全部封闭在一个外壳内，其外壳能够承受通过外壳任何接合面或结构间隙，渗透到外壳内部的可燃性混合物在内部爆炸而不损坏，并且不会引起外部由一种、多种气体或蒸气形成的爆炸性环境的点燃。把可能产生火花、电弧和危险温度的零部件均放入隔爆外壳内，隔爆外壳使设备内部空间与周围的环境隔开。隔爆外壳存在间隙，因电气设备呼吸作用和气体渗透作用，使内部可能存在爆炸性气体混合物，当其发生爆炸时，外壳可以承受产生的爆炸压力而不损坏，同时外壳结构间隙可冷却火焰、降低火焰传播速度或终止加速链，使火焰或危险的火焰生成物不能穿越隔爆间隙点燃外部爆炸性环境，从而达到隔爆目的。

2. 增安型电气设备

增安型电气设备用符号"e"表示。它是一种对在正常运行条件下不会产生电弧、火花的电气设备采取一些附加措施以提高其安全程度，防止其内部和外部部件可能出现危险温度、电弧和火花的可能性的防爆型式。它不包括在正常运行情况下产生火花或电弧的设备。

在正常运行时不会产生火花、电弧和危险温度的电气设备结构上，通过采取措施降低或控制工作温度、保证电气连接的可靠性、增加绝缘效果以及提高外壳防护等级，以减少由于污垢引起污染的可能性和潮气进入等措施，减少出现可能引起点燃故障的可能性，提高设备正常运行和规定故障。

3. 本质安全型电气设备

本质安全型电气设备用符号"i"表示。它的设备内部的所有电路都是由在标准规定条件（包括正常工作和规定的故障条件）下，产生的任何电火花或任何热效应均不能点燃规定的爆炸性气体环境的本质安全电路。

本质安全型电气设备是从限制电路中的能量入手，通过可靠的控制电路参数将潜在的火花能量降低到可点燃规定的气体混合物能量以下，导线及元件表面发热温度限制在规定的气体混合物的点燃温度之下。

4. 正压型电气设备

正压型电气设备用符号"p"表示。它是通过保持设备外壳内部保护气体的压力高于周围爆炸性环境压力的措施来达到安全的电气设备。

正压型电气设备可利用不同方法。一种方法是在系统内部保护静态正压，而另一种方法是保持持续的空气或惰性气体流动，以限制可燃性混合物进入外壳内部。两种方法都需要在设备起动前用保护气体对外壳进行冲洗，带走设备内部非正压状态时进入外壳内的可燃性气体，防止在外壳内形成可燃性混合物。这些方法的要点是监测系统，并且进行定时换气，以保证系统的可靠性。

5. 浇封型电气设备

浇封型电气设备用符号"m"表示。它是将可能产生引起爆炸性混合物爆炸的火花、电弧或危险温度部分的电气部件，浇封在浇封剂（复合物）中，使它不能点燃周围爆炸性混合物。

采用浇封措施，可防止电气元件短路、固化电气绝缘，避免了电路上的火花以及电弧和危险温度等引燃源的产生，防止了爆炸性混合物的侵入，控制正常和故障状况下的表面温度。

6. "n"型电气设备

"n"型电气设备相对其他的防爆型式，具有相对的独立性，它是对普通工业电气设备安全性能的补充和提高。它在正常运行时，不能够点燃周围的爆炸性气体环境，也不大可能发生引起点燃的故障。"n"型电气设备正常运行时，即指设备在电气和机械上符合设计规范并在制造厂规定的范围内使用，不可能产生火花、电弧和危险温度。

7. 油浸型电气设备

油浸型电气设备用符号"o"表示。它是将整个设备或设备的部件浸在油（保护液）内，使之不能点燃油面以上或外壳外面的爆炸性气体环境。这是一个主要用于开关设备的老的防爆技术方法。形成的电弧、火花浸在油下。

8. 充砂型电气设备

充砂型电气设备用符号"q"表示。它是一种在外壳内充填砂粒或其他规定特性的粉末材料，使之在规定的使用条件下，壳内产生的电弧或高温均不能点燃周围爆炸性气体环境的电气设备。

这种电气设备将可点燃爆炸性气体环境的导电部件固定并且完全埋入充砂材料中，从而阻止了火花、电弧和危险温度的传播，使之不能点燃外部爆炸性气体环境。

9. 特殊型电气设备

特殊型电气设备用符号"s"表示。它是一种不能够用标准的防爆型式表征的特殊防爆型式的电气设备。

10. 可燃性粉尘环境用电气设备

该类设备将带电部件安装在有一定防护能力的外壳中，从而限制了粉尘进入，使引燃源与粉尘隔离来防止爆炸的产生。

二、防爆电气设备的选型

1. 安全可靠性原则

选用的防爆电气设备的级别和组别，不应低于该爆炸性气体环境内爆炸性气体混合物的级别和组别。当存在有两种以上易燃性物质形成的爆炸性气体混合物时，应按危险程度较高的级别和组别选用防爆电气设备。

2. 符合法规、标准

选用防爆电气设备必须遵守国家有关安全法规及相关标准。

3. 环境适应性原则

选用防爆电气设备应考虑环境温度、湿度、大气压及外壳防护等级等，如果是在户外使用的防爆电气设备，其外壳防护等级不得低于 IP 54。此外，还要考虑其他环境条件对防爆性能的影响（如危险化学品作业场所中普遍存在既有易燃易爆的危险，同时还受到化学腐蚀，或烟雾，或高温、高湿，或沙尘、雨水，或振动的影响）。电气设备结构应满足电气设备在规定的运行条件下不降低防爆性能的要求。

4. 可维护性原则

防爆电气设备使用期间的维护和保养是其安全、可靠运行的重要保证。在相同的功能要求条件下，选择结构越简单越好。此外，还需考虑同一工程项目内使用防爆电气设备的互换性，以便于维护管理。必要时，还应考虑系统运行要求，如连续运行的自动化系统应优先选用本质安全型产品。

5. 经济性原则

设备选型不必高选，对于同等级别的产品应考虑价格、寿命、可靠性、运行费用和耗能、备件的可获得性等因素。

三、防爆电气设备安装的要求

需要安装的电气设备的确定原则：在满足运行功能的前提下，在爆炸危险场所安装的电气设备的数量应尽量少，有些设备能移到爆炸场所外面的则尽量移出去，尽量安装在控制室或操作室中。必须安装在爆炸场所的电气设备，应与危险场所级别及爆炸性混合物组别相适应，否则不能安装。

1. 防爆电气设备的安装

安装前必须严格按照工程设计和有关技术条件要求，仔细检查防爆电气设备是否符合规定，一方面是防爆电气设备质量、电气参数是否符合规定；另一方面是防爆型式、产品型号、产品规格、防爆级别、温度组别是否符合规定。

配置的导线和电缆要留有安全裕度，以便在运行中温度不致过高，不得超过场所中爆炸性混合物的自燃温度，以确保安全。对电气线路采用的绝缘导线要有防止外界机械破坏和损伤的措施。电气线路严格按设计要求连接，应准确无误。对本质安全型采取有效措施，防止其他电路的电磁感应、静电感应等破坏其整体安全性能。

防爆电气设备与电气线路连接时，要按有关规定的方法施工，特别是隔爆型电气设备接线口处是薄弱环节，极易被忽视，必须可靠处理以保证防爆性能。

2. 防爆电气设备安装的环境要求

防爆电气设备能可靠地工作，是以标准环境下使用为前提。防爆电气设备要尽量设置在爆炸性危险较少的场所，或距离释放源较远的位置。当安装环境不良时，如有水或潮湿较大的场所、有腐蚀性气体的场所、有高温影响的场所、有易受振动和冲击力作用以及户外场所，必须根据场所的具体情况采取相应的保护措施，即要采取防水、防潮、防腐、防热、防振处理。

防潮、防水措施：对户外场所要把防爆电气设备尽量放在防雨棚下，避免直接淋雨和阳光直射，并尽量选用防护等级较高产品。对电气线路入口处进行密封处理。并采取措施防止防爆电气设备附近有积水。在安装的电线管螺纹连接处涂刷防水剂。

防腐措施：根据环境中存在的腐蚀性气体、液体、蒸汽，除选择具有耐腐蚀的防爆电气设备外，还要对配线管路进行防腐处理。对防爆电气设备的接合面（隔爆结构电器除外）及连接螺纹涂防锈油。

防热处理措施：尽量使防爆电气设备远离热源，并尽可能选择温度级别较高的防爆电气设备。

防振措施：尽量采用铜芯绝缘软导线或钢芯多股电缆，用金属管配线时，根据需要可在防爆电气设备与电气线路的连接处安装挠性连接管。对易受振动的螺栓紧固件采用弹簧垫和双重螺母以防松动。

3. 防爆电气设备安装的施工要求

防爆电气设备安装方式和安装形式都要符合防爆电气设备的使用条件。

安装采用的紧固件如螺栓、螺母、垫圈等，都必须具有足够的机械强度，其材质必须符合使用环境条件要求的材质，其表面做防锈处理。

吊管安装的照明灯应有足够的机械强度，吊挂管、照明灯、接线盒等都必须用弹簧垫圈螺栓等紧固牢靠。吊挂管长度符合要求。

第四节　静电的控制和防护

一、静电的危害

两种不同的物体（包括固体、液体、气体），通过摩擦、接触、分离等机械运动的相互作用产生的、相对于观察者是静止的电荷，称为静电。加油站或加气站在接卸、输转、加油或加气过程中，液体与储罐内壁，液体与管道内壁，液体与泵、阀门、计量器等摩擦都会产生静电荷。由于油品、液化石油气、压缩天然气都是静电的非导体，易产生静电积聚，静电荷积聚到一定程度就会形成静电放电。如果静电放电能量超过可燃气体的最小点燃能量，就会引起火灾、爆炸事故。

静电对加油站和加气站的主要危害，一是引起油品及油蒸气和气体燃料的燃烧爆炸和火灾；二是引起电气元件误动作及作业条件受到限制，妨碍经营；三是引起人体电击及因电击造成二次伤害。

总之，油品及 LPG 和 CNG 的静电事故不仅破坏性大，影响面广，尤以爆炸和火灾所造成的损失最为严重，而且比明火引发的事故更具有隐蔽性。故此，静电灾害的预防已成为加油（气）站安全技术的一个突出的问题。

二、静电的积聚和放电

（一）静电积聚

静电荷积聚多少是与材料的绝缘性能有关，即与电荷在介质内流散的规律有关。

油品经管线卸入储罐或经加油机注入油箱，对液体无自由表面和有自由表面两种情况，液体所积累的电量计算方法是不同的，只能近似分析。

（二）静电放电

所谓气体放电，就是气体发生碰撞电离而传导。在通常状态下，气体是不易导电的良好绝缘物，但在适当的条件，却有不同程度的导电可能。

油品在装卸过程中，因流动、喷射、冲击和沉降而带电，这些带电油品不断地流入罐内，而使罐内油品的电荷积聚，产生一定的电场强度和电位。当油品的静电与罐壁的感应电荷所产生的电场不足以引起放电时，油品的部分电荷仅通过罐壁泄漏；当其产生的场强超过罐内气体所能承受的场强时，气体则被击穿而放电。不同气体，其击穿强度不同。

（三）加油（气）站防静电措施

静电作为火源引起爆炸和燃烧有四个条件。要避免火灾事故的发生，只要消除其中的任何一个或几个条件就可以了，即防止或减少静电的产生；设法倒走或中和产生的静电荷，使它不能积聚；防止产生高电场，静电放电没有足够能量；防止爆炸性混合气体的形成。

1. 工艺控制

（1）控制油罐车卸油方式。如果加油站油罐是从顶部敞口喷溅卸油，油品必然冲击罐壁，搅动罐内油品，同时加速油品蒸发、雾化，使容器内油品的静电量急剧增加。因此要求加油站必须密闭卸油，即进油管应距离油罐罐底不大于 0.2 m，以减少静电量的产生。

（2）增设密闭油气回收系统。由于在加油或卸油过程中，油蒸气从油箱或油罐通气孔大量涌出，与空气混合后形成爆炸性混合气体。增设密闭回收系统，在加油时油箱溢出的油蒸气将被真空泵吸入至油罐；在卸油时从油罐呼吸管呼出的油蒸气将进入油罐车。这样加油站的爆炸性混合气体将大大减少，从而减少火灾爆炸事故的发生。

2. 静电接地与跨接

静电接地是指将储存容器、管道及其他设备通过金属导线和接地体与大地联通而形成等电位，并有最小电阻值。跨接是指将金属设备以及各管道之间用金属导线相连造成等电位体。

加油站、加气站中的爆炸危险场所和火灾危险场所内的所有装置都需要静电接地，但当金属体已与防雷保护接地系统连接时，就不需要另做静电接地。接地装置严禁与电气设备的接地装置共用。加油站、加气站的静电接地应符合以下要求：

（1）地上或管沟敷设的输油和输气管道的始端、末端和分支处应设防静电和防感应雷接地装置。防感应雷的接地电阻值不大于 30 Ω。

（2）加油站的汽车油罐车、加油机，LPG 槽车及卸车口、加气枪均应作静电接地，静电连接线应为截面不小于 6 mm² 的软铜线，接地电阻不大于 100 Ω。加气枪流速不大于 3 m/s。卸车场地应设用于罐车卸车时用的防静电接地装置、为卸油设施跨接的静电接地装置，且宜采用能检测跨接线及监视接地装置状态的静电接地仪。

（3）在爆炸危险区域内的输油、输气管道的法兰接头、胶管两端、阀门等连接处应用金属线跨接。有不少于 5 根螺栓连接的法兰，在非腐蚀环境下可不跨接。

（4）防静电接地装置的接地电阻值不大于 100 Ω。

3. 限制作业条件

为了避开油面最大静电电位，防止静电事故的发生，对刚接卸油罐和运输后的油罐车进行人工检测时，油品需要静置一段时间，以保证容器内静电荷的泄漏。我国是按照油品的电导率和容器容积规定静置时间的，见表 5-1。

《加油站管理规范》中规定罐车需静置 15 min 方可进行计量检测。

因此，在油罐及油罐车的静置时间内，严禁人工进行检尺、测温、采样等作业。

表 5-1　　　　　　　　　　静置时间　　　　　　　　　　单位：min

电导率/（s/m）	储罐容积/m³		电导率/（S/m）	储罐容积/m³	
	1～10	10～50		1～10	10～50
10^{-8} 以上	1	1	10^{-14}～10^{-12}	4	5
10^{-12}～10^{-8}	2	3	10^{-14} 以下	10	15

4. 人体的防静电

加油站、加气站或合建站的加油加气员工在爆炸危险场所频繁作业和接触设备，可能由于带电会造成事故。人体由于自身活动和与带电体接触产生静电带电。人体穿着的内外衣，由于材料不同，在穿、脱时所产生的静电也有差异。人体穿着的内外衣为化纤织品或毛织品产生的静电最高，在穿脱时形成的蓝色火花，即放电可能引燃引爆爆炸性混合气体的机遇较多。因此，加油、加气员应避免穿化纤衣服，应穿着防静电服或棉织品的衣服；在加油站（加气站）勿用化纤和丝绸类纱布去擦拭加油机（加气机、烃泵、压缩机）、油罐口、量油口等；在爆炸危险场所设置座椅，也勿选用人造革或化纤类作靠垫的座椅；在爆炸危险场所，工作人员严禁穿脱衣服，不得梳头、拍打衣服。

第五节 雷电的危害及防护

加油站是为各类机动车辆充装汽油、柴油等燃料的专门场所，加气站是为燃气机动车辆充装车用液化石油气（LPG）或车用压缩天然气（CNG）的专门场所。而这些场所不可避免地存在爆炸性混合气体，一旦遭受雷击，可能导致严重的火灾爆炸事故。加油站、加气站建构筑物的防雷具有其特殊性，因此研究雷电对加油站、加气站的危害及防护措施对安全生产有着非常重要的意义。

一、雷电的危害

雷电的危害可分为直接危害和间接危害。直接危害是由雷电对大地放电引起的，间接危害是由雷电流产生的电磁感应和雷云静电而引起的。

1. 电效应

在雷电放电时，能产生数万伏甚至数十万伏的冲击电压，足以烧毁电力系统的电机、变压器、断路器等电力线路和设备，引起绝缘击穿而发生断路，导致可燃、易燃、易爆物品着火爆炸。

2. 热效应

当几十至几百千安的强大电流通过导体时，在极短的时间内将转换成大量的热能，能使放电通道的温度达摄氏数万度。在这种短时的高温下，可燃物品会燃烧，金属被熔化，造成火灾和爆炸事故。

3. 机械效应

雷电流经木材内部的纤维缝隙或流经其他结构的缝隙时，因放电温度高，使空气剧烈膨胀，同时使缝隙内的水分及其物质分解为大量的气体，因而产生巨大的机械力，致使被击物质遭受严重的破坏或造成爆炸。

4. 静电感应

当金属物处于雷云和大地电场中时，金属物上会感应出大量的电荷，雷云放电后，云与大地间的电场虽然消失，但金属物上所感应聚积的电荷却来不及立即逸散，因而产生很高的对地电压。这种对地电压被称为静电感应电压。静电感应电压往往高达几万伏，可以击穿数十厘米的空气间隙，产生火花放电，对加油站威胁很大。

5. 电磁感应

电磁感应是由于雷击时，巨大的雷电流在周围空间产生变化迅速的磁场，使处于在变化磁场中的金属导体感应出很大的电动势。若导体闭合，金属物上仅产生感应电流；若导体有缺口或回路上某处接触电阻较大，由于很大的感应电动势，所以在缺口处会产生火花放电或在接触电阻大的部位产生局部过热，从而引燃周围可燃物。

6. 雷电波侵入

雷击在架空线路、金属管道上会产生冲击电压，使雷电波沿线或管道迅速传播。雷电波若侵入建筑物内，可造成配电装置和电气线路绝缘层击穿产生短路。

二、防雷装置

防雷装置是利用其高出被保护物的突出位置，把雷电引向自身，通过引下线和接地装置把雷电泄入大地，以保护人身和建构筑物免遭雷击。常规防雷装置有接闪器、引下线和接地装置三部分组成。

（1）接闪器。是指直接接受雷电的金属构件，也称引雷器。它所用材料应能满足机械和耐腐蚀的要求，并有足够的热稳定性，能够承受雷电流的热破坏作用。常用接闪器主要有避雷针、避雷线、避雷网和避雷带等。加油站雨棚一般采用避雷网和避雷带。

（2）引下线。是避雷保护装置的中间部分，上接接闪器，下连接地装置。引下线一般采用圆钢或扁钢，圆钢直径不应小于 8 mm，扁钢截面不小于 48 mm²，厚度不小于 4 mm。

引下线应沿建构筑物的外墙敷设，并经最短路线接地。一个建构筑物的引下线一般不少于两根。对于暗装的引下线，其截面积应加大一级。建构筑物的金属构件也可作为引下线，但所有的金属构件均应连成电气通路。

（3）接地装置。包括埋设在地下的接地线和接地体。其结构形式与静电接地装置相同，可同防静电接地装置共用，但不得与电气设备的接地装置共用。接地装置起散流作用，是保证被保护物和人身安全的主要环节。接地装置的性能取决于它的结构形式、布局和材料等，也取决于它的实际散流电阻值。

三、加油（气）站雷电灾害的控制和防护

加油（气）站的防雷接地装置，其接地电阻越小，雷电流导入大地的能力越好，反击和跨步电压也越小。加油（气）站的防雷应符合以下要求：

（1）钢油罐、钢制储气罐及其金属附件应相互作等电位电气连接并接地，接地点不应少于 2 处。接地线与接地体应采用焊接方式连接，连接线与被接地设备应使用防锈金属材料并设断接卡，用双螺栓连接，埋地部分均应焊接。

加油、加气站的防雷接地、防静电接地，电气设备的工作接地、保护接地及信息系统的接地等，宜共用接地装置，其接地电阻不应大于 4 Ω。

当各自单独设置接地装置时，储油罐和储气罐的防雷接地装置、配线电缆金属外皮两端和保护钢管两端的接地装置，其接地电阻不应大于 10 Ω；保护接地电阻不应大于 4 Ω；地上输油输气管道始、末端和分支的接地装置，其接地电阻不应大于 30 Ω。

（2）埋地油罐、气罐的罐体、量油孔、阻火器等附件，应相互作电气连接并接地。

（3）当加油加气站的站房（罩棚）需要防直击雷时，应采用避雷带（网）保护。

（4）加油加气站的信息系统（通讯、液位、温度、压力、计算机系统等）应采用铠装电缆或导线穿钢管配线。配线电缆金属外皮两端、保护钢管两端均应接地。

（5）弱电系统（通讯、信号、监测和微机控制等）应按有关专业规定或产品技术要求，采取防雷措施，装设与电子器件耐压水平相适应的过电压保护器。

（6）380/220 V 供配电系统的电缆金属外皮或电缆金属保护管两端均接地，在供配电系统的电源端应安装与设备耐压水平相适应的过电压保护器（电涌保护器）。

（7）配电间的配电盘、仪表间的仪表盘、电气设备及正常不带电的电气设备外壳均应作保护接地，保护接地电阻不应大于 4 Ω。

（8）加气站应采用不发火地面。

第六章　设备安全管理

第一节　加油机的安装与调试安全

加油机的安装与调试是加油站运行的一部分，它关系到加油站的正常营业与安全，是防止加油站事故发生的重要一环。

一、加油机开箱后的验收

加油机安装前必须检查随机出厂的检验合格证是否齐全，是否有使用维护说明书和参数锁与当班锁调整钥匙，并按说明书检查加油机内部结构和部件在运输中有无损坏，各部分是否松动。

二、加油机的固定

（1）加油机应安装在室外的雨棚下，雨棚的大小应保证在任何季节都不会使加油机遭受雨淋和正午太阳光直射，加油机与周围建构筑物间要有足够的距离，保证载货卡车驶入后畅通和加油员的安全操作。

（2）加油机应安装在加油岛上，加油岛一方面避免车辆对加油机的碰撞；另一方面，加油机底座高于地面，有利于提高防爆安全性能。

（3）加油机主机座应安装在水泥基础上，用地脚螺栓固定好。水泥基础应设孔，以便引入输油管线和接地线。

三、加油机的管线与油罐安装

（1）加油机单机管线一般应为 40 mm 镀锌管，管道的法兰两端均应跨接导线，整个油罐及管道系统应有良好的接地，并进行耐压试验。

（2）如果采用自吸式加油机，管线拐角应尽可能少，加油机与地下油罐的水平距离一般不应超过 30 m，油罐最低液面与加油机进油口的垂直距离应不大于 4 m，以免影响吸程。如加油机安装不能满足上述要求则应采用潜油泵加油机。进油管线口与加油机进油管线间的三角法兰处加入耐油密封垫。

（3）油罐内的出油管线底部应安装 40 mm 的单向阀（双门底阀），单向阀下端距罐底 10 cm，安装单向阀前应仔细清理油罐和单向阀内杂物，并用油液测试单向阀密封性能，以免加油机启用时发生单向阀堵塞和漏油情况。

（4）不要两台加油机或双枪加油机的两台油泵公用一条管线分支供油，以免互相干涉。若一台加油机抽取两个或更多油罐的油品，则应设置阀门，使用时只开使用罐阀门，其他罐的阀门应有效地关闭。

（5）加油机是按室外安装和采用地下直埋油罐的使用条件而设计的，因此加油机应避免使用高位油罐（油罐液位高于加油机进油口），如使用高位油罐，应把油气分离器排气孔封死以免溢油。

四、加油机的电源安装

（1）加油机的电源总开关应设在室内，开关保险应根据电机启动时的电流来确定（约6 A）。电源线应选用耐油、耐腐蚀性能好的四芯多股铜芯的两次保护电缆，禁止使用单股导线和铝芯线。

（2）配电室与加油机连接线采用套管地埋方式，防止车辆轧断电线。在从加油机底座孔中穿入的电缆出口处设下开口的耐油弯头，防止油液滴入钢管腐蚀电缆，禁止在电缆出口处至接线盒的中途再设任意接头，以免发生打火危及加油站安全。

（3）用户电源线接入加油机防爆接线盒内，应与本机接线盒的三相电源和地线相对应，电缆线接入盒后应拧紧丝堵，务必把电缆夹紧，以保证接线盒的防爆性能。如油泵转向不正确，只需将A、B、C三条相线中任意两条调换即可，也可在电动机防爆接线盒内调线，效果相同，如图6-1。

（4）加油机应设单独地线，测试接地电阻不大于4 Ω，油枪对地电阻不大于10 Ω。使用单相电机时（见图6-2），用户电源线应为截面积不小于6 mm² 的铜芯护套线，否则可能造成电机不能启动甚至烧坏电机。

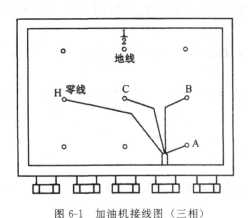

图6-1　加油机接线图（三相）

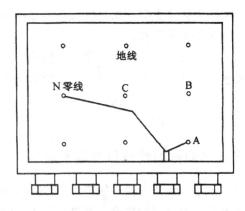

图6-2　加油机接线图（单相）

五、潜油泵加油机的安装

潜油泵主机的安装方法与自吸式加油机安装方法类似。主机至埋地油罐的水平距离一般不超过50 m，垂直距离一般不超过5 m，且弯头拐角应尽可能少，输油管应设不小于2‰的坡度，且坡向埋地油罐。电源线与控制线、通讯线应分别走管。为确保加油站的安全，潜油泵加油机必须配装紧急切断阀，安装位置见图6-3。将固定架安装紧固在油池槽壁预埋螺栓上，然后将紧急切断阀与随机所配进油管和吸油管连接牢固，调整至要求的方向，用U型螺栓将紧急切断阀与矩形管联接，在用联接板将矩形管与固定架联接。

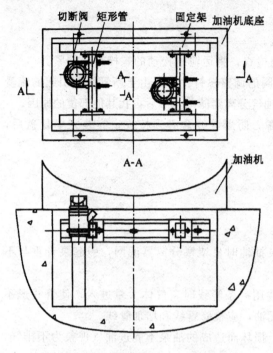

图 6-3　潜泵加油机安装示意图

1. 电气安装

电气部分的安装包括加油机电源的安装、加油机与电控箱的连接等。电源线应选用耐油、耐腐蚀、性能好的 3 芯塑料护套铜芯电缆，导线截面积不小于 1.5 mm²，电缆外径约 8 mm。用户电源线（单相三线）及信号电缆接入加油机的防爆接线盒内，电源进线分别接火线（L）、零线（N）和地线（GND）。

2. 潜油泵的安装

潜油泵通过导油管与泵头相连，泵头通过支承管固定在油罐口。泵头分为上体和下体两大部分，上体内有电容器盒、压力调节阀等；下体内有接线盒，底部有支承管口、进油口，侧面有出油口。安装时，将 108 mm 支承管与接口法兰（用户自备）焊好后固定在油罐口（可用螺纹联接，也可焊合）；将泵头的下体旋到 108 mm 支承管上；将潜油泵马达的三根线套入 15 mm 走线管内，管内一端装入活塞及"O"型橡胶圈；将 15 mm 走线管套入 40 mm 导油管内，旋到潜油泵接头上；将 40 mm 导油管的一端旋到潜油泵接头上，在活塞及"O"型橡胶圈上涂上黄油；将 40 mm 导油管的另一端旋到泵头上；将 8 mm 呼吸管与泵头的 8 mm 螺纹连接，用管卡固定在导油管上。潜油泵出油口与 50 mm 出油管对接。

在泵头上体的电容器盒内接好潜油泵马达线，在泵头下体的接线盒内接入外电源线，检查无误后，将潜油泵、导油管通过泵头下体套入 108 mm 支承管，放到油罐内，用螺钉将泵头的上体与下体连接好。如图 6-4。

在潜油泵安装前需将所使用的油罐规格尺寸提供给加油机厂家以便制定导油管、走线管及呼吸管尺寸。

潜油泵的接线在泵头内进行。将电源线和地线穿过压力密封胶垫引入接线盒内，压紧密封胶垫，在接线盒内将电源线与泵头内的两根黑线相接，地线用螺钉固定在接线盒内；将走线管引过来的潜油泵马达线（共三根，分别为黑、棕、蓝色）穿过压

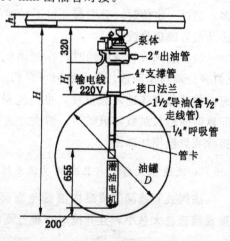

图 6-4　潜油泵安装示意图

注：1=2.54 cm

力密封胶垫引入电容器盒内，压紧密封胶垫；将黑线与泵头内的一根黑线相接，棕线接电容器的一个插脚，蓝线与泵头的另一根黑线相接后插到电容器的另一插脚上。

六、加油机的调试

（1）绝对禁止以水试机，应以实际燃油试机。

（2）第一次试机前应对加油机进行一次普遍检查，将运输中松动的螺栓螺母拧紧。

（3）整机流量过大或过小，可调试油泵溢流阀的调整螺钉。若是由于新管线而引起的流量开始正常，后来流量变小，则应反复清洗加油机油气分离器滤网，然后再找其他部位的原因。

（4）进行电气安装和维修时，必须切断电源，防爆接线盒必须按规定安装完毕封盖后，才能接通电源，严禁开盖试机。

七、加油机管线故障与维修

1. 不出油或出油慢

（1）新设管线内常有泥沙、铁屑等物，油泵抽油时易堵塞分离器滤网，引起泵音重与不出油的故障，应经常清洗分离器滤网（布）。

（2）输油管线严重漏气或两台机器的油泵共用一条管线时，气体大量进入，使管线形不成负压而不出油，现象是排气不止，泵音轻而无油，应检修管线和增加管线。

（3）如果因油罐或输油管线单向阀门卡死、损坏而造成的油泵不能进油（现象为不排气，泵音轻而无油），则应检修或更换底阀。

（4）油品液位太低超过油泵吸程或罐内液位低于双门底阀时，也会引起不出油故障。解决方法是给油罐进油，升高液位。

2. 开机没加油就计数

（1）输油胶管在一定压力下会膨胀，当胶管较长或不标准时，开机瞬间胶管进油膨胀较多，超过一定值时，会引起开机不加油就计数。它的特点是每次计数数值基本一样。解决方法是截短或更换胶管。

（2）底阀或管道漏油时，在加油间歇时分离器与油泵内液位降低，管线向油罐内回油（打开分离器滤网盖，取出滤网可看到），在下次开机时，由于气体进入较多，油气来不及分离而使部分气体进入流量计，推动流量计转动而计数。它的特点是间歇时间越长越易跳数，间歇时间越长跳数数值越多。解决方法是检查底阀、管线有无漏气、漏油情况，有问题及时排除或更换损坏部件。

3. 流速忽大忽小，且准确度误差很大

底阀或管线漏气或罐内液面与底阀相平时，大量气体进入加油机，气体不能完全分离，造成流速忽大忽小，且开枪时有排气现象。解决方法是检修底阀和管线，给油罐进油。

第二节 税控加油机机械部分的使用与维护安全

随着科学技术的发展，加油站都逐步采用税控电脑加油机。按每台加油机所含加油单元的多少分为单枪加油机与多枪加油机（双枪、四枪、六枪等）。在多枪加油机中，按每台加油机所能加的油品数量分为单油品加油机、双油品加油机和三油品、四油品加油机。按加油机泵的安装位置分为自吸式加油机和潜油泵加油机。

一、加油机的总体结构

（一）普通税控燃油加油机

普通税控燃油加油机主要由电动机、叶片泵、油气分离器、流量计、开关、信号传感器、油枪和电脑装置（显示、主板、键盘盒）等部分组成。见图6-5。

（二）潜油泵税控燃油加油机

潜油泵税控燃油加油机由潜油泵向加油机输送燃油，加油机完成计量工作。主要由过滤器、流量计、电磁阀、信号传感器、开关、油枪及电脑装置等部分组成。见图6-6。

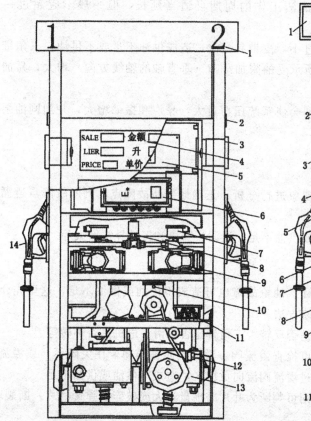

图6-5 普通税控燃油加油机内部结构

1—油枪编号；2—报税接口；3—键盘盒；4—显示屏；
5—税控电脑主板；6—防爆电源盒；7—信号传感器；
8—防爆电磁盒；9—流量计；10—防爆电机；
11—防爆接线盒；12—分体泵；
13—油气分离器；14—油枪

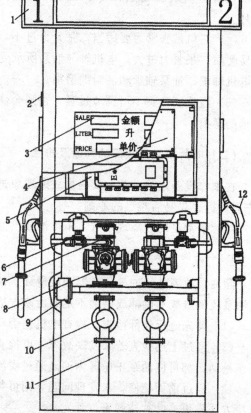

图6-6 潜油泵加油机内部结构

1—油枪编号；2—报税接口；3—显示屏；
4—税控电脑主板；5—防爆电源盒；6—防
爆电磁盒；7—信号传感器；8—流量计；
9—防爆接线盒；10—过滤器；11—切断
阀接盘；12—油枪

二、叶片泵的使用与维护安全

叶片泵是加油机的动力源，它的性能直接决定了整机的吸油与排油能力。叶片泵由铸铁泵盖、转子、叶片、弹簧（片）、溢流阀等组成。

（一）叶片泵的使用与维护

在使用过程中，应经常对叶片泵进行检查和维护。

（1）经常查看叶片泵运转是否灵活均匀，有无异常杂音，轴端与泵盖处有无渗漏，皮带轮有无过度跳动及摆动等。

（2）在试机及清洗油罐时，不能用加油机吸水或含水的油液，以免油泵及其他部件内部锈蚀和低温时冻裂损坏。

（3）应经常清洗过滤器，特别是新装的机器及管道更应如此。随着使用时间的增加，油罐及管道内的脏物会减少，过滤器清洁工作的周期可适当延长，但一般不应超过一个月。

（4）三角带张紧力要适当，张紧力过小，皮带易打滑，造成供油不足或不供油，三角带也易磨损；张紧力过大，电机轴与油泵所承受的附加载荷（垂直轴的轴线方向）增大，易加快电机轴承、油泵轴承和油封的磨损。

（5）溢流阀弹簧不可调节过紧，否则会使系统压力过大，噪声和振动增大，并加剧油泵轴承的磨损。

（二）叶片泵常见故障的判断及排除

在维修设备之前，首先要根据故障现象进行分析，正确地判断故障点。判断故障点遵循"先看后拆、先易后难"的原则。

叶片泵常见的故障现象有：不供油或供油不足、泄漏、噪声和振动异常增大等。

1. 不供油或供油不足

除油泵故障外，油气分离器和流量计、油枪故障也可造成不供油或供油不足，这里先介绍油泵故障造成不供油或供油不足的检修方法。

（1）首先进行外部检查。检查电机是否反转、三角带是否打滑、电机是否不转等。

（2）经过上述检查若未发现故障，可检查溢流阀。溢流阀芯被异物卡住关闭不严或溢流阀座松动，都可使油泵正压区内油液通过溢流阀流向负压区，造成不供油或供油不足。

（3）经过前面检修，未发现问题，则可判断为叶片磨损量过大或破碎、弹簧（片）断裂。解决方法是更换叶片或弹簧（片）。

2. 噪声和振动异常增大

产生噪声和振动异常增大的原因较多，既有加油机本身的原因，也有加油机以外的原因。如埋地油罐与加油机之间距离过长、输油管线弯头过多、罐内液位太低，都会造成加油机工作时噪声和振动增大。因此首先应排除加油机以外的原因，再考虑加油机本身原因。

（1）排除了加油机以外的原因之后，下一步检查溢流阀。溢流阀弹簧调得过紧或溢流阀芯被异物卡住打不开，都可造成噪声和振动异常增大。解决方法是清洗溢流阀，排除溢流阀中的异物。另外，不可盲目追求大流量而将溢流阀弹簧调得过紧。

（2）清洗溢流阀后若还未降低噪声，则应拆开油泵，查看叶片是否破碎或卡死，弹簧（片）是否断裂等。解决方法是更换叶片和弹簧（片）。

3. 泄漏

泄漏有内泄漏和外泄漏两种。内泄漏即油液在压力差作用下从高压区流向低压区造成的泄漏。叶片磨损弹簧片断裂等都可造成内泄漏增大，降低输出流量。外泄漏即油液从液压系统内渗漏到系统外的泄漏。外泄漏除了影响油泵的工作性能外，还增加了环境的不安全因素。外泄漏多为密封圈或密封垫损坏，发现后应及时更换。

三、油气分离器的使用与维护安全

油气分离器的作用是将油液中的气体分离出来排出机外，滤掉油液中的杂质，保证向用户提供不含气体和杂质的纯净油品。

油气分离器的正常工作要靠正确的维护来保证，平时要经常清洗过滤网罩，特别是新加油机更应经常清洗，定期检查四个阀门是否灵活有效，保持回油浮漂上下运动可靠。油气分离器结构示意图见图6-7。

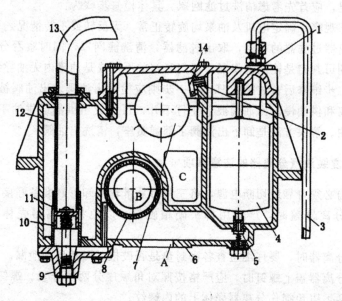

图 6-7　油气分离器结构示意图

1—上盖；2—出气阀座；3—出气管；4—回油浮漂；5—平行阀；6—分离器体；7—球形浮漂；
8—过滤器；9—弹簧座；10—出口（油）阀；11—出口（油）阀座；12、13—出油管；14—出气阀

（一）油气分离器的故障判断及排除方法

油气分离器常见的故障有：油气不能分离、排气管吐油，另外还有不供油和供油不足、振动和噪音等。

1. 油气不能分离、出油含气泡

油气不能分离的主要表现是视油器中油液浑浊（油液中混有大量微小气泡所致）。产生油气不能分离的原因很多，分离器挠性管以下的管路、阀门、接头中任一处密封不严，都可能吸入大量气体（因管道是负压），当吸入的气体量超出油气分离器分离气体的能力时，便产生油气不能分离现象。因此，出现油气不能分离时，首先应检查油罐到加油机之间的输油管线是否有漏油现象。方法是打开分离器过滤器端盖，查看分离器低压腔是否有油，若无油或油液液面缓慢下降，可初步判定为输油管漏油，排除了管道原因后，再检修油气分离器。

2. 排气管喷油

当油罐内油液液面高度高于加油机油气分离器高度时，可造成排油管喷油。因此，在遇到排油管喷油问题时，首先要查看一下油站所用油罐是否是高架罐或"阴阳罐"（油罐一半在地面，一半在地下），若油罐内液面高于油气分离器时，可将分离器排气管堵住。若油站为地下直埋油罐，排油管喷油主要是油气分离器的原因。

3. 不供油或供油不足、振动与噪声大

分离器中过滤器的滤网罩太脏会导致加油机不供油或供油不足、振动与噪声增大，而过滤网罩又极容易脏（特别是在输油管道不干净或油品质量不好的情况下），因此加油机一旦出现供油不足的情况，应首先考虑清洗滤网罩。具体检修步骤为：

（1）首先外部观察，确定电机及油泵均旋转正常（无反转或不转情况）。

（2）卸下分离器过滤器的端盖，取出过滤器，清洗滤网罩，同时察看分离器低压腔，若低压腔内无油，则可判定是输油管渗漏、双门底阀关不严或是油罐内无油导致不供油。

（3）经过第二步维修后若故障依旧，下一步则应检修出油阀。出油阀被卡住关不严，可造成油气不能分离和供油慢。出油阀被卡住打不开，可造成不供油或供油不足，噪声和振动增大，排气管吐油。解决方法是卸下出油阀下部弹簧座，清洗出油阀。

（二）拆卸与复装油气分离器的注意事项

（1）在维修前必须可靠地切断电源，将三角带从带轮上卸下，准备好接装油液的容器。

（2）在拆卸分离器盖时，严禁用榔头硬敲硬打，以免将分离器壳体或盖震裂，造成泄漏。

（3）在复装分离器时，要仔细检查各密封垫是否破损，以免出现泄漏。

（4）在装配分离器盖上螺钉时，应严格按照对角顺序分两次拧紧。螺钉的拧紧力矩要适当，不可用力过猛，以免损伤分离器壳体上的内螺纹。

四、自封油枪

油枪是加油机液压系统的终端，是向车辆油箱中注油的工具。对油枪的要求是操作方便，供油量可调节，使用安全、可靠。

（一）自封油枪的使用与维护

（1）在使用自封油枪加油时，应轻拿轻放，主阀杆部应经常加注润滑油以保证灵活可靠。

（2）保持自封油枪内油路、气路畅通，防止杂物阻塞油路、气路，防止自封功能失效。

（3）借助限位板加油时，虽然油枪具有加满油自动关枪的功能，但放枪时一定要使挡片脱离限位板，以免下次提枪加油时油液从畅通的油枪嘴喷出而发生事故。

（4）由于加油过程中，空气不断从枪口小孔中补入，故注油时产生的泡沫较多；当泡沫将枪口淹没时，油箱未满也会自动关枪，需要补注，这是此类油枪的不足之处。自封油枪结构如图 6-8 所示。

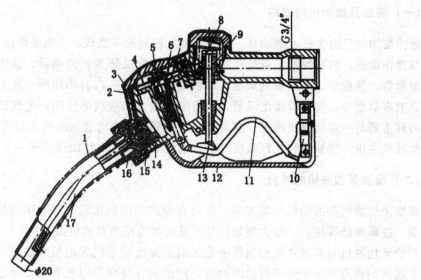

图 6-8　自封油枪结构图

1—弹簧；2—枪体；3—塑料护套；4—开关膜；5—自封杆；6—自控杆；7—钢球；8—调整螺钉；9—主阀芯；
10—定位片；11—把手；12—枪把罩；13—顶杆；14—副阀座；15—副阀芯；16—转接套；17—枪管

（二）自封油枪的常见故障

（1）油枪不能关闭或关闭后少量漏油。原因是主阀与阀座间有异物或副阀弹簧失效，不起密封作用。解决方法是清洗主阀，拉长副阀弹簧或更换副阀弹簧。

（2）油枪不自封。原因是开关薄膜上腔与外界密封不严，如上腔塑盖压丝未拧紧，油枪嘴内的转接套和副阀座上的"O"型密封圈损坏，使开关膜上下腔间不能形成压力差。解决方法是拧紧塑盖压丝，更换损坏的"O"型密封圈。

油枪不自封的另一种情况是小流量不自封。这是因为在小流量的情况下，流速低，空吸作用弱，开关膜上下腔间的压力差小，无法克服弹簧的弹力使自封杆上移。解决方法是减小开关膜上腔弹簧的弹力。

（3）油枪频繁自封。主要原因是油枪嘴内的进气管被脏物堵塞，进气不畅。另外，开关膜上腔弹簧弹力过小也可造成频繁自封。解决方法是清除进气管内污物，保持进气管畅通；适当拉伸自封弹簧，增强弹簧的弹力。

（4）开枪不出油或出油量小。原因是油枪滤网堵塞或油管接头被异物堵塞。解决方法是清洗滤网，重新截换、安装胶管。

（5）油枪漏油。油枪漏油多出现在油枪与胶管的活动接头处、油枪嘴与枪体的结合处

（此处多是因为使用不当造成损坏）和主阀顶部压盖处。前两处多为"O"型密封圈损坏，更换"O"型密封圈即可。主阀顶部压盖处漏油，一般是压盖未拧紧或"O"型密封圈损坏，拧紧压盖或更换"O"型密封圈即可。

五、潜油泵加油机的特点

（一）潜油泵加油机的结构

潜油泵加油机由主机、潜油泵、泵头、电气控制箱等组成。主机是潜油泵加油机的计量、控制与操作设备，内有滤网、流量计、电磁阀、油枪及开关、传感器、接线盒、电源盒、主板、显示器、键盘等。潜油泵是加油机的供油设备。泵头内有单向阀，压力调节阀、防爆接线盒及电容器盒等，起调节输出流量，调节出油压力和接线的作用。电气控制箱（简称电控箱）内部主要是一系列接线端子、继电器及开关等，用来沟通加油机与潜油泵之间的联系。

加油机主机、潜油泵和电控箱通过电力电缆线和信号电缆线连接成一个加油机系统。

（二）潜油泵加油机的特点

潜油泵加油机是加油机发展方向，它与自吸式加油机比较，具有噪音低、运转平稳、质量可靠、故障率低等优点，是大型加油站、城市加油站的首选机型。

潜油泵加油机与自吸式泵加油机主要区别是加油机主机无电机和油泵，也无需油气分离器，它输油的动力来源于油罐内的潜油泵。潜油泵自身包括电机和泵，潜油泵启动后，油品将以正压的方式被输送至加油机主机。潜油泵加油机增设了紧急切断阀，在加油机与潜油泵输油管线的连接处安装，如果加油机突然被撞或其他原因而发生倾倒，输油管路将立即被切断，防止油品外流。

潜油泵加油机与自吸式加油机相比简化了加油机的结构，降低了加油机的噪音，减少了加油机故障率。并且潜油泵可根据不同要求同时带动两条枪、四条枪工作，简化了加油站输油工艺。

六、维修加油机注意事项

加油机处于易燃易爆的场所，在维修中稍有疏忽就会引起爆炸火灾事故。所以，在维修加油机时一定要注意安全，维修人员在维修加油机时必须遵循以下要求：

（1）不能穿带铁钉的鞋及易产生静电的化纤服装维修加油机。

（2）严禁在加油站吸烟及用明火照明，以免引起火灾。

（3）维修加油机之前要切断电源，摘下皮带轮上的皮带，以免造成人身伤害事故。若所修的部位需要放油时，必须用容器收集燃油，防止燃油到处洒漏。

（4）所需工具须摆放整齐，严禁乱放乱摔，以防产生火花引发事故。

（5）在维修加油机时，要注意不要划伤各金属零件、密封件及密封结合面，避免造成泄漏。在复装前，须将各零部件清洗干净，以免脏物损伤部件。

（6）在维修电气设备之后，要仔细检查线路是否接错，避免造成新的事故。

第三节　税控加油机电子部分使用与维护安全

随着计算机技术的不断普及和发展，计算机技术进入到加油机领域，使加油机的功能更加齐全，加油操作更加安全方便。但由于加油机的操作人员和维修人员受到电子知识和计算机知识的限制，在使用和维护电脑加油机时遇到许多问题，以至于由于使用和维护不当而发生事故。

一、税控加油机电子部分工作原理

税控加油机电子部分主要由电源板、税控主板、接线板、控制板、传感器板、显示板、键显板、键盘等板块组成。电源板向其他板块提供 5 V 或 12 V 直流电源，开关板、传感器板、键盘等向税控主板提供输入信号，税控主板根据接收到的信号，经过整形、运算、检测、储存处理后，向控制板、显示板发出相应的操作指令信号。图 6-9 为税控加油机电子部分工作流程图。

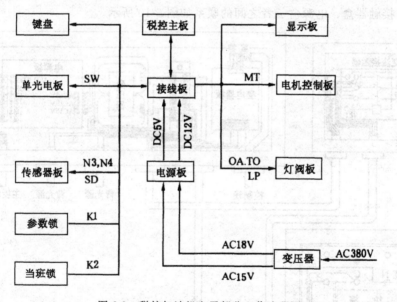

图 6-9　税控加油机电子部分工作流程图

（1）外电网电源由配电室经防爆接线盒进入防爆电源盒，经防爆电源盒内变压器降压，电源板的整流、滤波、稳压、扩充输出后，通过接线板向主板和其他板块输出稳定的 5 V 和 12 V 直流电源。这时各电路板进入待工作状态，主板对键盘进行扫描程序，等待接收键盘输入的信号，同时通过显示板显示相关数据。

（2）提起油枪，开关盒内的单光电板或微动开关通过接线板向税控主板发出开机电流信号 SW，税控主板接收到 SW 信号后，向显示板发出清屏指令，同时向电源盒内的控制板发出打开电磁阀和启动电机的指令信号，这时电机启动，加油机进入待加油状态。

（3）开启油枪，油液经流量计时，流量计的输出轴转动带动传感器内的分度盘转动，切割光槽，使双光电板产生计数脉冲信号（每个脉冲信号代表一定体积的油液），信号进入税控主板，然后再显示和储存加油数据。

（4）挂上油枪，开机信号 SW 中断，主板停止向可控硅板或继电器板发出开机指令信号，同时保持显示屏上显示的加油数据不变，一次加油过程结束。

（5）上述加油过程为非预置加油，若为预置加油，则先由键盘向主板输出预置量（升或金额），当加油数量达到预置量时，主板向可控硅板发出关机指令，完成一次预置加油。

二、电源电路常见故障的检修

电脑加油机电源电路可分为强电源电路与弱电源电路两部分。前者是电网电源的输入部分，后者是电源板的输出部分。

（一）强电源电路

通常我们把工业用的 380 V 三相交流电与民用的 220 V 交流电称之为强电。电脑加油机的外接电源大部分为 380 V 的三相交流电，通常见到的输电线为四根，就是工业用电中的三相四线制，使用这种电源的电动机为三相异步电动机。

接线盒、接触器盒、电源盒三者之间的联系如图 6-10 所示。

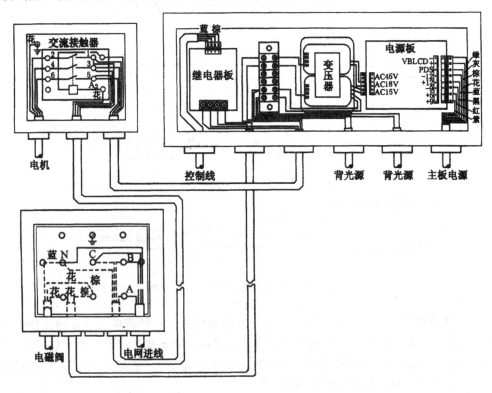

图 6-10　电源接线图

防爆接线盒、防爆接触器盒与防爆电源盒的进线口装有电源线引入部件，可防止电源线在引入处由于弯折和摩擦而产生损伤，防止电源线拔脱或扭转。注意非专业人员不得随意打开或拆装防爆电器，以防止破坏其防爆性能。

（二）弱电源电路

电脑加油机大部分电子电路所需的电源为低压直流电源，不能直接使用 380V 或 220V 的外接交流电源，因此，需要一个降低电压的变压器和一块将交流电转换为稳定的直流电的电源板。

电源板的作用是将变压器次级输出的 18 V、15 V 交流电通过整流、滤波稳压、扩充输出转变为稳定的 12 V、5 V 直流电，12 V 直流电源供主板、双电光板、开关板、键显板、显示屏的背光源等板块使用，5 V 直流电源供主板、显示板、编码板、参数锁、当班锁等使用。

（三）电源电路常见故障的检修

电源电路故障分为电源板故障和外接电源故障，一般首先检查外接电源是否有故障，排除了外接电源故障后，再检查电源板故障。电源电路故障的现象一般为加油机整机没电、时开机时不开机或电机启动缓慢。

1. 加油机整机没电

（1）外接电源故障造成 380 V 交流电源未送到机器上。

（2）打开防爆电源盒盖，检查变压器次级是否有 18 V 和 15 V 交流电压，若无 18 V 和 15 V 交流电压，则为变压器损坏；若有 18 V 和 15 V 交流电压，则为电源板损坏。

2. 时开机时不开机或电机启动缓慢

电源电路故障、开关故障和机械故障均可造成此类故障，这里只分析电源电路故障。

（1）首先检查外接电源。电网电压太低或不稳，自备发电机电压低或不稳，均可造成时开机时不开机或电机启动缓慢的故障。

（2）若外接电源正常，按图 6-11 进行检修。

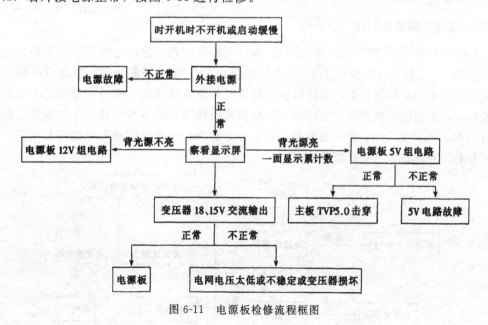

图 6-11　电源板检修流程框图

三、可控硅板的故障处理

可控硅板又叫控制板，有电机控制板、电磁控制板和灯光控制板三种（一般电磁控制板和灯光控制板合并成一个灯阀板），分别控制防爆电机、电磁阀和防爆灯的开启与关闭，相当于一个无触点电子开关。

（一）电机控制板故障判断

电机控制板常见的故障现象有不开机、不关机、时开机时不开机、缺相等。

1．不开机的检修步骤

（1）首先检查外接电源，排除加油机以外故障。

（2）在接线板上检查 MT 信号（11 V 左右），若无 MT 信号，则为主板或开关板故障。

（3）检查控制板输出端，输出端有 380 V（或 220 V）交流输出，一般为电机故障，输出端没有交流输出，可判定为可控硅板故障。

2．不关机的检修步骤

首先在接线板上检查 MT 信号。若有 MT 信号，则为开关板或主板故障；若无 MT 信号，则可判定为可控硅板损坏，一般是可控硅板被击穿，需更换可控硅板。

3．缺相烧电机

烧电机的原因很多，如三相电源缺相、负载过大等。在三路电机控制板中，若有一路断路或两路可控硅板被击穿，也有可能烧坏电机。因此，在更换电机时，一定要检查可控硅板输出口是否缺相。

可控硅板检修见图 6-12。

（二）灯阀板的故障判断

电机控制板是一个 MT 控制指令信号，而灯阀板则有三个控制指令信号，分别为电磁阀主阀信号 OA、电磁阀副阀信号 TO、灯光控制信号 LP。电机控制板的强电进线一般为三相交流电或个别采用单机交流电，而灯阀板只需从三相交流电取出一相电，分别进入各自电路的可控硅，所输出的三路火线单独使用，分别与防爆接线盒的零线合并，为电磁阀主副阀及防爆灯提供 220 V 交流电，使电磁阀及顶灯工作。灯阀板的常见故障有电磁阀打不开、电磁阀关不住和没有小流量（副阀流量）。

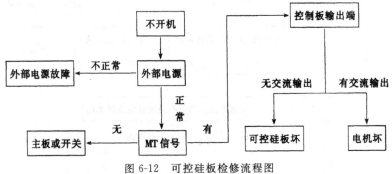

图 6-12　可控硅板检修流程图

1. 电磁阀打不开

电磁阀是控制油路的一个开关，电磁阀分主、副两个阀。如果电磁阀打不开，首先应判断是电磁阀的原因还是电磁阀控制电路的原因；开关机是否有电磁阀启动的声音及振动，若电磁阀能启闭，应检查控制电路。

2. 电磁阀关不住

产生电磁阀关不住的原因是在关机状态下，主板不能停止电磁阀主、副阀指令信号，或是灯阀板可控硅击穿。如果在关机时，电磁阀主阀信号 OA 和副阀信号 TO 为 O 电平时，为灯阀板击穿，如果 OA、TO 一直有 11 V 左右信号电流，为主板故障。

3. 没有小流量，即副阀流量

一般情况下为电磁阀的控制信号线或电磁阀主副阀引出线装反，更换即可。

（三）继电器板

采用可控硅板作为控制电机及电磁阀的无触点开关的优点是不会出现"打火"现象，缺点是可靠性较低，为了克服这个缺点，现用继电器板代替可控硅板。

四、信号电路的故障检修

信号电路中的板块较多，有主板、单光电板（开关板）、双电光板（计数板）、显示板、键盘等。其中主板为信号电路的核心，它收到其他板块发送来的信号后，对其所包含的信息进行整形处理、运算、储存，再按给定的要求发出指令信号，控制、协调加油机整机的工作。

（一）单光电板的故障检修

单光电板又称开关板，是一个无触点的电子开关，主要由光槽（发光二极管和光敏导电管）、三极管等组成。开关的机械部分包括开关支架、油枪托板、光电挡板、导向板和复位弹簧等。

开关板损坏时的故障现象主要有：

（1）不开机。提起油枪电机不启动，显示板数据也不清零。

（2）不关机。放下油枪，电机仍在运转。

（3）时开机时不开机。开关板不起开关作用。

检修步骤为：首先检查光电挡板能否可靠地落入和脱离光槽，光槽内是否有脏物。然后在光电挡板在落下和上升的两种状态下，用万用表的直流电压挡测量开关板电压，如果两种状态下电压无变化或变化范围太小，则说明单电光板损坏，一般情况下更换光槽即可。见开关板检修流程图 6-13。

（二）传感器板的故障检修

传感器板是测量变换器重要组成部分，它的故障现象主要有加油机出油不计数和计量准确度降低。造成出油不计数和计量不准的原因较多，除了双光电板故障外，还有机械故障、电脑主板故障等，在检修时要注意正确判断。

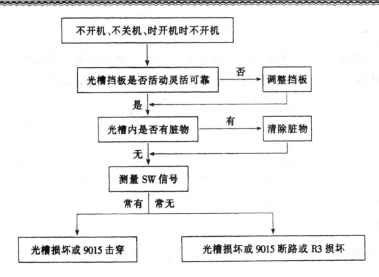

图 6-13 开关板检修流程图

1. 出油不计数

首先应检查流量计传动轴是否转动，若不转动，则检修流量计。若转动则检查脉冲输出端有无变化的信号，有脉冲信号，可判定为主板故障；无脉冲信号，可判定为双光电板故障。

2. 计量不准

同出油不计数一样，计量不准也是多种因素造成的。如流量计内部零件过度磨损等。传感器分度盘倾斜或松动，旋转时忽快忽慢，双电光板的光槽内有污物，均可使传感器输出端计数脉冲信号不准或丢失计数脉冲，造成计数不准。解决方法是重新调整分度盘，紧固松动部分，清除污物或更换光槽。

五、显示板的故障处理方法

显示板故障表现比较直观，常见的有 LCD 液晶数字缺划、字符显示模糊、动态不显示、背光块不亮等。

1. LCD 液晶数字缺划

主要是 LCD 液晶本身损坏造成的，如引脚松动、断裂等。更换 LCD 的液晶显示即可。

2. 字符显示模糊

主要原因是没有对称方波送入 LCD 液晶，一般是集成电路及其外围元件损坏造成。解决方法首先更换集成块，若不行再检查其外围电路。

3. 动态不显示

动态不显示表现为加油机显示屏数字不变化。这主要是因得不到驱动信号而不工作。遇到此类故障应首先检查连接主板的排线是否接触良好，主板送来的三路显示字码是否正常，若不正常则为主板故障，再检查驱动电路集成块是否损坏。

4. 背光块不亮

背光块不亮有两种表现形式，一是只是一块背光块不亮，这种情况一般为背光块本身损坏或为其供电的电阻损坏或连接排线接触不良。另一种情况是所有背光块都不亮，这时应先检查 12 V 电源是否正常，再检查主板排线与背光块的连接情况。

六、加油机整机电子部分故障判断

1. 加油机漏电

（1）加油机的电动机因内部线圈绝缘破损而漏电；

（2）接线盒进水或接线板绝缘能力下降；

（3）外电源输入线破皮又与加油机外壳相接触；

（4）加油机未设可靠的地线与漏电保护电路；

（5）加油机内部电路由于其他原因而造成漏电；

（6）加油机漏电时，极易造成火灾与人身伤害事故，如发现加油机漏电，必须立即拉闸停止使用，待查出漏电部位并彻底解决问题后方能重新投入使用。

2. 加油机顶箱灯光不亮

（1）防爆灯丝断路；

（2）镇流器与启辉器损坏；

（3）灯阀板损坏造成灯管不亮；

（4）如防爆灯有关配件均正常，应测量接线板上 LP 端子是否有灯光控制电压（12 V）输出，如无则为电脑主板或芯片问题。

3. 加油机开机时有缺相报警声，电动机不运转

（1）加油机三相电源缺相，造成缺相检测电路启动而发生报警声；

（2）电源不缺相，只是电源盒内的缺相检测板上的两组检测变压器有一组损坏造成；

（3）缺相检测板损坏。

4. 加油机放枪时不能关机

（1）接线板 MT 无信号，加油机电机控制板上的可控硅击穿；

（2）接线板 MT 有信号，开关板（单光电板）损坏造成油机不能关机；

（3）主板损坏使 MT 信号失控。

5. 加油机在关机前没有小流量

（1）加油机主阀的提前量调整过少；

（2）电磁阀的主阀（OA）控制线没有接到接线板相应的位置上，如主副阀控制线反接；

（3）加油机主板故障造成关机前没有小流量，更换主板。

6. 在定量加油时，加油机不能自动停机

（1）首先观察加油机是公升定量不停机，还是金额定量不停机，如果金额定量不停机，一般为主板单价丢失，重新输入单价即可；

（2）如果是公升定量与金额定量均不停机，一般为主板故障，更换主板。

7．加油机显示屏在提枪或放枪时有跳数现象

（1）加油机管线漏油漏气与底阀关闭不严，均会使加油机在提枪时产生跳数现象；

（2）加油机输油胶管随意加长或更换时使用非标准胶管，也是加油机产生提枪跳数的原因之一；

（3）传感器的传动轴转动过于灵活，使加油机产生开机跳数现象，维修时应在传感器轴上套装阻尼油封以降低其转动的灵活性；

（4）传感器中的双光电板（计数板）装配位置错误，也会引起加油机在开机时产生跳数；

（5）出油阀弹簧弹力过小，关机时流量计中的油液倒流，带动传感器反转产生关机跳数现象。

8．加油机有电，但不能开机

（1）首先检查当班锁是否处于关的位置，接线板旁路电容是否漏电，电锁本身是否损坏；

（2）测量主板 5 V、12 V 电源电压是否正常，如有一组偏低，则应更换电源板；

（3）测量 SW 开关信号是否正常，如不正常应更换单光电板（开关板）；

（4）测量 MT 开机信号是否正常，如无 MT 信号则为主板损坏，更换主板。

9．加油机在加油过程中，经常有停顿现象

（1）首先测量接线板 5 V、12 V 电源电压是否正常，如偏低则应更换电源板；

（2）接线板上接线不良（压线螺钉未拧紧），致使加油机在加油过程中停顿；

（3）可控硅板损坏；

（4）加油机配线电压不稳。

10．加油机出油正常，显示板（一面或两面）不显示加油数据

（1）首先更换不显示加油数据的显示板，看更换新板后显示是否正常；

（2）如更换新板后，故障依旧，更换电脑主板。

11．加油机加油正常，但键盘失灵或键盘中个别键失灵

（1）更换键盘，如更换后正常，一般为原键盘内部断线或粘连造成此故障；

（2）如更换键盘后故障依旧，应更换主板。

第四节　加油站储运设备安全技术与管理

加油站储运设备主要包括储油罐、管道系统、安全附件和油罐车等。

一、油罐

储油罐是加油站的储油设备，一般采用 15～50 m³ 的卧式油罐，并采用直接覆土埋设在地下。地下罐的埋设深度由工艺安装计算确定，一般为 800～1000 mm。其优点是蒸发损耗少，安全可靠。卧式罐一般用 4.5～5 mm 钢板卷制焊接而成，罐内焊有型钢焊接的加强环，根据油罐两端封头的形状，卧式罐可分为平顶罐和碟形顶罐（图 6-14），平顶罐的结构和制作比较简单，一般用 6～8 mm 厚的钢板直接焊接在筒体两端。这种平顶封头的缺点是储罐受力后有较大变形，因此，平顶罐承受的工作压力不超过 0.04 MPa，负压不超过 0.001 MPa。碟形顶罐结构为中间部分呈球缺形，球半径与油罐筒体直径相同，封头与筒体联结部分采用曲率较大的非圆弧过度。卧式油罐还可以分为螺旋罐和卷筒罐。卷筒罐是目前加工制造最多的一种形式。储油罐在埋地前必须进行防腐处理，投产后须定期清罐、排污，并检查油罐的腐蚀程度。

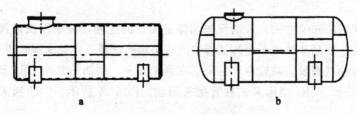

图 6-14　卧式油罐示意图

a—平顶油罐；b—碟形顶油罐

二、管道和安全附件

（一）管道

加油站工艺管道包括输油管、出油管、通气管和量油管。加油站输油管线采用无缝钢管。连接方式除与设备的接口采用法兰连接外，其余都应焊接。输油管线应埋地敷设，埋地敷设的管道应采用不低于加强级的防腐保护层。

1. 吸油管

吸油管又称出油管，它是储油罐到加油机之间的输油管道。吸油管距罐底一般为 0.15 m，管道的公称直径不应小于 DN50，钢管壁厚不应小于 4 mm。当采用自吸式加油机时，每台加油机应按加油品种单独设置进油管，油罐与加油机之间的吸油管路应尽量直线布置，减少不必要的管路弯头和管道长度。因为加油机吸油是靠油泵抽吸真空，产生负压，在大气压作用下把油压上来。潜油泵不受此限制。因此加油站宜采用油罐装设潜油泵的一泵供多机（枪）的加油工艺。吸油管应坡向油罐，其坡度不应小于 0.002，便于检修时排空管线油品。

2. 卸油管

卸油管又称进油管，它是将油品从油罐车卸入埋地油罐的管道。为避免接卸油品喷淋飞溅，产生大量的静电积聚，卸油管端部应伸入罐内，距罐底 0.2 m 处。油罐车卸油软管与储油罐连接处采用密封快速接头，卸油连通软管应采用导静电耐油软管，管径不宜小于DN80，进入油罐的管线管径不宜小于DN65。

3. 量油管

量油管装于油罐人孔盖，油罐纵向长轴线上。量油管的管径为DN65。它的作用是提供测量油高和水高的测量点，以保证对罐内油品计量的准确性。

4. 通气管

没有安装油气回收装置的加油站，每个油罐宜单独设置通气管，并在管口安装阻火器。通气管管径不宜小于DN50。

（二）安全附件

1. 快速接头

汽车必须采用密闭卸油方式，卸油管与油罐进油口的连接，应采用快速接头。快速接头即阴阳端软管接头。油品从油罐车经卸油管快速接头卸入油罐。此接头操作方便、装拆迅速、工作可靠，能减少油气挥发，减轻空气污染，有利于安全。加油站常用CRJ型插入式软管接头总成见图6-15所示。CRJ型插入式软管接头阳端见图6-16所示。CRJ插入式软管接头阴端见图6-17所示。

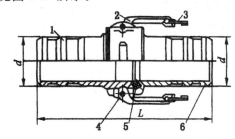

图6-15 CRJ型插入式软管接头总成

1—阳端；2—把手；3—钩环；4—销轴；5—胶垫；6—阴端

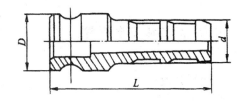

图6-16 CRJ型插入式软管接头阳端

2. 双门底阀

双门底阀又称单向阀或止回阀，结构如图6-18所示。双门底阀安装于油罐内吸油管管口，距罐底不宜小于0.15 m。当加油作业开始时阀芯被吸起，底阀开启进油；加油作业结束，阀芯在油压和重力作用下使底阀关闭。底阀的作用是：使吸油管充满油品，保证计量精度准确；防止由于地下罐与加油机的高差使油品回流，使气体进入吸油管，影响油品计量及正常加油作业的进行。

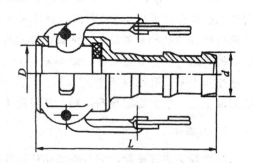

3. 阻火透气帽

阻火透气帽是加油站油罐的配套设备，安装于油罐呼吸管的顶部。当油罐油品受热膨胀或卸

图6-17 CRJ型插入式软管接头阴端

油时，即通过阻火波纹板向外透气。当油罐向外输送油品时，通过波纹板吸入空气，并阻止一切火源从此通过，确保油罐的安全。其外形与剖面见图6-19。

图 6-18　双门底阀外型及构造示意图

4. 紧急切断阀

　　紧急切断阀（图6-20）是配合潜油泵使用的安全阀门，安装在加油机的底部管道上。由于使用潜油泵加油机的工艺管线为正压输油，当发生加油机被汽车碰撞等事故时，如果加油机与地下管道连接处管道断裂，很可能造成大量油品从断裂处喷出，给加油站安全带来极大威胁。紧急切断阀阀体内有不锈钢弹簧和阀芯，它的作用是在管线断裂时，自动切断管道中流动的油品。

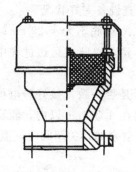

图 6-19　阻火透气帽结构图　　　　　　图 6-20　紧急切断阀的图片

三、油罐汽车安全使用与管理

　　经过几十年的发展，油罐车的发展有了很大进步，除了具备可靠的运输功能之外，还具备了安全储运与装卸操作的全套功能。

（一）油罐汽车安全技术要求

　　（1）油罐汽车各种出厂证件齐全，技术资料齐全，各种设施有效。油罐必须按规定实行周期检定，并持有有效的汽车油罐《计量检定证书》及计量容积表。
　　（2）油罐在车体上固定牢固，倾斜度不超过允许范围。
　　（3）油罐焊缝质量符合要求，无影响强度的损伤、变形；无渗漏、无严重锈蚀，漆层完好，不露本体。
　　（4）油罐汽车配套附件（如油泵、呼吸阀、阻火器、密封盖、胶管等）性能完好，使用有效，各部件螺栓、螺帽齐全紧固，量油孔口密封垫完好。

（5）油罐罐体按规定设置静电接地端板，并安装静电橡胶拖地带，装油后保持触地。

（6）油罐汽车的排气管防护罩应完好有效。

（7）油罐汽车必须配置两个以上干粉灭火器，安放位置适宜，使用方便，并应配置石棉被1块。

（8）油罐车应统一喷制规定标识。车门喷制单位全称及编号，车顶安装"危险品"标识灯箱。

（9）油罐车车容清洁，无明显油迹、污泥，附件及工具放置有序。

（二）油罐汽车运输安全管理

油罐车严禁在油罐体上载装金属器材、易燃易爆物品和其他杂物。在行驶中速度适宜，不准超速行驶和急转弯，避免急刹车。在行驶、停车期间，尤其是雷雨时，油罐车应与高压线、高大建筑物、树木、人口稠密区及其他车辆保持一定的安全距离。油罐车应避免高温曝晒和在不安全处停放，严禁油罐汽车在无人看管情况下在道路上停放。无特殊情况，油罐汽车不得在外过夜。严禁使用油罐汽车进行驾驶教练或让实习驾驶员驾驶。

（三）油罐汽车装卸安全管理

（1）油罐车进入作业现场后，应熄灭发动机，油罐车停靠位置应满足装卸要求。驾驶员应协助有关人员按货单核实油品品种、牌号、数量，检查设备完好状况。

（2）罐装前，油罐车接好静电接地线，鹤管要插入距罐底不大于20 cm；装油高度必须符合规定要求，不得超装，高温季节要留有一定的空容量，以防在运送过程中溢油。装油完毕后，必须稳油后才能提升鹤管，然后撤除静电接地线。

（3）卸油前，核对罐车与油罐中油品的品名、牌号是否一致，接好静电接地线，各项准备工作检查无误后，并应先稳油后方可卸油，流速控制在4.5 m/s以内，能自流卸油的不泵送卸油。卸油时，驾驶员不得远离车辆。卸油完毕，排空余油，关闭阀门，撤除静电接地线，收整设备，并办妥交接手续。

（4）雷雨期间宜暂停进行油品的装卸作业。在装卸作业过程中，严禁擦洗罐车物品、按喇叭、修车等，对器具要轻拿轻放，夜间照明须使用防爆灯具。

（5）适时清洗油罐沉积物，装运不同油品应按规定进行清洗。清罐时必须按清罐安全要求进行，以防发生中毒和爆炸事故。

（四）油罐汽车驾驶员安全管理

油罐汽车驾驶员必须学习和掌握行车安全和油料安全知识，掌握油料装卸、运输操作规程和消防灭火技能，经专业训练、考核合格后持证上岗。在管理中应加强对油罐汽车驾驶员的安全教育，严格按安全生产责任制执行，增强油罐汽车驾驶员的安全意识和工作责任感，不断提高业务技能。定期组织安全活动和消防演练，每月至少组织两次安全活动，每半年至少组织一次消防演练。

第五节 加气站设备安全使用与管理

目前，我国加气站主要有液化石油气（LPG）加气站和天然气（CNG）加气站两种。加气站所加注的气体燃料不同，设备也不相同。LPG加气站的主要设备包括：储罐、泵、压缩机、加气机、管道等；CNG加气站的主要设备包括：压缩机、储气瓶组（或储气井）、加气机、管道等，如需脱硫和脱水处理时，还需脱硫装置和脱水装置。

一、加气机

加气机是加气站的主要设备之一。加气机应具备加气量和收费金额、累计加气量显示的功能，并具有手动控制流量的功能，加气枪的加气嘴应与汽车的加气口配套。

加气机的正常工作、计量准确、正确操作，不仅关系到加气站的经济效益，更重要的是关系到加气站和人员的安全。因此，必须了解加气机的结构和基本工作原理，掌握加气机的安全要求。

（一）LPG加气机

1. 加气机结构

LPG加气机主要由气液分离器、流量计、电子计控装置和加气枪等四部分组成。加气机结构见图6-21。

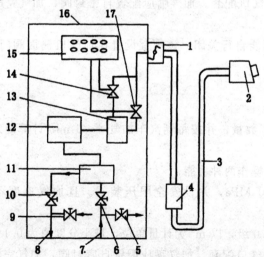

1—视液器；2—加气枪；3—软管；4—拉断截止阀；5—引流阀；6—进液阀；7—进液管；8—回气管；9—回液阀；10—回气阀；11—气液分离器；12—流量计；13—流量分配阀；14—流量控制阀（大）；15—电子计控装置及显示器等；16—机壳；17—流量控制阀（小）

图 6-21 LPG 加气机结构

2. 加气机工作原理

LPG加气机的工作原理如图6-22所示，储罐中的LPG由潜液泵送到加气机中的气液分离器中，将液体中的气体分离后，气体返回到储罐，液体则送到流量计中进行计量，经流量计计量后的液体，由软管经拉断阀送到加气枪，然后加注到 LPG 汽车。流量计计量后得到的流量电信号，送到加气机的电子计控装置中进行运算、显示。总之，加气机的电子系统与加油机的电子系统类似，包括税控加气机、IC 卡加气机。

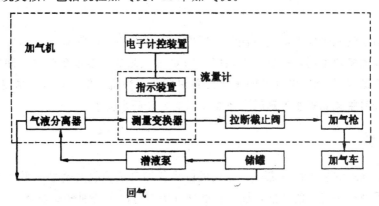

图 6-22　LPG 加气机工作原理

3. 加气机的选择安全要求

加气机数量应根据加气汽车数量，并按每辆汽车加气时间 3～5 min 计算确定。加气机的选择应符合下列要求：

（1）加气枪的流量不大于 60 L/min；

（2）加气系统设计压力不应小于 2.5 MPa；

（3）加气软管应设有拉断阀，拉断阀的分离拉力宜为 400～600 N；

（4）加气枪上的加气嘴应与汽车受气口配套。加气嘴应配置自密封阀，加气完成卸开连接后液体泄漏量不应大于 5 mL；

（5）当加气机被撞时，紧急切断阀能自行关闭。该阀宜设置在加气机侧面阀门手井内，且阀门手井空间不应大于 0.1 m³。

（二）CNG 加气机

CNG 加气机的数量应根据加气汽车数量，并按每辆汽车加气 4～6 min 计算确定。加气机的选择应符合下列要求：

（1）加气机应具有自动控制和手动操作两种功能；

（2）加气机的额定工作压力为 20 MPa，并设安全限压装置。且加气速度不应大于 0.25 m³/min；

（3）加气机的计量精度不应低于 1.0 级，以 m³ 为计量单位，最小分度值为 0.1 m³。

（4）加气枪上的加气嘴应与汽车受气口配套。加气嘴应配置自密封阀，加气完毕卸开后应自行关闭，其操作过程中天然气泄漏量不得大于 0.01 m³（标准状态）。

（5）加气机附设的拉断阀在外力作用下分开后，两端应自行密封。当加气软管内天然气工作压力为 20 MPa 时，分离拉力范围宜为 400～600 N。

（6）加气机附近应设防撞柱（栏）。

二、LPG 储罐的安全技术与管理

(一) LPG 储罐的安全技术要求

(1) 储罐(含埋地储罐)应装设液位计、压力表、温度计、安全阀等安全附件,并应设立高、低液位报警和压力、温度的高限报警。

(2) 储罐液相进出口管、气相出口管、泵出口管应设紧急切断阀,储罐出口管、泵出口管应设止回阀,泵出口管还应设安全回流阀。

(3) 对储罐采用地下直埋卧式罐配潜液泵的形式,顶部覆土厚度应不小于 0.5 m,当处于地下水位以下时,应采取防浮措施。储罐表面的防腐设计应采用最高级别防腐绝缘保护层,并采取与埋地管道分设的阴极保护防腐措施。

(4) 储罐的液位计应与卸车压缩机建立高液位连锁保护,以保证储气罐内液量不超过其容积的 85%。

(二) LPG 储罐的安全管理

(1) 储罐的设计、制造、验收和使用均应符合《压力容器安全技术监察规程》、国家标准《钢制压力容器设计技术规定》中的内容。

(2) 储罐应选用卧式储罐,其最大压力、最大充装量按国家标准《城镇燃气设计规范》(GB 50028—2006) 的规定进行确定,同时完成压力容器申报。

(3) 储罐必须按规定年限进行开罐检查。储罐首次使用第三年检查,检查符合一、二级安全等级的,以后每六年检查一次;检查符合三级安全等级的,以后每三年检查一次。

三、CNG 储气瓶的安全技术与管理

(一) CNG 储气瓶的安全技术要求

(1) 储气瓶组应设置防止超压的保护装置。储气瓶进气总管上应设安全阀、紧急放散管、压力表和超压报警器。每组储气瓶前应设截止阀。

(2) 储气瓶组应设置安全泄压保护装置。当存在泄放量大于 2 m³、每小时 2 次以上频率的操作排放情况时,应设置专用储罐。

(3) 应采取防止因阳光照射而引起的超限温升措施。

(二) CNG 储气瓶的安全管理

(1) 加气站储气瓶组宜采用同一种规格的储气瓶。

(2) 压缩天然气储气瓶必须使用具有国家认定生产资质厂家的产品,并符合国家相关标准的规定。

(3) 储气瓶应按《压力容器安全技术监察规程》要求定期送检,以保证钢瓶安全,严禁使用过期未检钢瓶。

四、机（压缩机、加气机）、泵的安全技术与管理

（一）LPG 充装泵

所谓充装泵，泛指 LPG 加气站工艺系统中用于将储罐内车用液化石油气提升、增压并输送至加气机，通过加气机注入汽车钢瓶内的泵类设备，是与加气机最重要的关联设备。

由于加气机输送的是低黏度、易汽化的介质，加之频繁启动的间断工作状态，以及小排量中压和密闭的运行方式，所以要求充装泵能承受一定压力，耐液化石油气中有害成分腐蚀，耐气蚀，不气阻，可靠性高，维修性好。

充装泵有多种形式，大致分为三类：一是国内外应用较普遍的潜液式充装泵，又分离心式和涡轮式两种；二是地面涡轮泵或螺杆泵；三是压缩机性质的充装泵。

1. 潜液式充装泵

该泵的最大特点是竖向垂直安装于加气站液化石油气储罐中，泵入口在储罐底部，距罐底 70～120 mm，且正压吸入，有效防止液化石油气气蚀现象发生，保证了液化石油气是在液态下工作。

潜液泵依据工作原理和结构的区别，有离心泵和涡轮式两种类别。离心式潜液泵采用竖向多级离心机原理，在潜水泵和潜油泵的基础上发展起来。离心式潜液泵体积相对较小，重量轻，便于安装，维护方便。它的电机功率小（2.2 kW），耗电量小，运行平稳，噪音低，价格便宜，经济性能好。因其综合优势明显，所以在国内外加气站大量使用。

2. 涡轮泵

涡轮泵可用作地面泵，也可经特殊结构及保护设计而用作潜液泵。虽为单级，就其流量及增压足以满足 LPG 加气站使用工况。用作地面泵时，由于自吸能力有限，通常安装于储罐人孔盖上或距罐小于 2 m 的距离，同时要求吸液管口设底阀，对泵入口管路设计要求苛刻。该泵有主动式和循环式两种，可用于地下或地面罐的高压、大流量，可供 2 个以上的加气机加气，也可用于 LPG 运输罐车的接卸。

循环式涡轮泵的工作性能较好，能在短时间的干燥条件下工作，工作噪音低，能较好地克服蒸气的聚集。该泵最大流量（压力 2.9 MPa）可达 130 L/min，最大压力差 1.375 MPa。泵的输出压力应限定在 LPG 储罐或槽车储罐的额定压力下工作。值得注意的是：一是输出流量不得超过太多，泵进出口之间的压力差不能太大，否则会引起超量的燃料经过管路返回流至储气罐，造成功率损失；二是管道阀开启压力调得太高，会导致管道压力升高，产生振动，管道阀的压力定值在 0.5～0.7 MPa 为宜。

3. 螺杆泵

螺杆泵属于容积式转子泵，其特点是输送介质过程中流量、压力基本无脉动，运转平稳，寿命长，效率高。LPG 加气站适合选用双螺杆泵。

4. 压缩机充装泵

压缩机充装泵是通过给 LPG 槽车或地下储罐 LPG 液面加压方式输送液化石油气。其优

点是工作时整个系统都常常处于高压状态，无气蚀现象；缺点是体积大，耗电多，运行噪音大，不适合小排量工艺系统采用。

（二）机、泵的安全技术要求

（1）为防止压缩机超压运行，压缩机出口应设置安全阀，其设定压力不应高于设备或容器的设计压力。安全阀的泄放能力应不低于压缩机的最大排放量。

（2）CNG 压缩机进出口应设置高低限压力报警和超高限压力连锁停车装置。压缩机组的冷却系统、润滑油系统应设置高温报警和超温停车及压力低限报警装置。

（3）CNG 加气机安全系统应能保证在充装设备压力达到工作压力的 90％时，自动停止加气作业。

（4）LPG 加气胶管应采用耐 LPG 介质腐蚀的钢丝缠绕高压胶管，其承压能力应大于 6.4 MPa。

（5）CNG 加气胶管应进行 2 倍于工作压力的强度试验和 4 MPa 压力的气密试验，并具有导电功能。

（6）加气软管应配有拉断阀、过流阀等快速切断阀，以确保气体流速突然增大时关闭输气系统。

（三）压缩机、泵的安全管理

（1）压缩机的固定应牢固可靠，避免其振动影响其他设备。

（2）定期巡检时应检查机泵的声音、振动、温升有无异常。

（3）经常检查机泵润滑系统，定期加注润滑油。电机、泵每两月加注一次润滑脂，每半年化验一次压缩机油，不符合要求时立即更换。特殊情况下随时安排化验检查，及时依据检查情况决定更换与否。

（4）每半年至少进行一次压缩机的气门组件检查。

（四）加气机的安全管理

（1）应定期检查加气机各密封面，保证无泄漏。

（2）加气机须具有紧急切断、过流切断、拉断切断、安全回流等安全装置并保持完好有效。加气枪的加气嘴应具有自封功能。

（3）加气机的安全装置应定期进行检测，保证加气机安全运行。

五、管线、阀门和安全附件的安全技术与管理

（一）安全技术要求

LPG 加气站所有管线、阀门和安全附件的公称压力不得小于 2.5 MPa。CNG 加气站所有管线、阀门和安全附件的设计压力应比最大工作压力高 10％，并能满足在任何情况下其设计压力不低于安全阀起跳的工作压力要求。

（二）管线安全管理

（1）管道的使用和检验应符合《压力管道安全技术监察规程——工业管道》。

（2）敷设管道的管沟应用沙子填实；管沟进入建筑物、构筑物、防火堤或加气机底部，必须密封。

（3）定期检查管线各部件的连接部位，保持密封良好，无渗漏。

（4）LPG 槽车卸车软管至少每半年进行一次气密试验和强度压力试验，以保证高压软管的使用安全。

（三）阀门及安全附件安全管理

（1）阀门应定期进行养护，保持启闭灵活，无渗漏现象。

（2）紧急切断阀应每月进行一次校验，泄压后应在 3s 内关闭阀门，保证在紧急状态时发挥作用。

（3）储气罐、管道、机泵和加气机的安全附件应按国家有关规定定期进行检定校验：高压储气罐每三年一次；压力表、温度计每半年一次；流量计每半年一次；液位计应在每次开罐检查时进行一次校验；安全阀每年至少应校验一次。

第六节　水上加油站工艺设备及安全要求

水上加油站是在成品油市场完全放开后，在近些年多才逐步发展起来的一种（柴油）加油站，它的服务对象是内河、湖泊中的水上运力——机动船。

由于我国水上加油站发展较晚，且都为专一的柴油，闪点不低于 55 ℃。在储存、运输和使用的各个环节中较为安全，所以国标规范中暂无明确规定，各地的做法也不尽相同。本节只就部分地区的习惯做法予以介绍。

一、水上加油站的分类

水上加油站分固定式和流动式两种类型。

1. 固定式水上加油站

固定式水上加油站又分岸式和趸船式两种。岸式水上加油站的储油设施全部安装在内河、湖泊的岸边，借助码头或独立停靠机动船用的趸船向过往船舶加油，如图 6-23。

趸船式水上加油站是利用专用的卸油趸船及油库的储油罐和管线，在趸船卸油泵房内增设一套或多套加油设施向外加油，储油设施不需单独设置，可利用油库储罐和趸船至罐区的输油管线自流或泵送，如图 6-24。

2. 流动式水上加油站

流动式水上加油站是一个完整独立的水上供油系统，它由按航行要求制作的船体和动力为基础，在船上设置专用的储油舱或小型号卧式罐储油，再根据本地区水运区域的实际情况

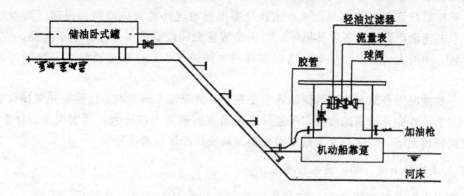

图 6-23 岸式水上加油站工艺流程

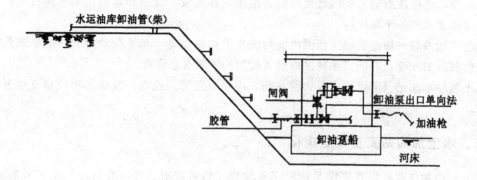

图 6-24 趸船式水上加油站工艺流程

安装加油设施。流动式水上加油站实际就是一条流动加油船,如图 6-25。

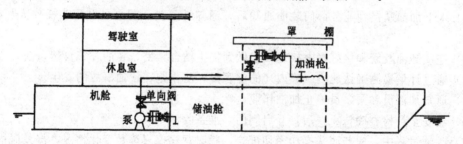

图 6-25 流动式水上加油站工艺流程

二、水上加油站工艺设备安全要求

1. 水上加油站的自流加油

水上加油站的自流加油工艺如图 6-23、图 6-24,即固定式水上加油站和趸船式水上加油站一般都为自流加油。目前大都是流量计计量和手动操作,它是由储油设施、管线、耐油胶管、闸阀、球阀、过滤器、流量计及加油枪组成。这种自流加油的水上加油站除设施的安装质量需符合国家有关技术要求外,还应注意解决以下两个问题。

（1）要控制好管道内液体的流速，也就是要根据地理环境的高差控制流速。高差过大，流速大，水击现象严重，设备容易损坏，特别是流量表和胶管接头，如计量不准确，进入客户油箱喷溅、冲击大，易产生静电。所以在高差大的情况下，应在适当位置安装缓冲装置，保证安全。

（2）一般情况下最高水位时的储油罐安装高度，要保证8 m左右，以保证正常操作要求。如果高差太小，首先是加油速度慢，不能保证流量表的正常工作压力；其次流量表计量也不准确。在这种情况下，则应在岸上独立设置高架罐或在库区设置输转泵。

2. 水上流动加油站（船）的一般要求

泵送式水上加油站如图6-25，它是由储油舱、加油泵、管线、止回阀、闸阀、过滤器、流量计、球阀、耐油胶管、加油枪组成。这种形式的水上加油站除船体和自身动力等要符合使用要求外，还应注意的主要问题是选泵要准确，即流量、流速和电机功率不能过大，安装要满足使用要求和便于操作。

流动式加油船一般是在辖区范围内航行的水上供油设施，船体和动力的一般要求是保证安全行驶和停泊安全，并能满足辖区内最大船型的停靠安全要求。

水上流动加油站（船）下水投入营业前，应经有关部门验收，发放各种合格证后方可投入生产。

三、水上加油站安全作业规程

水上加油站作业规程首先满足油船作业规程，如遇雷雨、大风或高温产生气阻的天气，应暂时停止作业。

1. 装油作业规程

（1）水上加油站接到业务部门装油通知后，通知计量员、司泵员及码头操作人员做好装油准备。

（2）连接卸油胶管和接好静电接地线，做到接头结合紧密，装油胶管自然弯曲。

（3）通过计量检测确认舱内（罐内）的空容量，防止跑、冒油事故的发生。

（4）通知加油员和司泵员停止加油作业。

（5）经安全员检查确认无误后，开启阀门，准备收油。

（6）收油过程中，应与码头操作密切配合，随时观察仪表读数变化情况，严禁脱岗。

（7）收油结束，关闭阀门，卸开卸油胶管和静电接地线，计量出收油量。

（8）清理现场，填写进货登记表。

2. 加油作业规程

（1）当船舶驶入加油站时，加油员主动引导船舶进入加油位置。

（2）船舶停稳，发动机熄火后，连接好静电接地线。

（3）加油员询问加油数量，同时将加油机泵码回零（用流量计加油的，请客户确认流量计数值），并请客户确认。

（4）将加油枪插入船舶加油口，确认无误后打开加油枪进行加油。

（5）加油完毕，加油员请客户确认数量后，方可收回油枪。

（6）把油箱盖拧紧，关上油箱盖板，卸开静电连接线。

（7）收取现金、加油票，结算工作同陆上加油站相同。

（8）及时引导船舶离开。

第七章　IC 卡应用安全技术管理

第一节　IC 卡安全基础知识

IC 卡（Intergrated Circuit Card，集成电路卡），实际上是将一台除 I/O 设备的计算机装到一张大小和厚度与名片差不多的卡片中。它是一种将具有微处理以及大容量存储器的集成电路芯片嵌装于塑料（一般为 PVC 或 ABS）基片上制成的卡片。1976 年，法国布尔（BULL）公司首先创造出 IC 卡产品，并将这项技术应用到金融、交通、身份证明等多个行业。

一、IC 卡的结构

从外形尺寸看，它的具体结构为：长 85.47～85.72 mm，宽 53.92～54.03 mm，厚 0.76 mm±0.08 mm（ISO 标准）。在其厚度范围内有一个小凹室，超大规模集成电路芯片就嵌于该小凹室内，一个特制的极薄的小印刷电路片盖在小凹室上，并以特殊的粘贴技术固定在卡片上，印刷电路通过线路连接成大规模集成电路，并提供与卡读写器设备的电路接触。当把 IC 卡插入读写器后，各接点对应接通，IC 卡上的超大规模集成电路就开始工作。IC 卡结构详见图 7-1。

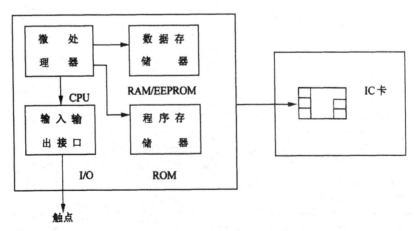

图 7-1　IC 卡结构示意图

二、IC卡的种类

根据卡中所镶嵌的集成电路的不同分为三类：存储器卡、逻辑加密卡、CPU卡。

1. 存储器卡

卡中的集成电路为 EEPROM（Electrically—Erasable Programable Read—Only Memory，电可擦可编程只读存储器）。由多个存储电路组成，只具有记忆能力，卡中的集成电路为一标准的串行 EEPROM，它的最大特点就是当对卡中内容进行读、写、擦除操作时无需核对密码，这种卡不具备安全性能。

2. 逻辑加密卡

除具有记忆能力，卡中的集成电路具有加密逻辑和 EEPROM，它的安全性虽比存储器卡高，但无控制、运算功能，不能执行复杂的加密算法，一般应用在安全性不高的系统中，这种卡因价格低廉，可在要求极低的应用场合使用，被伪造的风险较高，不能大规模应用。

3. CPU卡

CPU卡是一种具有微处理器芯片的 IC卡，卡中的集成电路包括中央处理器 CPU、EEP. ROM、随机存储器 RAM 以及固化在只读存储器 ROM 中的片内操作系统 COS（Chip Operating System）。微处理器与数据存储器一起封装在基片上，有的还带加密/解密协处理器。它相当于一台微型电脑，有自己的操作系统，具有逻辑和数学运算处理能力，可执行复杂的加密算法。这种卡具有较高的安全性，在硬件上是靠卡内的 CPU 及其特殊的硬件结构来保证的，在软件上是靠 COS 来保证的。引入了先进的"电子钱包"的概念后，CPU卡的安全性更趋完美。CPU卡的安全性是它区别于磁卡和存储卡的最重要的优点，也是发展 CPU 卡最重要的原因。严格地讲，只有 CPU卡才是真正的智能卡。

按应用领域来分，IC卡有金融卡和非金融卡两种。金融卡又有信用卡和现金卡等。信用卡主要由银行发行和管理，现金卡又称储蓄卡，不允许透支。非金融卡往往用于管理场所。预付费卡，如交通卡、加油 IC卡等虽然是按卡面值购买，先购买后使用，都兼有电子钱包的功能，但也属于非金融卡。

三、IC卡的接口设备

为了使用卡片，还需要有与 IC卡配合工作的接口设备 IFD（Inter Face Device），或称为"读写设备/读写器"。IFD 可以是一个由微处理器、键盘、显示器与 I/O 接口组成的独立设备，该接口设备通过 IC卡上的 8 个触点向 IC卡提供电源并与 IC卡相互交换信息。IFD 也可以是一个简单的接口电路，IC卡通过该电路与微机相连接。在卡上能储存的信息总是有限的，因此大部分信息需要存放在接口设备或计算机中。

一般而言，IC卡读卡机对于 IC卡操作来说应具备以下功能：

（1）IC卡的插入与退出的识别和控制。

（2）向 IC卡提供其需要稳定的电源和时钟信号。

（3）实现与 IC卡的数据交换，并提供相应的控制信号。

(4) 对于加密数据系统，应提供相应的加密与解密处理和密钥管理机制。

(5) 提供相应的外部控制信息及其他设备的信息交换。

四、智能卡——CPU 卡的安全特性

1. 密钥（Key）系统

根据用户的需求和具体的应用，设置一系列的密钥，通过不同的密钥实现对卡的鉴别和对文件访问的控制。它包括制造密钥、发行密钥、内部认证密钥、外部认证密钥、储值密钥、扣款密钥、解锁密钥、传输密钥、签名密钥、加密密钥。

2. 密钥系统的特点

密钥的生成与管理有以下几个特点：

(1) 主密钥一般是采取 AB 码的方式生成。

(2) 各网点不直接安装主密钥，只安装经主密钥分散后的密钥。

(3) 密钥在应用一段时间后可以更换为新版本密钥。

(4) 密钥都具有自锁功能。

3. 安全机制

CPU 卡的安全机制通过个人密码、加密算法和随机数发生器构成。个人密码可以识别持卡人身份，加密算法和随机数发生器可以实现以下功能：

(1) 实现对卡的认证。

(2) 实现对卡终端的认证。

(3) 安全的储值。

(4) 安全的扣款。

(5) 实现卡签名。

(6) 实现数据加密传输。

(7) 实现数据传输验证的计算。

(8) 实现对卡内文件读、写、擦等操作设置不同权限的保护。

4. 芯片的安全

IC 卡用的芯片是一种集成电路芯片，但绝不是一般意义上的集成电路芯片。除了 IC 卡的特殊应用环境要求 IC 卡用芯片具有较小的体积及环境适应性外，更重要的就是 IC 卡使用的芯片的安全性。

IC 卡使用的芯片安全性是 IC 卡安全性的基础，在芯片的设计阶段就提供了完善的安全保护措施，十分重要也十分必要。一般来说，对芯片的攻击主要有以下这些方法：

(1) 通过电子显微镜对存储器或芯片内部其他逻辑进行扫描，直接进行分析读取。

(2) 通过测试探头读取存储器内容。

(3) 通过从外部无法获取的接口（例如厂家测试点）直接对存储器或处理器进行直接数据存取。

(4) 再激活 IC 卡所用芯片的测试功能。

从以上几个方面可知，IC卡所用的芯片的安全技术就要从物理上防止以上攻击，使其受攻击的可能性减至最小。物理保护的实施强度以实施物理攻击者所耗费的时间、精力、经费等无法与其获得的效益相比作为标准。具体方法有以下几种：

(1) 通过烧断熔丝，使测试功能不可再激活，这将大大提高IC卡的安全性。

(2) 高/低电压的检测。

(3) 低时钟工作频率的检测。

(4) 防止地址和数据总线的截取。

(5) 逻辑实施对物理存储器的保护。

(6) 总线和存储器的物理保护层等。

五、IC卡的使用特点

1. 使用方便

体积小、便于携带。

2. 保密性强

IC卡本身具有硬件安全策略，可以控制IC卡内某些区的读写特性，如果试图解密则这些区自锁，即不可进行读写操作。此策略安全性高，使IC卡不可复制，所以IC卡中数据安全可靠。IC卡从设计到生产采用一系列严格的加密措施，设置了多级密码，逐级验证以防假冒，具有独特的不可复制且防外部侵入的存储区，并且为用户提供多种数据加密的方法。

3. 网络要求较低

IC卡安全可靠和大容量的特点，使其在应用中对计算机网络的实时性、敏感性要求降低，可以在脱机条件下使用，也就是说消费终端可以在没有专线的情况下使用，交易数据可以采用拨号联网的方式传送，适合在加油站、加气站中使用。

4. 适应外界环境能力强

IC卡防磁、防静电、抗干扰能力很强。

5. 使用寿命长

IC卡可重复擦写10万次以上。

六、IC卡的安全使用

IC卡在使用时读写器与IC卡要互相确认，以防止伪卡或插错卡，一般来说，使用一次卡要经历以下步骤：

(1) 插卡：读写器向卡加电源，并发出复位信号，令卡进行初始化，做好交易的准备，然后由卡发出应答信号。

(2) 读写器鉴别卡的真伪。

(3) 卡鉴别读写器的真伪。

(4) 检查卡是否列入黑名单，如已列入，将停止使用。

（5）检查上次交易是否正常完成。如果在完成前就拔卡，卡应具有自动恢复数据的功能。

（6）鉴别持卡人的身份。通常采用密码比较方法，即由持卡人输入只有他本人知道的密码，与预先存在卡内的密码进行比较，如比较相符，说明持卡人是卡的主人。

（7）根据应用需求进行交易。

（8）拔卡。

第二节　IC 卡在加油应用中的安全问题

一、IC 卡在加油站的应用

IC 卡最初是为了解决金融交易中的安全问题而设计的，它带来全新的交易概念与前所未有的优势。由于 IC 卡具有良好的机器读写性能，便于人－机－卡之间的会话、共同认可的安全防范技术和相对较大的数据存储能力而被其他行业所广泛应用。

作为 IC 卡在加油站的实际应用，主要有三个方面：一是使用银行发行的信用卡、现金卡，使用 POS 机完成加油费用的结算；二是石化、石油公司发行的预付卡（储值 IC 卡），即电子油券；三是使用 IC 卡加油机和 IC 卡管理系统，组成 IC 卡加油网络管理系统。无论是从方便用户、安全角度，还是从加油站管理，IC 卡加油网络管理系统将是今后加油站发展方向。

IC 卡加油网络管理系统是以 IC 卡加油机、数据库管理系统、网络系统等构成的有机整体。IC 卡加油网络的应用不仅可实现 IC 卡自动结算、自动收费、数据自动处理的功能，而且解决了长期困扰加油站油品丢失、克扣顾客、倒卖油券、拖欠油款、账目混乱等问题，可实现各加油站之间加油站与石油公司之间以及加油站与银行之间的联网通讯。IC 卡加油网络管理系统还可根据网点的分布情况实现局域加油网络、本地加油网络和异地加油网络管理，实现真正意义上的网络化经营。

二、IC 加油卡使用的优点

1. 操作便捷、结算准确

IC 加油卡可以按当天的市场价格消费任意品种的油品。持卡人加油前在任何卡机联动的加油机上插入 IC 卡，加完油后，加油机可以按实际金额自动进行结算，免去了开票、找零的手续，杜绝了加油员克扣的可能。

2. 防伪性能好、安全系数高

IC 卡可以设定密码，如果用户不慎将卡丢失，还可以在发卡点办理挂失、支付手续，将原卡中的金额转存到新卡中，避免意外损失。彻底避免了假票、假钞的困扰，使用户和加油站放心地购油和售油。

3. 提高加油站服务水平

使用 IC 卡加油，可以方便地查询到每一次的详细情况，包括卡号、时间、地点、品种、数量、金额、加油机号码、加油员姓名、加油前卡余额及加油后卡余额等信息。IC卡特有的限号加油功能可以为机关、企事业单位的车辆用油提供更为先进的管理手段。

4. 提升公司经营管理水平

在建立加油站IC卡加油系统的同时，可以建立加油站的管理信息系统。实现加油信息的自动采集、存储管理、网络传输和统计查询等功能；还可以使油价调整工作通过联网的方式让加油机定时自动完成，提升石油公司的管理水平。

发售IC加油卡，可以发展更多的固定用户，提高加油站的经济效益。当持卡用户达到一定规模后，还可以促进社会加油站的加盟，使持卡人和IC卡联网加油站的增加形成相互促进的良性循环。

5. 杜绝油票弊端，实现货币电子化

当联网加油站与持卡人的规模达到一定程度时，石油公司可以取消油票，继续保持油票预收款功能，杜绝油票在使用、管理、结算、回笼、兑换工作中的弊端。全面推广IC加油卡，增加电子货币的交易额，可减少现金流量，降低现金管理的不便，提高加油站安全系数。IC卡的自动结算功能还可使自助式加油变为现实。

三、IC卡的安全问题

IC卡的作用是替代加油站的油券、现金和支票。随着IC卡的推广使用，利用它进行欺诈或作弊的行为也会不断增加，对于出现的不安全问题的解决办法，需要在提供合理的效果和防护的保证与所需的成本和投资之间进行平衡，从而提出一个折中的解决办法。

1. 影响IC卡安全的基本问题

（1）IC卡和接口设备之间的信息流通。这些流通的信息可以被截取分析，从而可被复制或插入假信号。

（2）模拟IC卡（伪造IC卡）。模拟IC卡与接口设备之间的信息，使接口设备无法判断是合法的还是模拟的IC卡。

（3）在交易中间更换IC卡。在授权过程中使用的是合法IC卡，而在交易数据写入之前更换成另一张卡，因此将交易数据写入替代卡中。

（4）员工的作弊行为。接口设备写入卡中的数据不正确。因此接口设备不允许被借用、私自拆卸或改装。

2. 安全措施

为了安全防护，一般采取以下措施：

（1）对持卡人、卡和接口设备的合法性的互相检验。

（2）重要数据加密后传送。

（3）检验数据的完整性。

（4）卡和接口设备中设置安全区，在安全区中包含有逻辑电路或外部不可读的存储区，任何有害的不合规范的操作，将自动禁止卡的下一步操作。

（5）有关人员明确各自的责任，并严格遵守。

（6）设置支付名单（黑名单）

四、IC 卡应用系统的安全性和可靠性

IC 卡加油或加气系统随着"金卡工程"的推进，将快速的推广应用，但作为应用系统，涉及企业、客户和银行方面利益，系统的安全性和可靠性必须给以充分的重视。

系统的安全性和可靠性包括 IC 卡和硬件环境的安全可靠性、网络通信设备及数据传输过程的安全可靠性、系统软件和应用软件的安全可靠性，并应有严密的安全保密管理措施。

（一）硬件安全

IC 卡芯片及卡片制作质量要符合国际标准提出的物理特性和电气特性，芯片中的 EEP－ROM（Electrically－Erasible Programable Read－Only Memory，电可擦可编程只读存储器）的擦写次数和信息保存时间要予以保证。

从安全观点出发，在应用系统中的 IC 卡可分成三种：

（1）持卡人拥有的 IC 卡。

（2）操作读写设备使用 IC 卡，称为设备卡，必须插入这种卡，读写设备才能工作。除此以外还可要求操作人员输入口令，以防冒用。目前 IC 卡加油机或 IC 卡加气机一般使用的为设备卡。

（3）发行商使用的 IC 卡，必须插入这种卡，发行设备才能工作，也可要求发行人输入口令，以防冒用。

在 IC 卡加油网络系统，其供电系统及主机系统都应有备份，一旦出故障，故障部件单独被隔离，冗余的电源或主机立即投入工作，保证系统正常工作。与业务有关的数据也应有备份，系统中任何部件出问题，都要保证数据的完整性和正确性，因此储存数据的设备（例如硬盘驱动器）应有备份，且应处于备份工作状态。

（二）软件安全

IC 卡和读写设备中的操作系统和应用程序要确保功能完善，数据安全，任何操作错误，都不应造成灾难性的后果；而且要验证持卡人的身份，并确认卡片不是伪造。

对于主机系统和网络系统，为维护数据的保密性和完善性，对于传输的数据，系统应有数据加密和文电鉴别功能来防止数据被非法截取、插入或更改。对于进入系统的数据要加以核对，存取权限要加以验明。

系统应采取措施去防止和处理各种异常情况，作出错误标记并以适当方法提醒操作员或管理人员作出处理。

五、建立严格的安全保密制度

对卡片的制作，读写设备的制作和使用要严格遵循保密制度，对系统的主机及有关设施要符合安全条件，并应有相应的应急防护措施。严格控制进入机房的人员和操作人员，对存储数据的介质要严加保管。

对有关人员进行严格的技术培训和保密教育，以保证有良好的技术素质和保密习惯。

第三节　IC卡加油机的安全使用

智能卡加油网络系统是由 IC 卡、IC 卡电脑加油机、计算机、计算机网络、通信线路组成的机械电子网络一体化加油系统，是在 IC 卡加油系统的基础上增加网络连接，实现某一地区加油联网的新一代加油系统。

一、IC 卡加油机

IC 卡加油机是在普通电脑加油机发展起来的，是为了实现电子货币代替现金或支票交易为目的运用而生。IC 卡加油机与普通电脑加油机的主要不同是增设了 IC 卡读写器，即与 IC 卡配合工作的接口设备：IFD（Inter Face Device）。

二、IC 卡加油机网络系统功能

有了 IC 卡，还必须有与之相关的硬件和软件，才能使用。在加油机上使用 IC 卡，可以实现油站自动化，方便管理，提高工作效率，并且在付油过程中减少或者取消现金交易。在电脑加油机基础上加上 IC 卡系统，就构成了 IC 卡加油机。IC 卡加油机网络系统有三大功能。

（一）自动操作功能

（1）卡机联动功能。IC 卡加油机是凭 IC 卡加油的加油机，不插 IC 卡不能加油。

（2）自动结算功能。IC 卡加油机在加油过程中自动计算金额，自动从 IC 卡中扣除。

（3）实时传送功能。加油过程中，IC 卡加油机将卡号、加油量、加油金额、卡内余额等加油交易记录实时传送到加油站管理机。

（4）交易记录管理功能。加油站管理机具有对加油机传来的每笔交易记录，包括日期和时间，进行汇集、统计、查询、保存、打印等一系列功能，并具有与上层信息处理中心联网的功能。

（二）安全保密功能

（1）"黑名单"（挂失卡）管理功能。可对"黑名单"进行浏览、查询、添加、修改、删除、打印等操作。

（2）加油卡识别功能。能自动识别无效卡、黑卡，禁止加油。

（3）个人密码识别功能。个人密码一般为六位数，输入个人密码后可进行加油操作。连续三次输入错误密码，加油卡自锁。

（4）加油机电脑程序加密功能。

（5）加油交易记录防篡改功能。

（6）防透支功能。加油卡上余额不足单价款时，加油机拒绝启泵加油。不论何种加油方式，加油至 IC 卡上规定的最小余额时，加油机自动停机写卡。

（7）防误操作功能。在加油过程中拔卡，加油机将自动停机并提示插回 IC 卡。如不插回卡，此卡则被锁住。加油过程中，加油机键盘操作无效。

（8）断电保护功能。IC 卡加油机内均装有充电电池，停电时充电电池对数据存储器芯片提供维持电流，使加油机内的加油交易记录数据不会丢失。

（三）系统管理功能

（1）多台控制功能。加油站管理机可控制 16 台加油机同时加油，并可根据需要进行扩展。

（2）监控管理功能。加油站管理机可对加油机进行实时监控，显示各台加油机的实时工作状态，并可随时停止任何一台加油机的加油操作。

（3）自动脱机功能。加油站管理机出现故障时，IC 卡加油机能自动脱机，并能独立进行加油作业，保存数据，待管理机恢复正常后，继续回到联机工作状态。

（4）加油累计数读取功能。通过加油站管理机可随时读取加油机的加油累计数。

（5）单价修改功能。可通过加油站管理机修改油品单价。

（6）中文提示功能。IC 卡加油机任一步操作，小显示窗上均有中文提示。

为了快速而又可靠地进行信息、数据的传递和处理，计算机网络与通信线路的安全与响应时间是关键。

三、IC 卡加油机安全使用

（一）准备工作

（1）加油员上岗首先要对 IC 卡加油机（包括读卡器）进行擦拭，并查看加油机运转是否正常。

（2）上岗必须用操作员卡签到。

（二）加油操作

（1）在 IC 卡插入 IC 卡读卡机前，应查看 IC 卡是否有异常现象：芯片是否脱落、移位，IC 卡是否折断、严重弯曲、玷污、过期。

（2）所有 IC 卡均是将卡上的芯片朝上、芯片一端朝里插入 IC 卡读卡机中，客户用 IC 卡加油时，必须等加油机键盘液晶屏显示出卡内余额，并向客户讲明卡内显示的金额，才能在键盘上设定客户的加油数量，即在插入 IC 卡前不能按键盘上的任何一个键。

（3）IC 卡定额加油。

① 插入 IC 卡，加油机液晶显示屏显示卡中结余金额；

② 根据客户要求的加油金额按相应的数字键，再按"元"键，液晶显示屏显示相应金额（定额加油不能设定角、分）；

③ 提枪、翻板、油泵启动后加油；

④ 加油结束后搁枪，等 IC 卡加油机键盘液晶显示屏显示指定符或读卡机蜂鸣器鸣叫后方可拔卡，否则将产生"灰卡"（指上次加油金额尚未扣除的 IC 卡）。

（4）IC 卡定量加油。

① 插入IC卡,加油机液晶显示屏显示卡中结余金额;

② 根据客户要求的加油升数按相应的数字键,再按"升"键(或按液晶显示器下面显示的相应键),液晶显示屏显示相应数量;

③ 提枪、翻板、油泵启动后加油;

④ 加油结束后搁枪,待IC卡加油机键盘液晶显示屏显示指定符或读卡机蜂鸣器鸣叫后方可拔卡。

(5)随机加油。

① 插入IC卡,加油机液晶显示屏显示卡中结余金额;

② 按"＊"键,液晶显示屏显示"FULL";

③ 提枪、翻板、油泵启动后加油;

④ 加油结束后搁枪,等IC卡加油机键盘液晶显示屏显示指定符或读卡机蜂鸣器鸣叫后方可拔卡。

第四节 IC卡及其网络系统功能的安全管理

随着IC卡加油系统的推广应用范围不断扩大,针对IC卡的各种各样的攻击性犯罪现象已经出现,而且有增长的趋势,因此作为IC卡的安全管理问题显得日益重要。

一、对IC卡安全的威胁

在智能卡的生命周期中,可能会受到各种各样的攻击,它们中间有些是无意识的行为,例如在加油交易过程中可能出现的一些误操作。有些是蓄意的,例如使用非法卡加油作弊、截取并篡改交易过程中所交换的信息等行为。根据各种攻击所采用的手段和攻击对象的不同,一般把它们归纳为以下三种方式:

(1)第一种行为是使用伪造的智能卡,以期进入IC卡加油系统。

(2)第二种行为是冒用他人遗失的,或是使用盗窃所得的智能卡,以图冒充别的合法用户进入该系统,对系统进行实质上未经授权的访问。这类行为还包括私自拆卸、改装智能卡的读写设备。

(3)第三种行为则是一种主动攻击方式。它是直接对智能卡与外部通信时所交换的信息流(包括数据和控制信息)进行截取、修改等非法攻击,以谋取非法利益。

二、IC卡加油中的灰卡 (Grey Card)

灰卡是IC卡加油应用中的一个特有现象,也是电子油票(Electronic Petrol Ticket,简称ET)与金融IC卡在技术上的一个主要区别。为了便于解释灰卡的产生过程,先对IC卡加油消费流程作简单介绍。

1.灰锁初始化与终端认证

IC加油卡进行灰锁初始化,并对终端PSAM(Pumhase Secure Access Module,销售点终端安全存取模块)的MAC(Message Authentication Code,报文鉴别代码)码进行合法性校验。

2. 灰锁（Grey Lock）与卡认证

终端在卡片上置灰标志，IC 卡产生 MAC 码供终端的 PSAM，进行合法性校验。

3. 加油

加油机付油，加油过程中提示"禁止拔卡"。

4. 联机解扣交易处理

加油机停机后，主机与卡再次产生 MAC 码进行双向认证，认证通过后，如卡内余额大于等于本次交易金额，则扣减卡内余额，然后解除卡片上的灰标志，取消"禁止拔卡"提示（全部过程时间约为 1 s）。

由于用户的加油金额在多数情况下事先很难确定，所以 IC 卡在加油过程中的扣款操作是先加油后扣款。这一过程是通过加油机自动完成的，而加油机上的读卡器并非全部是吞入式读卡器，而且加油员和持卡人在加油过程中常常会发生一些误操作，加油机也会因为振动和停电等原因出现一些意外故障。所以 IC 卡在加油过程中较易产生"灰卡"，"灰卡"即未能正常完成扣款操作的加油卡。

灰卡未解扣前，不能继续加油，这样可以保证石油公司的利益免受损失。

为了方便客户，对于加油过程中产生的灰卡要尽可能方便地进行补扣，即对加油消费交易未正常结束而灰锁的电子油票通过扣款解除灰锁的操作。因此，加油站和发卡点都应具有本（异）地的补卡功能。

对于产生灰卡的加油站，可以立即进行补卡，并将补充交易上传到数据处理中心。产生灰卡的加油站将灰记录上传至数据处理中心后，任意一个发卡点和联网加油站都可进行补扣。

IC 加油卡在补扣时的处理流程如图 7-2 所示。

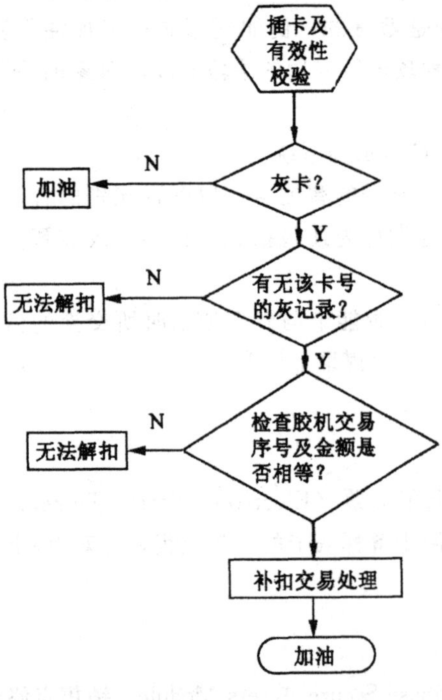

三、加油站 IC 卡管理控制系统

加油站 IC 卡管理控制系统由硬件和软件两大部分组成。

1. 硬件的组成和功能

加油站 IC 卡管理系统的硬件主要包括微机、打印机、UPS 后备式电源、集线器、IC 卡加油机、液位仪（可选）、MODEM 等。系统各部件连接见图 7-3。

由这些设备组成的加油站管理控制系统具备以下功能：

（1）对加油站的一系列加油过程、加油机状态和库存状况进行实时监控。

（2）对 IC 卡加油机的油价等加油参数进行管理。

（3）通过后台自动处理加油机的加油数据和

图 7-2 灰卡补扣流程图

液位仪的检测数据，对其进行统计管理。

（4）联网传送加油站信息，便于管理部门加强加油站的监控。

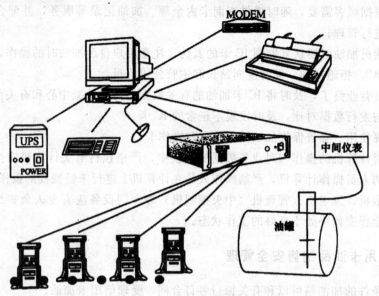

图7-3 加油站管理系统硬件结构示意图

2．软件功能

加油站 IC 卡管理控制系统的软件主要包括数据采集和统计报表两个系统。

数据采集系统主要功能是接受银行传送的黑名单、灰名单信息，接受上级公司的油价信息；向银行和上级公司上传加油交易记录；加油站进、销、存等管理功能。

统计报表系统主要功能主要包括：加油机交接班记录，加油机工作记录，进货记录，油罐检测记录，出入库日报，损耗月报，员工加油量月报等。

四、IC卡安全管理

IC卡的作用是在加油时替代现金、油券进行所谓的"电子结算"，与油券一样是含有一定金额的有价凭证。虽然，IC卡可通过加密验证等手段进行安全防护，但是从技术的角度看安全问题，绝对的安全是没有的；而且客观上存在着能力很强的对手，最好的设计也会存在不同程度的易被击破的弱点。

从实际使用的角度来看，我们一定要绷紧"安全"这根弦，自始至终把安全放在首要位置。安全贯穿于系统的设计、选择、使用等全过程。例如：在选购系统时应要求供货厂商提供系统的安全论证材料，并承诺保证在系统中不存在"后门程序""特权IC卡"以及"特权操作卡"；在系统运行前应委托权威机构对系统进行安全论证；向社会发行电子油券必须选择CPU卡——真正的智能卡。

五、IC卡——电子油券油品销售安全管理

加油IC卡作为一种有价卡，其发行和安全问题必须遵循人民银行的有关规定。在主管公

司委托下，销售专用 IC 卡的 PC 机发卡储值点应单独建账，按有关规定进行管理。作为加油站在日常加油服务中应做好以下工作：

（1）应根据顾客需要，随时提供查询卡内余额、加油记录等服务，并配合用油单位对车辆购油情况进行管理；

（2）加油员加油时要认真鉴别 IC 卡的真伪，注意用户自助加油时的操作，发现伪卡、假卡和"黑名单"，拒绝付油，同时应向站长和主管公司汇报。

（3）每日营业终了，及时将 IC 卡加油的有关数据上传至数据中心和有关部门，以便数据中心按卡号与发行数据对比，及时发现不正常的 IC 卡。

（4）正确使用、妥善保管加油站管理卡和操作卡。

（5）在对计算机的操作和对业务数据的交换中，严格执行有关计算机安全管理规定，严禁未经授权的人员操作计算机，严禁操作人员在计算机上进行未经授权的操作。

（6）读卡机、发卡机、管理机（中央控制机）等专门设备应有专人负责维修、保养、保管，使之安全保密始终处于良好的工作状态。

六、信用卡油品销售安全管理

（1）有条件的加油站可以和有关银行签订合同，受理信用卡加油。

（2）开票员要严格执行信用卡的操作规程，按规定与银行交换数据。

（3）读写信用卡的机器出现故障时应立即通知银行修理。

（4）按主管公司规定，及时与银行核对加油数据及油款进账情况。

第八章 作业安全管理

第一节 加油站安全操作规程

加油站日常作业主要包括加油、卸油、计量、发电、巡检等几个方面。

一、加油作业操作

加油站加油作业主要由加油前准备、引导车辆进站、加油、结算油款、引导车辆出站、岗位清理和班结离岗七个步骤组成。

1. 加油前准备

(1) 加油员在上岗前须按规定着装；
(2) 严禁携带易燃易爆品和通讯工具；
(3) 班组长认真做好班前训导；
(4) 安全员须认真检查设备和环境卫生状况，确保安全运行。

2. 引导车辆进站

(1) 当车辆驶入站时，加油员主动引导车辆进入加油位置；
(2) 车辆停稳，发动机熄火后，加油员应主动将油箱盖、油箱盖板打开（带锁的可等顾客开锁后再行打开）；
(3) 将加油机泵码回零，并请顾客确认。

3. 加油

(1) 定量加油（微机加油）。
① 根据顾客要求输入加油数据；
② 根据顾客要求的品种将对应的加油枪插入车辆油箱中，提示顾客确认无误后打开加油枪进行加油；
③ 加油完毕，加油员须对照加油机（显示屏）的显示值，请顾客确认所加品种、数量无误后，方可收回油枪；
④ 把油箱盖拧紧，关上油箱盖板。
(2) 非定量加油。
① 根据加油机（显示屏）的显示值，请顾客确认所加品种、数量无误后，方可收回

油枪；

②把油箱盖拧紧，关上油箱盖板。

4. 结算油款

(1) 结算油款时，加油员、收款员要认真辨别人民币、代金券、加油单等，避免收取假钞假币、假代金券、假加油单；

(2) 做到唱收唱付，按实找零，提供正规票据。

5. 引导车辆出站

(1) 车辆出站时加油员要按照规范化服务标准，以及加油站现场管理规定，自觉使用文明用语；

(2) 正确引导车辆出站，提醒司机缓行，确保车辆安全。

6. 岗位清理

(1) 加油站要做到现场卫生分工明确。

(2) 认真履行交接班制度。

① 加油员做到各负其责，交接班时自觉清洁加油机和现场卫生；

② 带班长认真填写交接班记录，发现异常问题及时汇报。

7. 班结离岗

(1) 加油员交接班时双方要确认加油机累计数，班组认真填写汇总单，按单上交货款，同时认真履行发票交接手续；

(2) 认真填写交接班记录，并进行工作小结，将遗留问题处理好。

二、卸油作业操作

加油站卸油作业主要由引导油罐车入站、卸油准备、油品复核、卸油作业、设备复位和罐车出站六个步骤组成。

1. 引导油罐车入站

(1) 油罐车驶入加油站时，计量员自觉引导油车进入计量点；

(2) 司机需减速、慢行；

(3) 站内保持卸油场地无积水、积雪和杂物。

2. 卸油准备

(1) 作业人员不准携带火种进入现场，不准携带通讯工具测量罐车，须持证上岗，严禁酒后上岗，不准使用化纤棉纱，无关人员不准进入现场；

(2) 确保油罐车安全设施齐全，静电接地有效，消防器材到位有效，卸油胶管完好无损，卸油口标志清晰；

(3) 计量员按规定着装，连接好静电接地线，稳油 15 min 后再进行计量，连接好卸油胶管。

3. 油品复核

（1）复核油品时，计量员须认真检查铅封是否完好，罐车量油口关闭是否严密，计量器具是否过期，计量坡度是否大于 0.5°，罐车顶部是否有积水（雪），对存在的问题做好记录及时处理；

（2）计量员做到核对油品数量准确无误，注意力集中，开启（关闭）罐口盖时轻拿轻放，备好取样器，正确使用玻璃试管验质，准确计量油品数量；

（3）计量员与送油司机认真履行交接手续，认真履行复核制度；

（4）强风、雷雨天气，禁止作业。

4. 卸油作业

（1）卸油时确保连接口牢固，胶管完好，阻火透气帽有效；

（2）计量员准确做到核对油罐与所卸油品是否相符，卸油前必须计量储油罐存油，卸油时司机和卸油员必须均在现场，防止油罐冒油等意外发生，开启罐车卸油阀门要轻轻用力，控制好初期流速，通知对应的加油机停止付油；

（3）作业环境下不准敲击碰撞，司机不准擦车、修车，现场人员不准穿、脱衣服，不准使用非防爆工具、灯具。

5. 设备复位

（1）计量员必须将油品卸净，卸车盖关严，卸下卸油胶管，控净胶管内余油，司机将罐车卸油口堵盖上好，并上锁，收回静电接地线；

（2）卸油后认真进行复核，并履行签字手续；

（3）及时清理作业现场，通知加油员开机付油；

（4）严禁用汽油清洗地面。

6. 罐车出站

（1）计量员引导车辆出站；

（2）罐车司机需观察车辆周围情况，减速慢行，安全离站。

三、加油站计量作业操作

加油站计量作业主要由计量前准备工作、储油罐液面高度测量、罐底水面高度测量、油罐车液面高度测量、油品温度测量、油品密度测量、清理作业现场、记录八个步骤组成。

1. 计量前准备工作

（1）计量员按规定着装；

（2）上岗时不准携带易燃易爆品，不准携带通讯工具，不准无证上岗，不准使用化纤棉纱；

（3）计量员须准备好合格的计量器具。

2. 储油罐液面高度测量

（1）计量时须确保量油尺与量油口有合格的导线连接；

（2）储油罐应有有效的容积表；

（3）计量作业时，停止使用与油罐相连的加油机，抄写停机时泵码累计数；

（4）卸油后需稳油 15 min，方可计量；

（5）计量员站在上风口，作业时需在规定的下尺点，尺砣接触油面时的速度要缓慢，不准冲击罐底；

（6）读数要准确、迅速，晚上计量时，不准使用非防爆灯具；

（7）强风、雷雨天气禁止作业。

3. 罐底水面高度测量

（1）油站需备有试水尺，测量时试水膏涂抹要均匀，尺砣或试水尺触底停置时间要充足；

（2）测试水高记录要准确，当水高超过 50 mm 时，及时报告和处理。

4. 油品温度测量

（1）测温时位置准确，浸没时间达到 5 min；

（2）准确读取温度计读数值，做好测温记录。

5. 油品密度测量

（1）测量密度时备好清洁的量油桶，量油桶放置位置准确；

（2）正确使用密度计，准确读取密度计数值，测量完毕需将油样倒回油罐，并做好测量记录。

6. 清理作业现场

（1）将设备准确复位；

（2）及时清理现场。

7. 记录

（1）计量结果准确；

（2）认真做好记录；

（3）认真填写账、表、单，确保原始记录完整。

四、加油站发电作业

加油站发电作业主要由发电前准备、发电、供电、停止发电机供电和现场清理五个步骤组成。

1. 发电前准备

（1）发电机排气管应设有有效的防火帽；

（2）保护接地牢固，电阻值不得大于 4 Ω；

（3）作业人员按规定着装，佩戴防护用品；

（4）检查发电机机油、燃料油、水箱等，准备好消防器材，悬挂警示牌，认真检查仪表，打开发电机室窗户；

（5）切断外线供电电路，并将配电开关置于规定位置；

（6）认真复核以上项目。

2. 发电

按程序启动发电机，待发电机运行平稳后，将电压调至额定数值后开始供电。

3. 供电

（1）将电闸合至供电位置后，随时进行巡视和检查，当发现发电机运转、用电设备异常等问题时，及时停止供电；

（2）待问题处理完毕后再行供电；

（3）发电机不得超负荷运行；

（4）发电过程中遇有交接班时，带班长要认真交代发电机运行情况，并做好交接班记录。

4. 停止发电机供电

（1）外电恢复供电时，断开发电机供电电路，缓慢降低转速；

（2）等发电机停止工作后，将外线电闸合至供电位置。

5. 现场清理

（1）发电机停止工作后，及时进行现场检查、维护和保养，清理发电机室；

（2）认真填写发电机运行记录。

五、加油站巡检作业

加油站巡检作业主要由巡检准备、巡检和巡检记录三个步骤组成。

1. 巡检准备

（1）按规定着装，认真履行巡检职责；

（2）严禁携带易燃易爆品及通讯工具。

2. 巡检

（1）定期对安全巡检员进行教育；

（2）及时监督和纠正上岗人员的不安全行为；

（3）及时监督和纠正出入站人员及车辆的不安全行为；

（4）对站内设备随时进行巡检；

（5）确保消防器材到位有效；

（6）确保报警系统完好有效；

（7）及时整改巡检中发现的隐患问题或加强控制措施。

3. 巡检记录

（1）做好巡检记录；

（2）对查出的问题及时整改或报告。

六、特殊情况处理

1. 跑、冒油品

（1）当向储油罐卸油时发生跑、冒油品，应及时关闭油罐车卸油阀，切断总电源，停止营业，并向站长汇报。

（2）站长及时组织人员进行现场警戒，疏散站外人员，推出站内车辆，准备消防器材。

（3）对现场已跑、冒油品用棉纱、毛巾、拖把等进行必要的回收，禁止用铁制、塑料等易产生静电火花和与地面摩擦产生火花的器皿进行回收。回收后用沙土覆盖残留油面，待充分吸收残留油品后将沙土清除干净。

（4）检查所有井口是否有残留油品，若有残油应及时清理干净，并检查其他可能产生危险的区域是否有隐患存在。

（5）计量确定跑、冒油品数量，做好记录台账。

（6）检查确认无其他危险隐患后继续营业。

（7）分析跑、冒油原因，书面报告主管公司。

（8）当向车辆加油时发生跑、冒油品，应及时关闭油枪，清理现场。

2. 接卸混油

（1）当向储油罐卸油时发生混油，应立即关闭罐车卸油阀，停止卸油；同时关闭相应的加油机，停止加油，并向站长汇报。

（2）分析原因和责任，按事故处理规定及时上报主管公司处理。

（3）若柴油、汽油相混，则需清罐，并将混合油品运出站外处理。

（4）清除管线和加油机内混合油品，确认无误后开启加油机加油。

3. 加错油品

（1）加油员发现加错油品时，应立即关闭加油机，向顾客说明原因并赔礼道歉，同时向站（班）长汇报。

（2）站（班）长征求顾客同意后，抽出混合油，加入合格油品，并根据实际情况协商赔偿顾客经济损失，礼貌送客。

（3）确认损失，上报主管公司处理。

4. 加油机乱码

（1）加油过程中，加油机出现乱码时，加油员应立即关闭加油机，向顾客表示歉意并说明原因，同时向站（班）长汇报。

（2）与顾客协商确定已加油品数量，并根据协商意见补足数量。

（3）停止使用该加油机，记录同罐其他加油机的字码数，对油罐进行计量。对当事加油员进行结账，同时通知维修部门修理加油机。

（4）当班营业终了，核实损失，报站长处理。

5. 大亏、大盈处理

（1）每日发油超耗或溢余量超过定额损耗一倍以上为大亏、大盈。

（2）出现大亏、大盈后，应及时复核数量和重新计量，认真查找原因。

（3）采用标准计量器核对加油机精度，发现有误，应及时检定维修。

（4）检查油罐及输油管线是否存在渗漏，如有问题及时报告主管公司处理。

6. 票证、现金出现异常

（1）交班时出现油票超常增长、现金量超常减小、补开发票出现负数等异常现象，应及时向站长汇报，站长要根据班次、数量、品种立即进行核对，分析情况，查找原因，妥善处理。

（2）记账员按加油员收取的现金、油票、证、IC卡的总额与加油量核对，开票员按加油员收取的现金与开具的发票核对，直至找出原因。

（3）将查找结果书面上报主管公司。

7. 数、质量纠纷处理

（1）顾客对油品数量提出异议时，加油员应立即查询电脑记录或用标准计量筒检测。如无误，应向顾客耐心解释，礼貌送客；如有误，应向站（班）长汇报并向顾客赔礼道歉，赔偿顾客损失。停止使用该加油机，并报请维修和检定。

（2）顾客对油品质量提出异议时，加油员应向站（班）长汇报，及时取样，感观检查油品颜色、气味、挥发性等，如无误应向顾客耐心解释，礼貌送客。

（3）感观检查认为质量有问题时，应立即停止相应油罐加油业务，取样化验，同时向主管公司报告。

（4）依据取样化验结果，及时答复顾客，并按主管公司规定作出相应处理。

8. 外线停电

（1）当外线停电，加油机正在加油时，加油业务按加油机乱码处理。

（2）准备发电。

① 当外线停电后，及时断开配电柜中外电总闸和加油站内主要设备及大负荷设备（如加油机、加油区照明、微机等）的电源开关。

② 检查确认发电机的燃油、水、机油是否充足。

（3）发电供电。

① 启动发电机，当发电机输出电压达到额定电压，并确认电压稳定后，打开发电机输出开关送电。

② 将配电柜中的开关置于"发电"处，对站内供电。

③ 逐一开启设备开关。

④ 发电、供电过程中必须有专人监护。

（4）恢复外线供电。

① 当外线来电时，注意观察外电指示灯及电压表变化情况，确认电压稳定后，准备恢复供电。

② 断开加油站内各主要设备及大负荷设备（如加油机、加油区照明、微机等）的电源开关。

③ 断开配电柜中发电机电源输出开关，合上外线电源总闸，进行送电。

④ 关闭发电机，清理现场，并做好下次发电的准备工作。

⑤ 逐一开启设备开关。

9. 水患

（1）当发生水患时，加油站应立即关闭电源开关，停止营业，同时密封油罐量油孔，防止油品外溢，做好安全防范工作。

（2）水患过后及时组织排水，测试油罐底水高，检查设备，排除隐患，确认无误后，继续营业。

第二节　加气站安全作业管理

一、建立防火、防爆和防泄漏制度

（1）建立防火安全责任制，落实专人管理，把防火、防爆、防泄漏安全管理工作放在各项工作的首位。在加气站经营过程中不能存有麻痹思想和侥幸心理。

（2）根据加气站实际，科学合理地制订适应加气站的各岗位工作制度和操作规程。

（3）强化员工的安全教育，包括气体燃料知识的学习，树立安全观念，增强安全意识。

二、强化明火管理制度，严防火种进入

俗话说"水火无情"，液化石油气（LPG）站和天然气（CNG）站的"火"更无情，因为火灾爆炸造成损失和危害比其他行业都大。一般物质火灾，蔓延和扩展的速度相对较慢，在发生的初期，范围较小，扑灭比较容易。液化石油气和天然气火灾蔓延和扩展速度极快，其火焰速度达 2 000 m/s 以上，且难以扑灭，特别是爆炸事故，一旦发生，将立即造成重大灾害。加强明火管理、严防火种的进入是加气站安全管理的一项首要措施，具体应做好以下几点。

（1）加气站内应在醒目位置设立"严禁烟火"等警戒标语和标牌。操作和维修设备时，应采用防爆工具。

（2）进入站内的汽车车速不得超过 5 km/h。禁止拖拉机、电瓶车、摩托车和畜力车等进入站内。

三、接卸气作业安全管理

（1）认真查验送货单据，核对品名、数量、质量化验和进气储罐位号，严禁腐蚀介质超标的气体卸入储罐。

（2）严格按操作规程进行卸气作业。

（3）送气车应按指定位置停车、熄火，并将车钥匙交操作员暂时保管。

（4）接卸气时，须先接静电接地线，确认气、液相软管上截止阀（球阀）处于关闭状态，再连接卸气管。槽车卸液设备应由送气方操作。

（5）卸气期间，操作员必须监护现场，随时检查压力、温度和液位。LPG 储气罐液量不得超过储气罐容积的 85%。CNG 储气罐的压力不得超过 25 MPa。

（6）操作员应监督送气司机离开送气车辆，但不得运离作业现场，不得清扫、维修车辆。

（7）卸气结束后，由操作员拆卸输气管、静电接地线，检查无误后，将车钥匙交司机，送气车辆方可启动，离开现场。

四、加气作业安全管理

（1）作业时，每台加气机应有一名操作人员，但一人不能同时操作两把加气枪作业。

（2）操作人员应站在侧面引导车辆进站，汽车应停在有明显标识的指定位置，保持与加气机 1 m 以上距离。

（3）汽车停稳后，操作员应监督司机拉紧手刹，引擎熄火，取下钥匙，离开驾驶室。夜间应关闭车灯。

（4）加气前，操作员应对车辆的储气瓶仪表、阀门管道进行安全检查，查看其是否在使用期限内。

（5）潜液泵在出液管路和回流管路的阀门全部打开后，方可启动。潜液泵旁通管路上的调节阀（或安全回流阀）不得关闭。

（6）作业时加气胶（软）管不得交叉或绕过其他设备。

（7）LPG 储气瓶内部压力过高无法加气时，应连接气相回流管泄压，不得现场放空排气；CNG 放空时，枪口严禁对准人。

（8）加气过程中，应注意监视加气机计量仪表及车辆的储气瓶的液位或压力是否正常。

（9）加气期间，操作人员不得离开现场，严禁让非操作人员代为操作，严禁非操作人员自己主动充装。

（10）加气过程中如遇紧急情况（如车辆或设备泄漏）应立即停止作业。

（11）加气结束，关闭加气枪、车辆储气瓶阀、加气管阀，卸下加气枪，盖好加气口保护盖，核准加气数量，并确认无漏气现象后，方可容许司机启动车辆。

（12）接卸气、加气作业期间，安全员应定时巡检储气罐的运行参数，储气罐液位低于 20% 时应停止潜液泵的运行并停止加气作业。

（13）加气站严禁为无技术监督部门检验合格证的汽车储气瓶加气；严禁为汽车储气瓶以外的任何燃气装置、气瓶加气。

五、接卸气安全操作规程

（1）专人负责监护整个卸气过程。

（2）引导槽车到指定位置后，由专人检查车辆的手刹、排气管防火罩等设备等是否完好，车辆是否挂挡，并检查出具的气体质量保证书。

（3）检查储罐及槽车的温度、压力、液位是否在正常值内，一次仪表与二次仪表读数是否一致，并根据液位显示测算进液数量。

（4）检查气、液相软管是否完好及其截止阀是否关闭，接地线接地是否良好。

（5）完成全部检查及手续后，由槽车押运员接装气、液相软管，并告知预测进液数。

（6）软管接装完毕后，打开卸液管上的气、液管接口上的截止阀，再启动电动按钮。

（7）槽车司机接到指令后方可启动卸液泵，严格控制卸液泵的压力在规定的压力范围内。

（8）检查一次仪表读数，当读数大于等于80％时应立即停止卸液泵工作。

（9）停泵后，应先关闭槽车上的截止阀，然后由专人负责关闭气、液相软管上的截止阀，切断电源，并将卸液软管复位。

（10）卸液结束，应再检查一、二次仪表读数是否一致，做好记录，并根据卸液前和卸液后的仪表读数计算实收量，确认与送液单相符方可签收。

（11）卸液过程中若发生泄漏，应立即按下紧急关闭按钮，并采取相应的应急措施。

（12）加气站如遇有电闪雷击、卸液设备发生故障、加气站周围发生不能保障加气站安全和正常工作的事件时应暂停卸液。

六、加气安全操作规程

（1）加气员必须具备 LPG（或 CNG）知识及消防知识，并应持证上岗。

（2）加气车辆定位后，加气员检查发动机是否熄火、手刹是否刹住。

（3）对于改装车辆，加气前，加气员应要求驾驶员打开车辆后盖，检查容器是否在使用期内以及贴有规定的标签。通过看、听、嗅等方法检验容器的液面计、阀门、配管是否有气体泄漏或出现其他异常情况。对非改装车辆，应要求驾驶员配合做好上述工作。

（4）加气员经过检查将加气枪与车辆加气口连接，确认牢靠。严禁加气管交叉和缠绕在其他设备上。

（5）加气员在加气时要观察流量及容器的标尺，LPG 加气量最大不得超过汽车储罐容器容积的 85％或规定的红线；CNG 储气罐的压力不得超过 20 MPa。

（6）加气作业中，加气员严禁将加气枪交给顾客操作，禁止一人操作两把加气枪，不得擅自离开正在加气的车辆。

（7）加气员应监督驾驶员不能使用毛刷清洁车辆或打开发动机前盖维修车辆。

（8）加气过程中发生气体严重泄漏时，加气员应立即关闭车辆气瓶阀，同时按下现场紧急关闭按钮，把气体泄漏量控制在最小范围内。

（9）加气结束后，卸下并正确放置好加气枪。

（10）加气必须分车进行，各车之间不得连码加气。在加气区域禁止使用手机等移动通讯设备。

（11）加气站如遇有严重电闪雷击天气、计量器具发生故障、加气站周围发生不能保障加气站安全正常工作的事件，应暂停加气作业。

七、应急措施

为了切实做好"预防为主，防消结合"工作，确保加气站经营活动的正常进行，并及时处理可能发生的突然事件，应制订应急措施。

1. 停电应急措施

加气站一旦发生停电，应立即开启应急灯，检查各重点部位；关闭各类开关，以防突然来电损坏电器设备，并及时向上级主管部门报告；查清停电原因，记录停电时间和来电时间。

2. 漏气应急措施

(1) 加气站内如发现管网漏气，应迅速查明泄漏点，立即关闭泄漏点两端管线上的阀门和与该管线相连接的储罐阀门，把气源切断。

(2) 切断电源，停止一切作业，做好人员和外来车辆的疏散工作，并消除一切火源，防止因抢险造成气瓶或其他金属物品的碰撞而产生火花。

(3) 用湿棉被包住泄漏点，用水对其冷却。

(4) 如果泄漏量大，一时难以控制，应扩大警戒区域，迅速报警"119"。

(5) 如果是卸车台处发生管线或阀门出现泄漏，应立即关闭槽车和卸液装置的气管和液相管，槽车立即停泵，分别用惰性气体吹扫和消防水冲淋，一时难以控制时应迅速报警"119"。

第三节 票证安全管理

加油站内使用的票证有现金、油票、加油卡和内部加油凭证等。

一、油票的安全管理

油票是石油公司面向社会发行的有价证券。油票作为油品销售的另一种形式，不仅方便了用户，简化了加油手续，提高了加油站的工作效率，而且提前回笼了资金，减少了现金使用，减少了用户的油品储存。

随着市场经济的不断深化和油品销售市场的发展，也逐渐显现出它的弊端。首先，油票不记名，不能挂失，面值大，用户如丢失或损坏所造成的损失无法弥补。其次，油票使用周期长，一些不法分子印制假油票牟取暴利，还存在被非法多次销售的可能性，扰乱市场。再次，油票无法随市场油价变动，不利于油票发行者。

目前，由于电子油票（IC卡）在技术设备和通用性等方面还有待于进一步完善，所以油票在一定时期内还会存在。近几年，各地石油公司也出台了许多管理办法，改进油票管理，如把年度发行改为季度发行、印制油票副券等。

现行油票规格有90号、93号、97号汽油和0号、－10号、－20号柴油等品种。油票面额50 L、40 L、10 L、5 L、1 L等。油票的印刷、保管、使用、回笼、销毁须进行统一管理。

1. 油票的印刷和保管

(1) 油票的印刷组织工作由石油公司主管部门负责；

(2) 油票的印刷应本着实用、经济、易分辨、有一定的防伪性和防止浪费的原则；

(3) 油票必须设两名专职人员管理，建立账目，及时记账。

2. 油票的销售

(1) 销售人员必须执行公司制定的供应制度。

(2) 销售油票要按规定填写发票，并根据品种、数量、票面价格填写销售记录。

（3）收取现金时要当面点清，唱收唱付，妥善保管。收取支票时要认真审核，按银行规定填写，背面要填写单位电话、联系人及证件号，收取支票交银行后方可凭手续提取油票。货款应及时回笼，不应在单位过夜保管。

（4）业务员在油票销售中因某种原因要短时间离开岗位时，必须把油票集中锁好后方可离岗。不得不经清点交接就委托他人代管、代销，或无人照管就离开岗位。

（5）每日业务终了，要做销售日报，并与贷款、油票销售记录核对。将油票及结账后少量的现金、支票锁入保险柜内才可离开。

（6）销售的油票要有专人管理，内部交接要有手续，销售中发现错号、跳号、重号、缺张及错发丢失等要及时查找，并主动及时上报主管部门。丢失油票的责任者要照价赔偿。

（7）销售油票要建立账目，做到日清日结、周盘点，每季度销售后的剩余油票要填表上缴。

3. 油票的回笼和销毁

（1）加油员下班后要会同记账员清点油票，清点无误后要加盖本人的"付讫专用章"，记账员在加油记录上签字核收。

（2）记账员要把当日回笼油票汇总后填制出库日报，剪角复核后存入保险柜。

（3）回笼油票丢失或出现问题要及时查找、上报，丢失追不回来的，责任者要照价赔偿。

（4）收回的油票严禁二次销售或给顾客以旧换新。

4. 监督和检查

（1）加油站应建立将油票管理制度上墙，并严格遵照执行。

（2）建立账目审核制度，互相监督。

（3）站长应对油票管理进行定期检查，发现问题及时查找、纠正、汇报。

（4）加油站上级主管部门应定期或不定期地对加油站销售油票、备找油票、回笼油票的账目进行检查，并每季和加油站核对一次账目。

二、现金和其他票证的安全管理

在加油站的各种票证中，除油票外还有支票、电子油票（IC加油卡）、发票、内部加油凭证等票证。

1. 现金的安全管理

现金加油不仅使资金回笼加快，加速资金周转，更方便了顾客，随到随加，赢得了市场。此处的现金包括库存现金、银行存款和其他货币资金。现金是加油站中流动性最强的资产，而且收付频繁，易出差错，因此要特别加强管理。

（1）加油站应完善现金的内部管理制度，明确职责分工，建立内部牵制制度、现金清理核对和盘点制度。

（2）加油站应做好备用金的管理。

（3）现金加油应按日结账，当日的销售款交入银行。

（4）收找现金应唱收唱付，当面点清。

（5）交款封包必须经双人复核，加盖公章。

（6）销货款不能挪作他用，不得用油票顶替现金。

2. 支票的安全管理

（1）收取支票时，必须认真审核支票的内容是否完整，有不符合规定、字迹不清及涂改现象的支票应一律退回。

（2）检查财务专用章、支票专用章、人名章、日期、用途、有无密码、数字是否正确、字迹是否清楚等。收款人在支票背面写清联系电话、单位、姓名、身份证号码，以便查找。

（3）用支票购买油票应在支票送交银行转账后，才能将油票付给用户。

（4）用支票购买油票，加油站不能找给现金，应留下单位银行账号，汇款找零。

3. 发票的安全管理

加油站的发票包括普通发票和增值税发票两种。

（1）建立发票专人购买制度。加油站使用的所有发票应有专人向主管税务机关领购，因领购发票要用到的所有印章、登记簿，均有专人保管。

（2）建立发票专人专柜保管制度。加油站使用的空白发票、记账联、存根联均由专人保管。

（3）增值税发票专用章必须在领用时加盖。

（4）建立发票领用登记制度。加油站应设专门的发票登记簿，登记领取空白发票的号码、本数和领取日期，领取人要签字。发票的各联不得缺少，如遇遗失、缺联现象，应及时查找直至追究当事人责任。

（5）严格执行发票开具要求，严禁虚开、代开发票。

（6）严格执行发票缴销规定，各种发票存根联和发票登记簿应当保存五年，期满后去税务机关办理缴销手续。

第九章　防火与防爆

第一节　防火防爆技术基本知识

一、防火技术基本知识

(一) 燃烧条件

1. 燃烧的必要条件

燃烧是有条件的，它必须是可燃物质、氧化剂和着火源这三个条件同时存在并且相互作用才能发生。也就是说，发生燃烧的条件必须是可燃物质和氧化剂共同存在，并构成一个燃烧系统；同时，要有导致着火的火源。

2. 燃烧的充分条件

在研究燃烧的条件时还应当注意到，上述燃烧三个基本条件在数量上的变化，也会直接影响燃烧能否发生和持续进行。因此，燃烧的充分条件有以下几个方面。

(1) 一定的可燃物浓度。

(2) 一定的含氧量。

(3) 一定的着火源能量，即能引起可燃物质燃烧的最小着火能量。

(4) 相互作用。燃烧的三个基本条件须相互作用，燃烧才能持续进行。

综上所述，燃烧必须在必要、充分的条件下才能进行。

(二) 防火技术措施的基本原则

对于加油站或加气站防火技术措施可以有十几项或几十项，但它们都是在防火技术基本理论的指导下采取的，归纳起来，主要有以下几方面采取技术措施。

1. 消除着火源

防火的基本原则应建立在消除火源的基础之上。无论是加油站还是加气站到处处于可燃物质的包围之中，而这些物质又存在于人们生产经营现场。这就是说，只有消除着火源，才能在绝大多数情况下满足预防火灾和爆炸的基本要求。可以说，火灾原因调查实际上就是查出是哪种着火源引起的火灾。

消除着火源的措施很多，如安装防爆灯具、禁止烟火、接地避雷、隔离和控温等。

2. 控制可燃物

防止燃烧基本条件中的任何一条，都可防止火灾的发生。如果采取消除燃烧条件中的两条，就更具安全可靠性。在加油站防火条件中，通常采取防止火源、防止油品渗漏和油蒸气积聚的各种有关措施。

控制可燃物的措施主要有：生产经营场所以难燃和不燃材料代替可燃材料；降低可燃物质（可燃气体、可燃液体蒸气）在空气中的浓度，如在 LPG、CNG 加气站的压缩机房采取全面通风或局部排风，使可燃物不易积聚，从而不会超过最高允许浓度；防止可燃物质的跑、冒、滴、漏。

3. 隔绝空气

在 LPG 储罐中充装氮气介质保护。

4. 防止形成新的燃烧条件，阻止火灾范围的扩大

设置阻火装置，如在储油罐和 LPG 储罐的呼吸管设置阻火器，一旦发生回火，可阻止火焰进入储罐内；在车间或仓库里筑防火墙，或在建筑物、设备之间留防火间距，一旦发生火灾，使之不能形成新的燃烧条件，从而防止扩大火灾范围。如在 CNG 加气站压缩机房与储气瓶间、调压间采用钢筋混凝土隔墙隔开，以防止事故发生相互影响。

综上所说，一切防火技术措施都包括两个方面：一是防止燃烧基本条件的产生；二是避免燃烧基本条件的相互作用。

二、防爆技术基本知识

(一) 爆炸的特征

物质从一种状态迅速地转变成另一种状态，并在瞬间放出巨大能量同时产生巨大声响的现象称为爆炸。所谓"瞬间"，就是说爆炸发生于极短的时间内，通常是在 1 s 之内完成。

爆炸的内部特征是物质发生爆炸时，产生的大量气体和能量在有限体积内突然释放或急骤转化，并在极短时间内在有限体积中积聚，造成高温高压。爆炸的外部特征是爆炸介质在压力作用下，对周围物体（容器或建筑物等）形成急剧突跃压力的冲击，或者造成机械性破坏效应，以及周围介质受振动而产生的声响效应。不论内部还是外部特征，压力的瞬时急剧升高是爆炸的主要特征。

按照爆炸能量来源的不同，爆炸分为物理性爆炸、化学性爆炸和核爆炸。加油站和加气站爆炸事故以化学性爆炸居多。

(二) 爆炸的破坏作用

1. 冲击波

爆炸形成的高温、高压、高能量密度的气体产物，以极高的速度向周围膨胀，强烈压缩周围的静止空气，使其压力、密度和温度突跃升高，像活塞运动一样推向前进，产生波状气

压向四周扩散冲击。这种冲击波能造成附近建筑物的破坏，其破坏程度与冲击波的能量大小有关，与建筑物的坚固程度及其与产生的冲击波的中心距离有关。

2. 碎片冲击

爆炸的机械破坏效应会使容器、设备、装置以及建筑物材料的碎片，在相当大的范围内飞散而造成伤害。碎片的四处飞散距离一般可达 100～500 m。

3. 震荡作用

爆炸发生时，特别是较猛烈的爆炸往往会引起短暂的地震波。在爆炸波及的范围内，这种地震波会造成建筑物的震荡、开裂、松散倒塌等危害。

4. 造成二次事故

发生爆炸时，如果车间、库房（如 LPG 烃泵房、CNG 压缩机间）或储罐里存放有可燃物，会造成火灾甚至二次爆炸。

（三）爆炸极限与爆炸危险度

1. 爆炸极限

可燃气体、可燃液体蒸气与空气构成的混合物，并不是在任何混合比例之下都有着火和爆炸的危险，而必须是在一定的比例范围内混合才能燃爆。混合的比例不同，其爆炸的危险程度亦不相同。部分可燃气体和油品的爆炸极限参考数据如表 9-1。

表 9-1　　　　　　　　部分可燃气体和油品的爆炸极限

可燃气体	爆炸浓度极限/%（体积）		油品名称	爆炸浓度极限/%（体积）	
	下限	上限		下限	上限
甲烷	4.9	15	溶剂油	1.4	6.0
乙烷	3.22	12.45	航空煤油	1.4	7.5
丙烷	2.1	9.5	煤油	0.8	6.5
丁烷	1.5	8.5	车用汽油	1.0	8.0
天然气	1.1	16	柴油	0.6	6.5

可燃气体或可燃液体蒸气与空气或氧气混合后，在某一浓度范围内，遇到火源将引起爆炸，此浓度范围称为混合气体的爆炸浓度极限，简称爆炸极限，通常用体积百分数表示。其中遇火源发生爆炸的最低浓度称为爆炸下限，而能够发生爆炸的最高浓度称为爆炸上限。在低于爆炸下限和高于爆炸上限浓度时，既不爆炸，也不着火。这时由于前者的可燃物浓度不够，过量空气的冷却作用阻止了火焰的蔓延；而后者则是空气不足，火焰不能蔓延的缘故。

可燃性混合物的爆炸极限范围越宽，其爆炸危险性越大，这是因为爆炸极限越宽，则出现爆炸条件的机会就越多。爆炸下限越低，少量的可燃物（如汽油蒸气，少量的液化石油气、天然气）稍有泄漏就会形成爆炸条件；爆炸上限越高，则有少量的空气渗入容器，就能与容器内的可燃物混合形成爆炸条件。生产经营过程中，应根据各种可燃物质所具有爆炸极限的不同特点，采取严防跑、冒、滴、漏和空气与可燃物质形成爆炸性气体混合物。应当指出，可燃性混合物的浓度高于爆炸上限时，虽然不会燃烧和爆炸，但它从容器或管道里逸出，接触空气时能够燃烧，因此仍有发生着火的危险。

2. 爆炸危险度

可燃气体或蒸气的爆炸危险性还可以用爆炸危险度来表示。爆炸危险度是爆炸浓度极限范围与爆炸下限浓度之比值，其计算公式如下：

$$爆炸危险度=\frac{爆炸上限浓度-爆炸下限浓度}{爆炸下限浓度}$$

爆炸危险度说明气体或蒸气的爆炸浓度极限范围越宽，爆炸下限浓度越低，爆炸上限浓度越高，其爆炸危险性就越大。

（四）可燃物质化学性爆炸的条件

可燃物质的化学性爆炸必须同时具备下列三个条件才能发生：

（1）存在可燃气体、易燃液体的蒸气或薄雾。

（2）上述气体按一定的比例与空气或氧气相混合，形成爆炸性气体混合物，其浓度在爆炸极限范围之内。

（3）存在足够引燃该混合物的引燃能量，如火花、电弧或高温。

对于每一种可燃气体（蒸气）的爆炸性混合物，都有一个引起爆炸的最小点火能量，低于该能量，混合物就不爆炸。最小点火能量的单位通常以 mJ 表示。

（五）防爆技术措施的基本理论

防止可燃物质化学性爆炸三个基本条件的同时存在，就是防爆技术的基本理论。也可以说，防止可燃物质化学性爆炸全部技术措施的实质，就是制止化学性爆炸三个基本条件的同时存在。加油站、加气站生产经营过程情况复杂，因此需要根据不同的条件，采取各种相应的防护措施。但从总体来说，预防爆炸的技术措施，都是在防爆技术基本理论指导下采取的。

三、燃烧和化学爆炸的关系

分析和比较燃烧与可燃物质化学性爆炸的条件可以看出，两者都需具备可燃物、氧化剂和着火源这三种基本因素。因此，燃烧和化学性爆炸就其本质来说是相同的，都是可燃物质的氧化反应，而它们的主要区别在于氧化速度不同。

通过以上比较可以清楚地看出，燃烧和爆炸的区别不在于物质所含燃烧热的大小，而在于物质燃烧的速度。燃烧速度（即氧化速度）越快，燃烧热的释放越快，所产生的破坏力也越大。由于燃烧和化学性爆炸的主要区别在于物质的燃烧速度，所以火灾和爆炸的发展过程有显著的不同。火灾有初期阶段、发展阶段和衰弱熄灭阶段等过程，造成的损失随着时间的延续而加重，因此，一旦发生火灾，如能尽快地进行扑救，即可减少损失。化学爆炸实质上是瞬间的燃烧，通常在 1 s 之内爆炸过程已经完成，由于爆炸威力所造成的人员伤亡、设备毁坏和建构筑物倒塌等巨大损失均发生在顷刻之间，猝不及防，因此爆炸一旦发生，损失已无从减免。

燃烧和化学爆炸还存在这样的关系，即两者可随条件而转化。同一物质在一种条件下可以燃烧，在另一种条件下可以爆炸。例如，油罐发生爆炸之后，接着往往是一场大火；而在某些情况下是先火灾而后爆炸，卸空的油罐车在着火时，可燃蒸气不断消耗，而又不能及时补充较多的可燃蒸气，因而浓度不断下降，当蒸气浓度下降进入爆炸极限范围时，则发生爆炸。

第二节　灭火基本方法及防爆措施

一、灭火的基本方法

可燃物质发生燃烧和燃烧传播必须同时具备几个条件，缺一不可。灭火就是为了破坏已产生的燃烧条件，抑制燃烧反应过程的继续。根据燃烧原理和灭火实践，灭火的基本方法有：窒息法、冷却法、隔离法和负催化抑制法四种。各种灭火方法都有其特点，它们的效能是相辅相成的，在实际灭火中，应根据火灾的性质特点具体分析，采取相应的灭火方法。一般是两种或三种方法相结合进行。冷却法是最常用的灭火方法。

1. 窒息灭火法

窒息灭火法就是阻止空气流入燃烧区，或用不燃物质冲淡空气使燃烧物质断绝氧气的助燃而熄灭。减少空气中氧气含量的灭火方法，适应于扑救密闭的房间的生产装置设备内发生的火灾。这些部位发生火灾的初期，空气充足，燃烧发展比较迅速。随着燃烧时间的延长，由于封闭在这些部位内部的空气（氧气）越来越少，烟雾及其他燃烧的产物逐渐充满空间，因此，燃烧的不完全性加强，燃烧强度降低。当空气中氧的含量低于 9％～18％时，燃烧即将停止。

在火场上运用窒息的方法扑灭火灾时，可采用石棉被、浸湿的棉被、帆布等不燃或难燃材料，覆盖燃烧物或封闭孔洞；用水蒸气、高倍数泡沫充入燃烧区域；利用建筑物上原有的门窗以及生产设备上的部件封闭燃烧区。采用窒息法扑灭火灾，只有燃烧部位空间较小，容易堵塞封闭，并在燃烧区域内没有氧化剂存在的条件下，才能采取这种方法。在采用窒息方法灭火时，必须在确认火已熄灭，方可打开孔洞进行检查。严防因过早地打开封闭的孔洞而使新鲜空气流入燃烧区，引起复燃。

2. 冷却灭火法

冷却灭火法就是将灭火剂直接喷洒在燃烧物质上，将可燃物质的温度降低到燃点以下，终止燃烧，是扑救火灾的常用方法。在火场上，除用冷却法扑灭火灾外，在必要的情况下，可用冷却剂冷却建构筑物构件、生产装置、设备容器，减少遭受火焰辐射，防止结构变形和火灾蔓延扩大。

3. 隔离灭火法

隔离灭火法就是将燃烧物体与附近的可燃物质隔离或疏散开，使燃烧停止。这种方法适用于扑救各种固体、液体、气体火灾。采用隔离灭火法的具体措施有：将火焰附近的可燃、易燃、易爆和助燃物质，从燃烧区内转移到安全地点；关闭阀门，阻止气体、液体流入燃烧区；排除生产装置、设备容器内的可燃气体或液体；设法阻拦流散的易燃、可燃液体或扩散的可燃气体；拆除与火源相毗连的易燃建构筑物，形成防止火势蔓延的空间地带；以及用水流封闭等方法扑救稳定性火炬型火灾。

4. 负催化抑制灭火法

负催化抑制灭火法是使灭火剂参加到燃烧反应过程中去，使燃烧过程产生的游离基消失，形成稳定分子或低活性的游离基，使燃烧反应终止。干粉灭火剂和"1211"灭火剂都属于参与燃烧过程中断燃烧连锁反应的灭火剂，故使用这类灭火剂时必须将灭火剂准确地喷射在燃烧区内，使灭火剂参与燃烧反应，否则，将起不到抑制燃烧反应的作用，达不到灭火目的。负催化抑制灭火法的灭火速度较快，但也易复燃，因燃烧区内的可燃物温度短时间降低幅度不大，一旦新鲜空气得到补充，活性基团增多，若不采用其他灭火剂覆盖冷却极易复燃。

二、加油（气）站防爆措施

（1）首先应在生产工艺设计中消除或减少可燃气体、易燃液体的蒸气或薄雾的产生及积聚。具体措施有：

① 工艺流程中应尽量采用系统密闭流程，减少油气外泄开口，工艺参数在符合生产技术要求下选用较低的压力和温度，将危险气体、液体尽可能限制在密闭容器内，并尽量杜绝油气"跑、冒、滴、漏"现象的发生。

② 合理布置总平面和单体平面，在工艺平面布置中要尽量限制和缩小危险区域的范围，尽量将易爆厂房（烃泵房、CNG 压缩机间、调压间等）与其他非爆炸厂房、油罐区、CNG 储气瓶组分隔开，并留有一定的安全距离，以防爆炸事故蔓延。明火区一般集中布置在离油罐较远的边部。

③ 工艺管网应合理布置排放口、放空口、取样口，应尽量减少法兰、丝扣等活动连接部位，管线尽量采用直接埋地敷设，若采用管沟敷设必须用干砂填实。

④ 采用氮气或其他惰性气体防护，使危险物质与空气隔离。如 LPG 储罐气体空间可充装氮气覆盖液面。

（2）防止爆炸气体混合物的形成，减少其达到爆炸极限的概率。具体措施有：

① 尽量采用露天式、开敞式或半开敞式建筑物，以有利于室内爆炸气体的自由扩散和稀释。对天然气压缩机房、储气瓶组及液化石油气接卸点以及类似的一些工艺生产厂房等，设计时宜采用开敞式或半开敞式建筑结构。

② 设置必要的通风装置。对加气站来讲，CNG 压缩机房、调压间，LPG 输液泵房、压缩机房及其类似的生产厂房，当采用封闭式建筑物时，必须设置机械通风使室内空气强制流通。

（3）消除或控制电气设备及线路产生火花、电弧或高温的可能性。根据爆炸危险区域等级及爆炸气体混合物的级别和组别，采用相应类型或高于上述级别和组别的电气设备。例如 LPG 加气站泵房、CNG 压缩机间爆炸危险区域为 1 区，为避免电火花的产生，应选用相应的防爆电气设备才能符合防爆要求。

（4）设置自动检测、安全报警装置，对区域内散发和积聚爆炸性气体或蒸气进行浓度检测，当可燃气体或油蒸气浓度接近爆炸下限（LEL）的 25%，可燃气体检测报警系统自动报警，发出声、光报警信号，预告操作人员及时采取处理措施。

第三节　加油站灭火器材

灭火器体积小，轻便灵活，机动性强，灭火准备时间短，人们稍经训练即能掌握其操作使用方法，它是加油站火灾中较理想的大众化灭火工具。

一、灭火剂与灭火器

灭火剂是指能够在燃烧区域内有效地破坏燃烧条件，终止燃烧而达到灭火目的的物质。其灭火机理在于当灭火剂被喷射到燃烧区域后，通过一系列的物理化学作用，能使燃烧物冷却；燃烧物与氧气隔绝；燃烧区内氧的浓度降低；燃烧的连锁反应中断，最终导致维持燃烧的必要条件受到破坏，从而停止燃烧反应，起到灭火作用。因此，选用灭火剂必须具备以下条件：首先要求灭火效率高，能以最快的速度扑灭火灾；其次要求使用方便，设备简单，来源丰富；第三灭火费用低，投资成本少，并且对人体或物质基本无害。因此必须掌握各种灭火剂的性能、灭火机理和适用范围，正确地选用灭火剂，对防火、灭火具有重要作用。

灭火器是指把灭火剂储存在特制容器内的小型灭火设备。灭火器机动性强，操作简便，可以移动，主要用来扑救初期火灾和小面积火灾，是加油站必备的灭火器材，加油站常用干粉、二氧化碳、泡沫灭火器三种类型。

（一）水

水是最常用的天然灭火剂，水的灭火机理主要是冷却和窒息作用。当将水喷洒到燃烧物体上时，会大量吸收燃烧物的热量，每千克水可吸收 2.57 MJ 的热量，使燃烧物的温度降低，起到冷却和降温作用。雾状水滴与火焰接触后，水滴很快变成水蒸气，体积急剧增大。每千克水大约可转化为 1.7 m³ 水蒸气，使保护面积扩大，阻止空气进入燃烧区，降低了燃烧区域内氧的含量。在一般情况下，空气中含有 30%（体积）以上的水蒸气，燃烧就会停止。

水的灭火应用范围是受到限制的。水主要用来冷却建构筑物和设施，如冷却加油站、加气站设施和储罐，控制火灾扩大。水不能扑救带电电气设备火灾。由于水的密度比油品大，又不溶于石油产品，故不能用水直接扑救油品火灾。

（二）干粉灭火剂及灭火器

干粉灭火剂又称粉末灭火剂。它是一种干燥的、易于流动的微细固体粉末，一般借助于专用灭火器或灭火设备中的气体压力，将干粉从容器中喷出，以粉雾的形式灭火。干粉灭火剂是由灭火基料、少量的防潮剂和流动促进剂组成的微细固体颗粒。基料一般在 90% 以上，添加剂含量在 10% 以下。这类灭火剂具有灭火效力大、灭火速度快、无毒、不腐蚀、不导电、久储不变质等优点，是加油站中主要的灭火剂。

干粉灭火剂按其使用范围分为：

BC 类（普通）：扑救可燃液体、可燃气体及带电设备的火灾；

ABC（多用）类：扑救可燃固体、可燃液体、可燃气体及带电设备的火灾；

D 类：扑救轻金属火灾。

在加油站一般配置 BC 类（普通）干粉灭火剂。

1. 干粉灭火器的种类

干粉灭火器一般是以高压二氧化碳气体或氮气作为喷射动力，将装在容器内的粉末呈雾状压出。干粉灭火器主要有 MF 型手提式、MFT 推车式和 MFB 背负式三种。按照盛装高压气体的动力瓶位置的不同，分为外装式和内装式两种结构。动力瓶安在干粉桶身外的，称为外装式；动力瓶安在干粉桶体内的，称为内装式。

2. 干粉灭火器的使用

使用手提式干粉灭火器时，应手提灭火器的提把，迅速赶到着火点。在室外使用时，应占据上风方向。使用前需将其上下颠倒几次，使筒内干粉松动，拔下保险销，一手握住喷嘴，对准火源，一手用力压下压把，干粉便会从喷嘴喷射出来。使用推车式干粉灭火器时，一般由两人操作，一人手握喷粉胶管，对准火源，另一人逆时针旋转动力瓶手轮，待压力表指针达到 0.98 MPa（10 kgf/cm^2）时，打开灭火器开关，干粉即可喷出。

使用干粉灭火器灭火时要对准火焰根部，左右扫射，由近而远快速推进，直至火焰全部扑灭。使用干粉灭火器时应注意：一是干粉灭火器灭火过程中应保持直立状态，不得横卧或颠倒使用；二是注意干粉灭火器灭火后防止复燃。

干粉的不足之处是灭火后留有残渣，因而不宜用于扑救精密机械设备、精密仪器等火灾。

3. 干粉灭火器的维护保养

干粉灭火器平时应置于干燥通风及使用方便的地方，并注意防潮和防日光曝晒。各连接部件要拧紧，每年要检查一次体内干粉的结块情况，无结块或粉末仍为白色易流动状态，可继续使用。动力瓶每三年作一次 21 MPa 的水压试验，每半年称重一次，若重量减少 10%，须补充二氧化碳。干粉灭火器可反复使用。

（三）二氧化碳灭火剂及灭火器

二氧化碳是一种广泛使用的灭火剂，它是无色无味、不燃烧、不助燃、不导电、无腐蚀性的惰性气体。

1. 二氧化碳灭火器的种类

二氧化碳灭火器有手提式和推车式两种类型，其中手提式又有 MT 型手轮式和 MTZ 型鸭嘴式两种。

2. 二氧化碳灭火器的使用

使用 MT 型灭火器时，先去掉铅封，翘起喷筒对准火源，转动手轮，打开阀门，瓶内高压气体即自行喷出；使用 MTZ 型灭火器应先拔去保险插销，一手持喷筒，另一手紧压压把，气体即喷出。

由于二氧化碳灭火器的射程近，喷射时间短。因此，在喷射时要迅速果断，接近火源，从近处喷起，快速向前扫射推进。使用中应注意机身的垂直，不可颠倒使用，以防止液体喷出。灭火时手要握住喷管木柄，切勿用手接触喷筒，以免冻伤。

另外空气中二氧化碳含量达 5%～6% 时，就会使人头晕呕吐；达 8%～10% 时，会使人感到呼吸困难甚至窒息。因此，灭火时应站在上风位置，顺风喷射，在空气不流通的场所，要特别注意安全。

二氧化碳灭火器适宜扑救 600 V 以下带电设备、仪器仪表、易燃气体和燃烧面积不大的易燃液体火灾。

3. 二氧化碳灭火器的维护保养

二氧化碳灭火器应放置在干燥、通风和易于取放的地点。存放地点的温度不得超过 42 ℃，因为钢瓶受热，液态二氧化碳会变为气态，使压力剧增，易发生物理性爆炸事故。因此，灭火器应远离火源，避免日光暴晒。

对二氧化碳灭火器应经常进行例行检查：

（1）二氧化碳灭火器应保持清洁，油漆无锈蚀，喷嘴保持畅通，如有堵塞，应及时疏通，检查推车式灭火器的行走机构是否灵活；

（2）每隔三个月检查一次重量，做好记录，如果发现二氧化碳灭火器重量减少 1/10 时，检查灭火器压力表指针是否在绿色区域，如指针在红色区域，则表明灭火器的压力已低于规定值，应查明原因，检修后重新灌装；

（3）二氧化碳灭火器由消防专业部门进行灌装，重新灌装后应由消防专业部门进行水压和气密性试验，不合格者不得使用。

（四）泡沫灭火剂及灭火器

能够与水混溶，并可通过化学反应或机械方法产生灭火泡沫的药剂，称为泡沫灭火剂。按照泡沫生成机理，泡沫灭火剂可分为化学泡沫灭火剂和空气机械泡沫灭火剂两大类。加油（气）站主要选用化学泡沫灭火剂。

由两种药剂的水溶液通过化学反应产生的灭火泡沫称为化学泡沫。化学泡沫由发泡剂、泡沫稳定剂或其他添加剂组成，目前有 YP 型和 YPB 型两种。

用机械方法把空气吸入含有少量泡沫液的水溶液中所产生的泡沫称为空气机械泡沫，简称空气泡沫。

1. 化学泡沫灭火剂的种类

目前国内泡沫灭火器主要有 MP 型手提式、MPZ 型手提舟车式和 MPT 型推车式三种。

2. 化学泡沫灭火剂的使用

泡沫灭火器用于火场灭火时，使两种溶液相混合后，即产生泡沫。对于 MP 型灭火器，只要将筒身颠倒，两种溶液即混合，产生的泡沫从喷嘴喷出；MPZ 型则应先将瓶盖把手向上扳起或旋松手轮，然后再颠倒筒身；对于 MPT 型灭火器的使用，需一人施放喷管，双手握住喷枪对准燃烧物，另一人转动手轮，开启瓶塞，然后将筒身倒放，再打开喷射系统的旋塞阀。

泡沫灭火器在使用时应注意以下几点：

（1）手提式因无法控制开关，在提往火场途中，筒身不能倾斜或振荡，更不能扛在肩上，否则会使内外药液混合而喷出。

（2）灭火时，人宜站在上风位置，尽量接近火源，喷射时应从边缘开始，由点到面，逐渐覆盖整个燃烧面。

（3）灭火器药液必须一次用完，切勿中途堵住喷嘴，否则易发生爆炸事故。

3. 化学泡沫灭火剂的维护保养

泡沫灭火器的维护保养应注意以下几点：

（1）存放灭火器地点的环境温度应在 0～45 ℃之间，以防气温过低冻结，气温过高而引起药剂分解。

（2）灭火器的放置地点应便于取用，同时，应注意干燥、通风。

（3）经常检查灭火器喷嘴是否堵塞，如有堵塞，应及时疏通。灭火器有无锈蚀或损坏，表面涂漆有无脱落。

（4）每隔半年进行一次定期检查，检查筒盖、滤网安装是否牢固，滤网、喷枪、喷管是否堵塞。对于推车式灭火器还应检查瓶口密封圈是否腐蚀，安全阀有无堵塞，车轮是否灵活可靠。

（5）装药一年后，必须检查药液是否符合规定的技术要求，若不符合，应及时更换。

二、灭火器材的配置

（一）加油（气）站灭火器材的配置

根据标准《汽车加油加气站设计与施工规范》，加油站、加气站、加油加气合建站的灭火器材配置应符合下列规定：

（1）每 2 台加气机应设置不少于 1 只 8 kg 手提式干粉灭火器或 2 只 4 kg 手提式干粉灭火器；加气机不足 2 台按 2 台计算。

（2）每 2 台加油机应设置不少于 1 只 4 kg 手提式干粉灭火器和 1 只泡沫灭火器；加油机不足 2 台按 2 台计算。

（3）地上储罐应设 35 kg 推车式干粉灭火器 2 只。当两种介质储罐之间的距离超过 15 m 时，应分别设置。

（4）地下储罐应设置 35 kg 推车式干粉灭火器 1 只。当两种介质储罐之间的距离超过 15 m 时，应分别设置。

（5）泵、压缩机操作间（棚）应按建筑面积每 50 m² 设 8 kg 手提式灭火器 1 只，总数不应少于 2 只。

（6）一、二级加油站应配置灭火毯 5 块，沙子 2 m³；三级加油站应配置灭火毯 2 块，沙子 2 m³。加油加气合建站按同级别的加油站配置灭火毯和沙子。

（7）其余建筑的灭火器材配置应符合现行国家标准《建筑灭火器配置设计规范》的规定。

（二）灭火器的设置要求

（1）灭火器应设置在明显和便于取用的地点，且不得影响安全疏散。

（2）灭火器应设置稳固，其铭牌必须朝外。

（3）手提式灭火器宜设置在挂钩、托架上或灭火器箱内，其顶部离地面高度应小于 1.5 m；底部离地面高度不宜小于 0.15 m。

（4）灭火器不应设置在潮湿或腐蚀性的地点，当必须设置时，应有相应的保护措施。设置在室外的灭火器，应有保护措施。

（5）灭火器不得设置在超出其使用温度范围的地点。

三、消防给水设施

加油站、压缩天然气加气站、加油和压缩天然气加气合建站可不设消防给水系统；液化石油气加气站、加油和液化石油气加气合建站应设消防给水系统。加气站、加油加气合建站应就近利用城镇或企业已建的供水系统，如已有的供水系统不能满足消防供水的要求，应自建消防给水系统，消防供水量应按固定式消防用水量和移动式消防冷却用水量之和计算。

加气站、加油加气合建站的生产、生活给水管道宜和消防水管道合并设置，并且当生产、生活用水达到最大用水量时仍应保证消防用水量。

液化石油气加气站、加油和液化石油气加气合建站应就近利用城镇或企业已建的供水系统，如已有的供水系统不能满足消防供水的要求，应自建消防给水系统，消防供水量应按固定式消防用水量和移动式消防冷却用水量之和计算。

液化石油气加气站的消防供水设计应符合下列规定：

（1）采用地上储罐的加气站，消火栓消防用水量按 20 L/s 设计；总容量超过 50 m³ 或单罐容积超过 20 m³ 的储罐还应设置固定式消防冷却系统，供水强度不应小于 0.15 L/（m² · s），着火罐按全面积计算，距着火罐直径（卧式罐按其直径和长度之和的一半）1.5 倍范围内相邻储罐按其表面积的一半计算。

（2）采用埋地储罐的加气站，一级站消火栓消防用水量应不小于 15 L/s；二、三级站应不小于 10 L/s。

（3）液化石油气储罐地上布置时，消防供水时间不应小于 3 h；液化石油气储罐埋地敷设时，消防供水时间不应小于 1 h。

当液化石油气加气站、加油和液化石油气加气合建站利用城市消防供水管道时，室外消火栓与地上液化石油气储罐的距离易为 30～50 m，三级站的液化石油气储罐如果离市政消火栓距离不大于 80 m，且市政消火栓供水压力大于 0.2 MPa 时，可不设室外消火栓。

当液化石油气加气站、加油和液化石油气加气合建站自建消防给水系统时，消防水泵宜设 2 台；当设 2 台消防水泵时，可不设备用泵。

第四节　加油站火灾扑救

火灾是指在时间或空间上失去控制的燃烧所造成财产损失或人身伤亡的事故。没有造成损失或伤亡的燃烧现象称为火情或火警。火灾都是有小到大发展起来的，一般发展过程分燃烧、稳定燃烧、扩大燃烧及熄灭四个阶段。初燃阶段燃烧不稳定，温度低，火焰不高，燃烧面积小。稳定燃烧阶段放出大量热量，进一步促使可燃物发生分解，燃烧开始稳定，温度上升，燃烧猛烈，辐射热量大。扩大燃烧阶段燃烧面积大，温度更高，辐射热更强，以致引燃邻近可燃物，火灾扩大。熄灭阶段可燃物急剧氧化，基本上燃烧已尽，并逐渐熄灭，不需扑救即自灭。

由此可见，有效地扑灭火灾，应在火灾的初燃阶段，或者在稳定的燃烧阶段，否则扑灭火灾的成功率是很低的。加油站消防工作方针也是基于这个基础。

一、加油站灭火作战预案的确定

为取得加油站灭火战斗的主动权，有效地扑救火灾，减少火灾损失，平时应做好灭火作战准备，根据加油站的具体情况制订出灭火作战预案，编制图表说明，作为训练和实战的主要依据，其主要内容包括：

(1) 组织领导和指挥系统。

(2) 加油站地理位置，储罐位置数量和容积，加油机位置及数量，输油管线走向，其他油品等可燃物的存放地点、数量。

(3) 建筑物的结构形式、耐火等级、面积、高度、内部设施及相互间的距离。

(4) 灭火作战人员的配备、分工、警卫力量的布置、物资抢救、人员疏散措施及相应的操作程序。

(5) 各种消防器材的数量、摆放位置、应急补充措施。

(6) 对外通讯联络及外援力量的部署、指挥等。

二、发生火灾后应注意的事项

加油站发生火灾后，应采取积极主动的方法，就地取用灭火器材，把火灭掉。如火势蔓延，在采取有效防范措施的同时，尽快向消防部门报警。

(1) 主动切断电源，停止一切作业，关闭阀门。

(2) 按照灭火预案迅速组织灭火。根据各自的分工，该报警的要报警，不能延误战机。

(3) 有秩序地疏散人员、车辆，进出口两侧要有人监视和控制。

(4) 及时收理票证、现金等贵重物品。

(5) 引导外部力量支援。

(6) 保护好火灾现场，以便善后处理，并查明原因。

三、加油站火灾的扑救方法

1. 加油站收发作业中车辆火灾的扑救

(1) 收油时发生火警，必须立即扑救，同时关闭油罐车放油阀门，必要时将车迅速撤离现场。

(2) 如果是车辆在加油中油箱口着火，可用石棉毯将油箱口堵严，使火窒息；或用干粉灭火器扑灭。

(3) 如果是摩托车发动机着火，应停止加油，设法将油箱盖盖上，然后用灭火器将火扑灭。

(4) 车辆发生火灾，一时不能扑灭时，必须边扑救，边将车撤离油站，继续扑救；同时指挥在场车辆迅速疏散，防止蔓延。

2. 扑救油罐汽车火灾的方法

（1）若油罐汽车在卸油时起火，应首先停止卸油，迅速驶离现场，再进行扑救。

（2）如果是油罐车罐口着火，可首先停止卸油，用石棉毯将罐口盖上，或使用其他覆盖物（如湿棉衣、湿麻袋）堵严罐口将油火扑灭。当火势较猛时，应使用灭火器对准罐口将火扑灭。

3. 站房或操作室内火灾的扑救

（1）首先应停止加油，切断电源，关闭油罐阀门。

（2）组织人员迅速用灭火器扑救。

（3）指挥加油车辆立即驶离加油站。

4. 敞口容器内油品火灾的扑救

敞口容器蒸发面积大，如果用油盆装汽油清洗汽车或其他机械的零件是很容易发生火灾的。当敞口容器内的油品发生火灾时，其扑救方法如下：

（1）不可用水浇，不要急于将盆内的零件取出，防止取零件时将油火带出盆外或将油火飞溅到人身上，或在取零件时将油盆翻倒，将油火四处流散，给扑救带来困难。

（2）用加油站的干粉或泡沫、二氧化碳灭火器进行扑救。

（3）可用石棉被或浸过水的棉被、麻袋等覆盖着火容器，使油火窒息。

5. 电气火灾的扑救

（1）发生电气火灾时，首先应切断电源，然后用二氧化碳或干粉灭火器扑灭。

（2）电气火灾严禁用泡沫灭火器、水和湿棉被进行灭火。

（3）当无法切断电源时，灭火人员应身着耐火并绝缘的鞋靴、服装，防止触电；然后用二氧化碳灭火器或干粉灭火器直接向电气着火源喷射灭火剂灭火，并应尽快设法切断电源，全面灭火。

6. 加油站因油蒸气燃烧或爆炸，威胁整个加油站安全时，应采取以下程序扑救

（1）立即停止加油，关闭阀门，切断电源。

（2）清理疏通站内或站外消防道路，并进行火灾报警。

（3）指挥加油车辆迅速驶离加油站，并派人在交叉路口等待和引导消防车。

（4）组织在场人员利用站内现有灭火器材扑灭火灾，同时转移油桶等小型储油容器，最大限度地减少火灾损失。

（5）配合消防队按预定方案投入灭火战斗。

7. 人身上着火的扑救

当人身上着火时，常惊慌失措或急于找人解救拔脚就跑，这种方法是错误的。因为人身上粘上油火时，一般是先烧衣服，如果人一跑，着火的衣服得到充足的空气，火就会更猛烈地燃烧起来。另外，着火的人一跑，势必将火种带到经过的地方，有可能扩大火灾。因此，人身上着火应注意以下几点：

（1）衣服能脱下来时，就应迅速地脱下，浸入水中，或用脚踩灭，或用灭火器、水扑灭。

（2）如果衣服来不及脱，可就地打滚，把火扑灭。

（3）如果有两个以上人在场，未着火的人要镇定沉着，立即用随手可以拿到的麻袋、衣服、扫帚等朝着火人身上的火点覆盖、扑打或浇水，或帮他脱下衣服，但应注意，不能用灭火器向人身体上喷射，以免扩大伤势。

四、液化石油气 LPG 加气站火灾的扑救

LPG 火灾的扑救主要是指对初期火灾的临场扑救。常采取的措施如下。

1. 堵塞泄漏，杜绝火种

消除液化石油气的泄漏，杜绝火种的产生，这是消除其火灾蔓延最重要的步骤。无论火灾是否发生，当液化石油气继续从工艺装置中外泄时，都要立即采取措施将泄漏点控制住，同时切断电源和严禁一切明火的发生。

（1）关闭漏点管道上的阀门时，应站在上风向，并离开气雾区。要尽可能把距漏点最近的上游阀门关闭。

（2）对产生泄漏还没有着火的情况，堵漏时要严防着火，不得使用非防爆电器，禁止金属物品之间产生撞击和碰撞，并在四周设立警戒区，警戒区内不得有任何火源存在。

2. 控制火区，扑灭火灾

在切断气源的同时，即应启用消防器材，用喷雾水枪驱散 LPG 气体，向火区喷发干粉或二氧化碳灭火剂，以阻断空气与火苗及液化石油气的继续接触，即使气源未能彻底切断，此项工作也要进行。

3. 严密组织，指挥得当

发生 LPG 火灾，加气站现场工作人员应保持冷静，理智处置，迅速采取相应对策，及时报警。站长应立即担负起组织扑救的责任，做到准确判断火情，合理调度指挥，正确采取对策，按灭火预案进行灭火。

第十章　加油（气）站事故隐患排查治理与安全检查

第一节　加油（气）站事故隐患排查与整改

随着加油站、加气站的发展，新技术、新工艺、新设备的不断涌现，安全管理会出现跟不上新的发展要求、工作不相适应的情况，如加油站人员的变动、设备的更新、加油站周围环境的改变，以及旧的隐患整改掉、新的危险因素又出现等，都需要及时地发现并加以解决。因此，必须采取各种形式的隐患排查，不断地发现、不断地消除生产经营中的不安全因素，才能保证生产经营安全顺利地进行。

一、生产经营单位的事故隐患排查职责

（1）生产经营单位是事故隐患排查、治理和防控的责任主体。

生产经营单位应当建立健全事故隐患排查治理和建档监控等制度，逐级建立并落实从主要负责人到每个从业人员的隐患排查治理和监控责任制。

（2）生产经营单位应当保证事故隐患排查治理所需的资金，建立资金使用专项制度。

（3）生产经营单位应当定期组织安全生产管理人员、工程技术人员和其他相关人员排查本单位的事故隐患。对排查出的事故隐患，应当按照事故隐患的等级进行登记，建立事故隐患信息档案，并按照职责分工实施监控治理。

（4）生产经营单位应当建立事故隐患报告和举报奖励制度，鼓励、发动职工发现和排除事故隐患，鼓励社会公众举报。对发现、排除和举报事故隐患的有功人员，应当给予物质奖励和表彰。

（5）生产经营单位将生产经营项目、场所、设备发包、出租的，应当与承包、承租单位签订安全生产管理协议，并在协议中明确各方对事故隐患排查、治理和防控的管理职责。生产经营单位对承包、承租单位的事故隐患排查治理负有统一协调和监督管理的职责。

（6）安全监管监察部门和有关部门的监督检查人员依法履行事故隐患监督检查职责时，生产经营单位应当积极配合，不得拒绝和阻挠。

（7）生产经营单位应当每季、每年对本单位事故隐患排查治理情况进行统计分析，并分别于下一季度 15 日前和下一年 1 月 31 日前向安全监管监察部门和有关部门报送书面统计分析表。统计分析表应当由生产经营单位主要负责人签字。

对于重大事故隐患，生产经营单位除依照前款规定报送外，应当及时向安全监管监察部门和有关部门报告。重大事故隐患报告内容应当包括：

① 隐患的现状及其产生原因；

② 隐患的危害程度和整改难易程度分析；

③ 隐患的治理方案。

（8）对于一般事故隐患，由生产经营单位（车间、分厂、区队等）负责人或者有关人员立即组织整改。

对于重大事故隐患，由生产经营单位主要负责人组织制定并实施事故隐患治理方案。重大事故隐患治理方案应当包括以下内容：

① 治理的目标和任务；

② 采取的方法和措施；

③ 经费和物资的落实；

④ 负责治理的机构和人员；

⑤ 治理的时限和要求；

⑥ 安全措施和应急预案。

（9）生产经营单位在事故隐患治理过程中，应当采取相应的安全防范措施，防止事故发生。事故隐患排除前或者排除过程中无法保证安全的，应当从危险区域内撤出作业人员，并疏散可能危及的其他人员，设置警戒标志，暂时停产停业或者停止使用；对暂时难以停产或者停止使用的相关生产储存装置、设施、设备，应当加强维护和保养，防止事故发生。

（10）生产经营单位应当加强对自然灾害的预防。对于因自然灾害可能导致事故灾难的隐患，应当按照有关法律、法规、标准的要求排查治理，采取可靠的预防措施，制定应急预案。在接到有关自然灾害预报时，应当及时向下属单位发出预警通知；发生自然灾害可能危及生产经营单位和人员安全的情况时，应当采取撤离人员、停止作业、加强监测等安全措施，并及时向当地人民政府及其有关部门报告。

（11）地方人民政府或者安全监管监察部门及有关部门挂牌督办并责令全部或者局部停产停业治理的重大事故隐患，治理工作结束后，有条件的生产经营单位应当组织本单位的技术人员和专家对重大事故隐患的治理情况进行评估；其他生产经营单位应当委托具备相应资质的安全评价机构对重大事故隐患的治理情况进行评估。

经治理后符合安全生产条件的，生产经营单位应当向安全监管监察部门和有关部门提出恢复生产的书面申请，经安全监管监察部门和有关部门审查同意后，方可恢复生产经营。申请报告应当包括治理方案的内容、项目和安全评价机构出具的评价报告等。

二、隐患整改的目的和要求

任何一个加油站会或多或少的存在事故隐患，这就要求我们不仅善于发现隐患，而且还必须加以整改。这就要求加油站平时要做好安全检查的工作，对在检查中查出来的隐患和问题，要及时予以解决，做到边查边改，发现一处整改一处。加油站自己能整改的，应积极进行整改处理，限于技术条件和资金困难一时无法整改的，除采取可靠的防范措施外，还应上报主管部门，提出整改计划。整改要做到"三定"（即定措施、定时间、定负责人），由主管部门督促整改处理。整改处理落实情况作为下一次安全检查的内容，使检查出来的隐患做到条条有着落，件件有交代。

第二节　加油站安全检查

一、安全检查的内容

加油站安全检查的主要内容包括：安全责任制落实情况、作业现场安全管理、设备技术状况、灭火作战预案以及隐患整改情况等。具体来讲：

（1）检查加油站每个职工的安全责任制是否健全并严格执行；各项安全制度是否健全并认真执行；安全教育制度能否认真执行，做没做到新职工的岗前安全教育；对发生的事故是否做到"四不放过"。

（2）深入加油站现场，检查加油机、电气设备、管道、储罐等及其附件是否安全可靠（包括防雷接地、防静电接地、保护接地、设备运行情况等）；安全防火距离是否符合规范；消防器材配置是否符合要求；检测报警系统及保险连锁装置是否灵敏、可靠。

（3）检查生产经营过程中的劳动纪律、工作纪律和操作纪律；检查加油站员工有无脱岗、串岗；有无不按规定穿戴劳动保护品；有无在站内吸烟、爆炸危险区域打手机；有无违反操作规程、操作方法等。

（4）检查加油站是否制定重点区域灭火作战预案，灭火作战预案是否确实可行；检查隐患整改情况等。

二、安全检查的种类

加油站应认真贯彻"预防为主"的方针，坚持从自检自查为主、上级主管监督检查相结合的原则，分级落实安全工作。加油站安全检查采取日常、定期、不定期三种类型。

1. 日常检查

日常检查是以加油站员工为主体的检查形式，各班班长或安全员督促做好班前准备工作和检查离班前的交接收整工作，督促本班员工执行安全制度的岗位责任制，遵守操作规程。站长应经常深入现场进行安全检查，发现不安全问题，及时督促有关部门解决。

2. 定期检查

定期检查一般包括周检查、月检查、季度检查、年度大检查和节日前检查。

周检查由加油站负责人对加油设备、储罐、电气设备、消防器材、交接班记录等进行检查，是否存在安全隐患。

月检查由加油站的主管公司负责组织，主要是对加油站安全工作进行全面检查以便发现问题，研究解决安全管理上存在的问题，把整改措施具体落实到部门、具体人和整改时限，总结讲评安全管理工作，进行安全教育。

季度检查是以本地的气候、环境特点，有重点地检查生产经营活动。春秋季检查以防雷、防静电、防火为重点，夏季检查以防台风、防雷、防汛为重点，冬季检查以防火、防爆为重点。

节日检查的目的和要求除同月检查外，重点落实加油站节假日的防火、防盗、值班的组织安排工作。如"五一""十一"、春节等节日检查，在节日前进行。

年度大检查是一年一度的安全评比大检查。

3. 专业性检查

专业性检查一般分为专业安全检查和专题安全调查。它是对某一项危险性大的安全专业和某一个安全生产薄弱环节进行专门检查和专题单项调查。调查比检查工作进行得要细，内容要详，并且要作出分析报告。两者目的都是为了及时查清隐患和问题的现状、原因和危险性，提出预防和整改的建议，督促消除和解决。

专业性检查是不定期的，它的提出是根据上级部门的要求，对生产中暴露出来的问题，本着预测预防的目的而确定，因而有较大的针对性和专业要求。

4. 不定期检查

不定期检查是检查前不通知受检单位或部门而进行的检查。不定期检查一般由上级部门组织进行，带有突击性，可以发现受检单位或部门安全生产的持续性程度，以弥补定期检查的不足。不定期检查主要作为主管部门对下属单位或部门进行抽查。

三、安全检查的方法

安全检查的具体方法很多，一般常采用以下几种方法：

（1）加油站实地检查。深入加油站现场，靠直感、凭经验和检测仪表（接地电阻测定仪、可燃性气体检测仪等）进行实地检查。

（2）查阅资料。为了使检查工作做得细致和深入，在检查中必须查阅有关资料，以便核对、统计、分析和对比。

（3）提问和抽查考试。为了检查加油站的安全管理水平和员工素质，可采取对某个加油站员工进行个别提问和抽查考试，检验其真实情况和水平，便于在各加油站之间进行比较。

（4）座谈会和汇报会。在周检查或进行内容单一的小型检查时，往往以开座谈会的方法，以讨论某项安全措施的经验或教训。上级检查下级加油站前先听取下级自检等情况汇报；或者对一个公司检查完后再开一个汇报会，检查组把检查出的问题进行通报，提出整改意见限期解决，并给予评价。

第十一章　加油（气）站事故预防与应急管理

第一节　加油（气）站安全事故等级划分和事故报告

一、事故的分级

根据《生产安全事故报告和调查处理条例》，事故划分为特别重大事故、重大事故、较大事故和一般事故 4 个等级：

（1）特别重大事故，是指造成 30 人以上死亡，或者 100 人以上重伤（包括急性工业中毒，下同），或者 1 亿元以上直接经济损失的事故；

（2）重大事故，是指造成 10 人以上 30 人以下死亡，或者 50 人以上 100 人以下重伤，或者 5000 万元以上 1 亿元以下直接经济损失的事故；

（3）较大事故，是指造成 3 人以上 10 人以下死亡，或者 10 人以上 50 人以下重伤，或者 1000 万元以上 5000 万元以下直接经济损失的事故；

（4）一般事故，是指造成 3 人以下死亡，或者 10 人以下重伤，或者 1000 万元以下直接经济损失的事故。

二、事故报告

事故报告是生产经营单位的义务。《生产安全事故报告和调查处理条例》和《生产安全事故信息报告和处置办法》要求事故报告应当及时、准确、完整，任何单位和个人对事故不得迟报、漏报、谎报或者瞒报，不得阻挠和干涉对事故的报告。

（1）事故发生后，事故现场有关人员应当立即向本单位负责人报告；生产经营单位发生生产安全事故或者较大涉险事故，其单位负责人接到事故信息报告后应当于 1 小时内报告事故发生地县级安全生产监督管理部门。

（2）发生较大以上生产安全事故的，事故发生单位在 1 小时内报告事故发生地县级安全生产监督管理部门的同时，还应当在 1 小时内报告省级安全生产监督管理部门。

（3）发生重大、特别重大生产安全事故的，事故发生 1 小时内报告事故发生地县级、省级安全生产监督管理部门的同时，可以立即报告国家安全生产监督管理总局。

（4）报告事故信息，应当包括下列内容：

① 事故发生单位的名称、地址、性质、产能等基本情况；

② 事故发生的时间、地点以及事故现场情况；

③ 事故的简要经过（包括应急救援情况）；

④ 事故已经造成或者可能造成的伤亡人数（包括下落不明、涉险的人数）和初步估计的直接经济损失；

⑤ 已经采取的措施；

⑥ 其他应当报告的情况。

（5）使用电话快报的事故信息，应当包括下列内容：

① 事故发生单位的名称、地址、性质；

② 事故发生的时间、地点；

③ 事故已经造成或者可能造成的伤亡人数（包括下落不明、涉险的人数）。

（6）事故具体情况暂时不清楚的，负责事故报告的单位可以先报事故概况，随后补报事故全面情况。

第二节　加油（气）站事故预防措施

一、防混油措施

不同油品或不同标号的油品相混，会使得油品质量下降，使加油站蒙受经济损失，影响加油站的正常营业。倘若混油后的油品加入车辆，还会造成油路故障或车辆损坏，甚至威胁生命和财产安全，损坏加油站形象。防止混油有以下措施：

（1）卸油员会同驾驶员对罐车油品及交运单品种进行核对。

（2）坚持来油监卸制度，卸油过程中必须设专人负责监卸。

（3）卸油口用鲜明标志书写油品标号，核对卸油罐与罐车所装品种是否相符。

二、防冒油措施

据资料介绍，冒油事故有 73％属于责任事故，20％是由于设备事故造成。由于油品有流动扩散的特性，冒油事故发生后，油品迅速向四周扩散和蒸发，所以加油站一旦发生冒油事故，不易控制，还易引发火灾事故，故必须搞好冒油事故的防治工作。

（1）加强计量工作。接卸前通过液位计或人工计量检测确认卸油罐的空容量。

（2）按工艺流程要求连接卸油管，做到接头结合紧密，卸油管自然弯曲。

（3）坚持来油监卸制度，卸油过程中必须设专人负责监卸，卸油员集中精力监视、观察卸油管线、相关阀门等设备的运行情况，随时准备处理可能发生的问题。同时，罐车司机不得远离现场。

（4）防止设备老化或带伤作业。加油站应定期对站内有关设备进行检查维护。

三、防漏油措施

1. 防油箱溢油

机械式加油机并同时配有普通加油枪的加油作业中，极易发生油箱溢油事故。特别对一些摩托车、助动车等，由于油箱容量小，附近又安装有电气线路、发动机，加油时应特别注意。

现在已普遍换代的电脑加油机，一次作业加油总量可以预置，在加油接近总量时会自动控制减慢流量。配有自封性能的加油枪，当加油枪口接触油液面时会自动封枪停泵。这些设备都有效地避免了加油作业中油箱溢油事故的发生，但也经常会由于加油枪自封部件的损坏或司机估计油箱容量不准而发生溢油事故，故应经常检测和维护加油枪的自封部件。

2. 防油箱漏油

这是因为司机对油箱已破损的状况并不了解，在加油中一边加油一边漏油，此时应停止加油（漏油数量较多时还应用铁桶接住），并将车推走，远离加油机后，再检查油箱（注意不得在站内修理），及时清除地面油污。

3. 防加油枪漏油或胶管破损

加油枪漏油是指加油枪口封闭部件渗漏及胶管连接处渗漏。另外，胶管在长期的作业中，也可能由于某一局部频繁曲折、摩擦、损坏而产生渗漏，故使用加油枪时不能用力拉动胶管，同时防止加油枪胶管被车辆碾压，加油完毕应迅速将胶管收起。

4. 防加油机渗漏

加油机易产生渗漏的部位是进油口下法兰口与吸入管口法兰连接处，油泵、油分离器排出口等。加油机一旦发生渗漏，应立即停止加油，然后放空回油、关阀、切断电源进行检查。

四、火种管理措施

（1）严禁烟火（火柴、香烟和打火机）。站内严禁烟火在加油站人所共知，但在实际工作中却还存在着一定差距。管理人员和安全员在日常检查中，要特别注意在加油场地、营业室内外、值班室、卫生间附近是否有烟头。

（2）禁用非防爆电器。严禁在爆炸危险区域和火灾危险区域使用非防爆电器。要注意在油站停电或夜间作业时，不得采用非防爆灯具进行照明检修和作业。

加油站营业室、值班室、休息间，严禁使用电炉、电饭煲、电茶壶、热得快等易引起火灾的电器。

（3）机动车熄火加油，拖拉机、摩托车推离危险区域后发动。行驶中的车辆排出的尾气中可能有未燃尽的油气所携带的火星，所以任何车辆都必须熄火后加油。摩托车、助动车和拖拉机的完全燃烧程度低，特别在启动时，其尾气中的火星更多，故要求拖拉机、摩托车推离危险区域后发动。

（4）严禁在站内检修车辆、敲打铁器等易产生火花的作业。

（5）严格执行明火管理制度，防止意外事故发生。

五、防静电措施

加油站产生静电的主要因素有：汽车油罐车在运油过程中产生静电；接卸过程中储油罐产生静电；油品在输油管线中产生静电；油品在过滤器、泵和计量器中产生静电；作业人员人体静电。

1. 卸油前连接好静电接地线

输油管线与储油罐都安装有静电接地装置，卸油前必须连接好静电接地线，否则为违章作业。个别加油站在打开卸油阀门后才接上静电接地夹，而且有的接到油罐车的绝缘部位，这样将影响静电荷的泄漏。

2. 检测接地电阻值

加油站防雷、防静电接地装置每年至少在雷雨季节前检测一次其有效性。油罐、站房和罩棚的接地电阻值不得超过 10 Ω，输油管线的接地电阻值不得超过 30 Ω，卸油静电接地电阻值不得超过 100 Ω。

3. 经常检查加油枪胶管上的金属屏蔽线和机体之间的静电连接

加油枪胶管上的金属屏蔽线和机体之间的静电连接由于经常移动，有可能发生断裂，从而造成静电事故。某加油站曾经发生过在加油过程中油箱爆燃事故，经检查是加油枪上的静电接地导线断裂造成的。所以操作人员应经常检查加油枪胶管上的静电接地导线的完整性。

4. 严禁向塑料桶直接加注汽油

向绝缘的塑料桶直接加注汽油时，由于塑料的绝缘会使桶内的油品静电荷大量积聚，静电电压很快升高，当静电电压升高到静电放电电压时，发生静电放电引燃油蒸气，发生火灾事故。正确的操作是将油品加入铁桶内，再将铁桶提到安全区域，通过漏斗将油品注入塑料桶内。

此外，严禁向汽车汽化器直接加注汽油。这是因为直接向汽车汽化器加注汽油易发生回火引燃发动机外的油品。

5. 作业人员要穿防静电工作服，以消除人体静电

化纤面料服装在穿着摩擦时会产生很高的静电电压，会产生静电火花，具有相当的危险性。所以，加油站员工的工作服必须是防静电面料或全棉面料，不允许穿化纤服装上岗操作，更不允许在加油现场穿脱、拍打化纤服装，避免发生静电事故。

6. 弱电系统（通讯、信号、监测和微机控制等）

应按有关专业规定或产品技术的要求，采取防雷措施。

六、防电气火灾

加油站一旦发生电气火灾，后果很难预料，故应特别重视电气的选型、安装和操作。平时在检查电气线路时应注意：电气是否老化；配线、接线是否松动和脱落；电器设施是否有

破损等。

七、其他事故的预防

加油站除应重视搞好火灾事故的预防外，还应重视防盗、防骗和防抢劫，确保人、财、物的安全，其防范措施主要有：

（1）加油站应采取防盗措施。如安装防盗门窗、通讯报警电话等。

（2）当天的油票当天清，如剪角、盖付讫章等。当天的现金应及时送解银行，少量现金及时放入保险柜。

（3）加油站应通过提高加油员的防伪鉴别技术，采用新技术印票，缩短新旧票更换时间等手段来防止出现假钞和假票。

（4）推广 IC 卡在加油站的应用，组成 IC 卡加油机管理系统。使用 IC 卡不仅提高了工作效率，并且在销售过程中减少了现金交易量，安全可靠。

第三节　加油（气）站事故应急救援预案

制定事故应急预案是贯彻落实"安全第一、预防为主、综合治理"的方针，提高应对风险和防范事故的能力，保证职工安全健康和公众生命安全，最大限度地减少财产损失、环境损害和社会影响的重要措施。

事故应急预案在应急系统中起着关键作用，它明确了在突发事故发生之前、发生过程中以及刚刚结束之后，谁负责做什么、何时做，以及相应的策略和资源准备等。它是针对可能发生的重大事故及其影响、后果的严重程度，为应急准备和应急响应的各个方面所预先作出的详细安排，是开展及时、有序和有效的事故应急救援工作的行动指南。

一、事故应急救援预案类型

生产经营单位应急预案分为综合应急预案、专项应急预案和现场处置方案。

（1）综合应急预案，是指生产经营单位为应对各种生产安全事故而制定的综合性工作方案，是本单位应对生产安全事故的总体工作程序、措施和应急预案体系的总纲。

（2）专项应急预案，是指生产经营单位为应对某一种或者多种类型生产安全事故，或者针对重要生产设施、重大危险源、重大活动防止生产安全事故而制定的专项性工作方案。

（3）现场处置方案，是指生产经营单位根据不同生产安全事故类型，针对具体场所、装置或者设施所制定的应急处置措施。

二、事故应急预案的编制要求

（1）有关法律、法规、规章和标准的规定；

（2）本地区、本部门、本单位的安全生产实际情况；

（3）本地区、本部门、本单位的危险性分析情况；

（4）应急组织和人员的职责分工明确，并有具体的落实措施；

（5）有明确、具体的应急程序和处置措施，并与其应急能力相适应；

（6）有明确的应急保障措施，满足本地区、本部门、本单位的应急工作需要；

（7）应急预案基本要素齐全、完整，应急预案附件提供的信息准确；

（8）应急预案内容与相关应急预案相互衔接。

三、应急预案的编制过程

编制应急预案应当成立编制工作小组，由本单位有关负责人任组长，吸收与应急预案有关的职能部门和单位的人员，以及有现场处置经验的人员参加。

编制应急预案前，编制单位应当进行事故风险评估和应急资源调查。

事故风险评估，是指针对不同事故种类及特点，识别存在的危险危害因素，分析事故可能产生的直接后果以及次生、衍生后果，评估各种后果的危害程度和影响范围，提出防范和控制事故风险措施的过程。

应急资源调查，是指全面调查本地区、本单位第一时间可以调用的应急资源状况和合作区域内可以请求援助的应急资源状况，并结合事故风险评估结论制定应急措施的过程。

生产经营单位应急预案应当包括向上级应急管理机构报告的内容、应急组织机构和人员的联系方式、应急物资储备清单等附件信息。附件信息发生变化时，应当及时更新，确保准确有效。

生产经营单位组织应急预案编制过程中，应当根据法律、法规、规章的规定或者实际需要，征求相关应急救援队伍、公民、法人或其他组织的意见。

生产经营单位编制的各类应急预案之间应当相互衔接，并与相关人民政府及其部门、应急救援队伍和涉及的其他单位的应急预案相衔接。

生产经营单位应当在编制应急预案的基础上，针对工作场所、岗位的特点，编制简明、实用、有效的应急处置卡。应急处置卡应当规定重点岗位、人员的应急处置程序和措施，以及相关联络人员和联系方式，便于从业人员携带。

交通运输生产经营单位应当对本单位编制的应急预案进行论证。

应急预案的评审或者论证应当注重基本要素的完整性、组织体系的合理性、应急处置程序和措施的针对性、应急保障措施的可行性、应急预案的衔接性等内容。

生产经营单位的应急预案经评审或者论证后，由本单位主要负责人签署公布，并及时发放到本单位有关部门、岗位和相关应急救援队伍。事故风险可能影响周边其他单位、人员的，生产经营单位应当将有关事故风险的性质、影响范围和应急防范措施告知周边的其他单位和人员。

四、事故应急救援预案的内容

1. 事故应急预案的内容

应急预案是针对可能发生的重大事故所需的应急准备和应急响应行动而制定的指导性文件，其核心内容如下：

（1）对紧急情况或事故灾害及其后果的预测、辨识和评估。

（2）规定应急救援各方组织的详细职责。

（3）应急救援行动的指挥与协调。

（4）应急救援中可用的人员、设备、设施、物资、经费保障和其他资源，包括社会和外部援助资源等。

（5）在紧急情况或事故灾害发生时保护生命、财产和环境安全的措施。

（6）现场恢复。

（7）其他，如应急培训和演练，法律法规的要求等。

2. 事故应急预案的核心要素

应急预案是整个应急管理体系的反映，它不仅包括事故发生过程中的应急响应和救援措施，而且还应包括事故发生前的各种应急准备和事故发生后的紧急恢复，以及预案的管理与更新等。因此，一个完善的应急预案按相应的过程可分为 6 个一级关键要素，包括：

（1）方针与原则；

（2）应急策划；

（3）应急准备；

（4）应急响应；

（5）现场恢复；

（6）预案管理与评审改进。

这 6 个一级要素相互之间既相对独立，又紧密联系，从应急的方针、策划、准备、响应、恢复到预案的管理与评审改进，形成了一个有机联系并持续改进的体系结构。

五、应急预案的评审

（1）生产经营单位应当对本单位编制的应急预案进行论证。

（2）生产经营单位的应急预案经论证后，由生产经营单位主要负责人签署公布。

六、应急预案的备案

生产经营单位应当在应急预案公布之日起 20 个工作日内，按照分级属地原则，向安全生产监督管理部门和有关部门进行告知性备案。

中央企业总部（上市公司）的应急预案，报国务院主管的负有安全生产监督管理职责的部门备案，并抄送国家安全生产监督管理总局；其所属单位的应急预案报所在地的省、自治区、直辖市或者设区的市级人民政府主管的负有安全生产监督管理职责的部门备案，并抄送同级安全生产监督管理部门。

前款规定以外的非煤矿山、金属冶炼和危险化学品生产、经营、储存企业，以及使用危险化学品达到国家规定数量的化工企业、烟花爆竹生产、批发经营企业的应急预案，按照隶属关系报所在地县级以上地方人民政府安全生产监督管理部门备案；其他生产经营单位应急预案的备案，由省、自治区、直辖市人民政府负有安全生产监督管理职责的部门确定。

生产经营单位申报应急预案备案，应当提交下列材料：

（1）应急预案备案申报表；

（2）应急预案评审或者论证意见；

（3）应急预案文本及电子文档；

（4）风险评估结果和应急资源调查清单。

受理备案登记的负有安全生产监督管理职责的部门应当在5个工作日内对应急预案材料进行核对，材料齐全的，应当予以备案并出具应急预案备案登记表；材料不齐全的，不予备案并一次性告知需要补齐的材料。逾期不予备案又不说明理由的，视为已经备案。

对于实行安全生产许可的生产经营单位，已经进行应急预案备案的，在申请安全生产许可证时，可以不提供相应的应急预案，仅提供应急预案备案登记表。

七、应急预案的实施

生产经营单位应当组织开展本单位的应急预案、应急知识、自救互救和避险逃生技能的培训活动，使有关人员了解应急预案内容，熟悉应急职责、应急处置程序和措施。应急培训的时间、地点、内容、师资、参加人员和考核结果等情况应当如实记入本单位的安全生产教育和培训档案。

生产经营单位应当制定本单位的应急预案演练计划，根据本单位的事故风险特点，每年至少组织一次综合应急预案演练或者专项应急预案演练，每半年至少组织一次现场处置方案演练。

应急预案演练结束后，应急预案演练组织单位应当对应急预案演练效果进行评估，撰写应急预案演练评估报告，分析存在的问题，并对应急预案提出修订意见。

应急预案编制单位应当建立应急预案定期评估制度，对预案内容的针对性和实用性进行分析，并对应急预案是否需要修订作出结论。

应急预案修订涉及组织指挥体系与职责、应急处置程序、主要处置措施、应急响应分级等内容变更的，修订工作应当参照本办法规定的应急预案编制程序进行，并按照有关应急预案报备程序重新备案。

生产经营单位应当按照应急预案的规定，落实应急指挥体系、应急救援队伍、应急物资及装备，建立应急物资、装备配备及其使用档案，并对应急物资、装备进行定期检测和维护，使其处于适用状态。

生产经营单位发生事故时，应当第一时间启动应急响应，组织有关力量进行救援，并按照规定将事故信息及应急响应启动情况报告安全生产监督管理部门和其他负有安全生产监督管理职责的部门。

生产安全事故应急处置和应急救援结束后，事故发生单位应当对应急预案实施情况进行总结评估。

八、应急预案的修订

（1）应急预案演练结束后，应急预案演练组织单位应当对应急预案演练效果进行评估，撰写应急预案演练评估报告，分析存在的问题，并对应急预案提出修订意见。

（2）应急预案编制单位应当建立应急预案定期评估制度，对预案内容的针对性和实用性进行分析，并对应急预案是否需要修订作出结论。

矿山、金属冶炼、建筑施工企业和易燃易爆物品、危险化学品等危险物品的生产、经营、储存企业、使用危险化学品达到国家规定数量的化工企业、烟花爆竹生产、批发经营企业和中型规模以上的其他生产经营单位，应当每三年进行一次应急预案评估。

应急预案评估可以邀请相关专业机构或者有关专家、有实际应急救援工作经验的人员参加，必要时可以委托安全生产技术服务机构实施。

（3）有下列情形之一的，应急预案应当及时修订并归档：

① 依据的法律、法规、规章、标准及上位预案中的有关规定发生重大变化的；

② 应急指挥机构及其职责发生调整的；

③ 面临的事故风险发生重大变化的；

④ 重要应急资源发生重大变化的；

⑤ 预案中的其他重要信息发生变化的；

⑥ 在应急演练和事故应急救援中发现问题需要修订的；

⑦ 编制单位认为应当修订的其他情况。

（4）应急预案修订涉及组织指挥体系与职责、应急处置程序、主要处置措施、应急响应分级等内容变更的，修订工作应当参照本办法规定的应急预案编制程序进行，并按照有关应急预案报备程序重新备案。

第四节　加油（气）站事故应急演练

应急演练是针对情景事件，按照应急预案而组织实施的预警、应急响应、指挥与关系、现场处置与救援、评估总结等活动。应急预案的演练是检验、评价和保持应急能力的一个重要手段，它的重要作用是可在事故真正发生前，暴露预案和程序的缺陷，发现应急资源的不足，改善各应急部门、机构、人员之间的关系，增强公众应对突发重大事故救援的信心和应急意识，提高应急人员的熟练程度和技术水平，进一步明确各自的岗位与职责，提高各级预案之间的协调性，提高整体应急反应能力。

一、应急演练的分类及目的

按照应急演练的内容，可分为综合演练和专项演练；按照演练的形式，可分为现场演练和桌面演练；按照演练的目的，可分为检验性演练和研究性演练。

1. 应急演练目的

（1）检验应急预案，提高应急预案的科学性、实用性和可操作性；

（2）磨合应急机制，强化企业与企业、企业与救援队伍、企业内部不同部门和人员之间的协调与配合；

（3）锻炼应急队伍，提高应急人员在各种紧急情况下妥善处置突发事件的能力；

（4）教育广大职工，推广和普及应急知识，提高职工的风险防范意识与自救、互救能力；

（5）检验并提高应急装备和物资的储备标准、管理水平、适用性和可靠性；

（6）研究特定突发事件的预防及应急处置有效的方法与途径；

（7）找出其他需要解决的问题。

2. 综合演练的定义和目的

综合演练是根据情景事件要素，按照应急预案检验包括预警、应急响应、指挥与协调、现场处置与救援、保障与恢复等应急行动和应对措施的全部应急功能的演练活动。综合演练的目的是检验应急预案的针对性、应急程序的可操作性、应急处置与救援方案的适用性、应急机制运行的可靠性以及相关人员应急行动的熟练程度，全面提高综合应对突发事件的能力。

3. 专项演练的定义和目的

专项演练是根据情景事件要素，按照应急预案检验某项或数项应对措施或应急行动的部分应急功能的演练活动。专项演练的目的是检验应急预案单项或数个环节、层次应急行动或应对措施的针对性、可操作性、适用性，重点提高应急处置与救援能力。

4. 现场演练的定义和目的

现场演练是选择（或模拟）生产建设某个工艺流程或场所，现场设置情景事件要素，并按照应急预案组织实施预警、应急响应、指挥与协调、现场处置与救援等应急行动和应对措施的演练活动。现场演练的目的是检验应急预案规定的预警、应急响应、处置与救援、应急保障等应急行动或应对措施的针对性、时效性、协调性、可靠性，提高应急人员应对突发事件的实战能力。

5. 桌面演练的定义和目的

桌面演练是设置情景事件要素，在室内会议桌面（图纸、沙盘、计算机系统）上，按照应急预案模拟实施预警、应急响应、指挥与协调、现场处置与救援等应急行动和应对措施的演练活动。桌面演练的目的是检验和提高应急预案规定应急机制的协调性、应急程序的合理性、应对措施的可靠性。

6. 检验性演练的定义和目的

检验性演练是不预先告知情景事件，由应急演练的组织者随机控制，参演人员根据演练设置的突发事件信息，按照应急预案组织实施预警、应急响应、指挥与协调、现场处置与救援等应急行动和应对措施的演练活动。检验性演练的目的是检验负有应急管理职责的相关人员应对突发事件的实战能力，以及对应急预案的熟练程度。

7. 研究性演练的定义和目的

研究性演练是为验证突发事件发生的可能性、波及范围、风险水平以及检验应急预案的可操作性、实用性等而进行的预警、应急响应、指挥与协调、现场处置与救援等应急行动和应对措施的演练活动。研究性演练的目的是验证突发事件发生的可能性，波及范围以及风险水平，找出生产经营过程中的危险、有害因素，或者检验应急预案的可操作性、实用性等。

二、应急演练类型的选择

应急演练的组织者或策划者在确定采取哪种类型的演练方法时，应考虑以下因素：

（1）应急预案和响应程序制定工作的进展情况。

（2）本辖区面临风险的性质和大小。

（3）本辖区现有应急响应能力。

（4）应急演练成本及资金筹措状况。

（5）有关政府部门对应急演练工作的态度。

（6）应急组织投入的资源状况。

（7）国家及地方政府部门颁布的有关应急演练的规定。

无论选择何种演练方法，应急演练方案必须与辖区重大事故应急管理的需求和资源条件相适应。

三、应急演练的工作要求

（1）应急演练工作必须遵守国家相关法律、法规、标准的有关规定；

（2）应急演练应纳入本单位应急管理工作的整体规划，按照规划组织实施；

（3）应急演练应结合本单位安全生产过程中的危险源、危险、有害因素、易发事故的特点，根据应急预案或特定应急程序组织实施；

（4）根据需要合理确定应急演练类型和规模；

（5）制定应急演练过程中的安全保障方案和措施；

（6）应急演练应周密安排、结合实际、从难从严、注重过程、实事求是、科学评估；

（7）不得影响和妨碍生产系统的正常运转及安全。

四、应急演练的基本内容

1. 预警与通知

接警人员接到报警后，按照应急预案规定的时间、方式、方法和途径，迅速向可能受到突发事件波及区域的相关部门和人员发出预警通知，同时报告上级主管部门或当地政府有关部门、应急机构，以便采取相应的应急行动。

2. 决策与指挥

根据应急预案规定的响应级别，建立统一的应急指挥、协调和决策机构，迅速有效地实施应急指挥，合理高效地调配和使用应急资源，控制事态发展。

3. 应急通讯

保证参与预警、应急处置与救援的各方，特别是上级与下级、内部与外部相关人员通讯联络的畅通。

4. 应急监测

对突发事件现场及可能波及区域的气象、有毒有害物质等进行有效监控并进行科学分析和评估，合理预测突发事件的发展态势及影响范围，避免发生次生或衍生事故。

5. 警戒与管制

建立合理警戒区域，维护现场秩序，防止无关人员进入应急处置与救援现场，保障应急救援队伍、应急物资运输和人群疏散等的交通畅通。

6. 疏散与安置

合理确定突发事件可能波及区域，及时、安全、有效的撤离、疏散、转移、妥善安置相关人员。

7. 医疗与卫生保障

调集医疗救护资源对受伤人员合理检伤并分级，及时采取有效的现场急救及医疗救护措施，做好卫生监测和防疫工作。

8. 现场处置

应急处置与救援过程中，按照应急预案规定及相关行业技术标准采取的有效技术与安全保障措施。

9. 公众引导

及时召开新闻发布会，客观、准确地公布有关信息，通过新闻媒体与社会公众建立良好的沟通。

10. 现场恢复

应急处置与救援结束后，在确保安全的前提下，实施有效洗消、现场清理和基本设施恢复等工作。

11. 总结与评估

对应急演练组织实施中发现的问题和应急演练效果进行评估总结，以便不断改进和完善应急预案，提高应急响应能力和应急装备水平。

12. 其他

根据相关行业（领域）安全生产特点所包含的其他应急功能。

五、应急演练计划

1. 应急演练计划的内容

应针对本部门（单位）安全生产特点对应急演练活动进行整体规划，编写应急演练年度计划，内容通常包括：演练的目的、类型、形式、时间、地点、内容，参与演练的部门、人员、演练经费预算等。

2. 应急演练计划的要求

应急演练计划应以本部门、本行业（领域）或本单位安全生产应急预案为基本依据，针对可能发生的突发事件，着重提高初期应急处置和协同救援的能力。演练频次应满足应急预案的规定，演练范围应有一定的覆盖面。

六、应急演练活动的筹备

1. 综合演练活动的筹备

（1）筹备方案。

综合演练活动，特别是有多个部门联合组织或者具有示范性的大型综合演练活动，为确保应急演练活动的安全、有序，达到预期效果，应当制定应急演练活动筹备方案。筹备方案通常包括成立组织机构、演练策划与编写演练文件、确定演练人员、演练实施等方面的内容。负责演练筹备的单位，可根据演练规模的大小，对筹备演练的组织机构与职责进行合理调整，在确保相应职责能够得到有效落实的前提下，缩减或增加组织领导机构。

（2）组织机构与职责。

综合演练活动可以成立综合演练活动领导小组，下设策划组、执行组、保障组、技术组、评估组等若干专业工作组。

① 领导小组。综合演练活动领导小组负责演练活动筹备期间和实施过程中的领导与指挥工作，负责任命综合演练活动总指挥与现场总指挥。组长、副组长一般由应急演练组织部门的领导担任，具备调动应急演练筹备工作所需人力和物力的权力。总指挥、现场总指挥可由组长、副组长兼任。

② 策划组。负责制定综合演练活动工作方案，编制综合演练实施方案；负责演练前、中、后的宣传报道，编写演练总结报告和后续改进计划。

③ 执行组。负责应急演练活动筹备及实施过程中与相关单位和工作组内部的联络、协调工作；负责情景事件要素设置及应急演练过程中的场景布置；负责调度参演人员、控制演练进程。

④ 保障组。负责应急演练筹备及实施过程中安全保障方案的制定与执行；负责所需物资的准备，以及应急演练结束后上述物资的清理归库；负责人力资源管理及经费的使用管理；负责应急演练过程中通信的畅通。

⑤ 技术组。负责监控演练现场环境参数及其变化，制定应急演练过程中应急处置技术方案和安全措施，并保障其正确实施。

⑥ 评估组。负责应急演练的评估工作，撰写应急演练评估报告，提出具有针对性的改进意见和建议。

（3）应急演练的策划。

① 确定应急演练要素。应急演练策划就是在应急预案的基础上，进行应急演练需求分析，明确应急演练目的和目标，确定应急演练范围，对应急演练的规模、参演单位和人员、情景事件及发生顺序、响应程序、评估标准和方法等进行的总体策划。

② 分析应急演练需求。在对现有应急管理工作情况以及应急预案进行认真分析的基础上，确定当前面临的主要和次要风险、存在的问题、需要训练的技能、需要检验或测试的设施和装备、需要检验和加强的应急功能和需要演练的机构和人员。

③ 明确应急演练目的。根据应急演练需求分析确定应急演练目的，明确需要检验和改进的应急功能。

④ 确定应急演练目标。根据应急演练目的确定应急演练目标，提出应急演练期望达到的

标准或要求。

⑤ 确定应急演练规模。根据应急演练目标确定演练规模。演练规模通常包括：演练区域、参演人员以及涉及的应急功能。

⑥ 设置情景事件，一般情况下设置单一情景事件。有时，为增加难度，也可以设置复合情景事件。即在前一个情景事件应急演练的过程中，诱发次生情景事件，以不断提出新问题考验演练人员，锻炼参演人员的应急反应能力。

在设置情景事件时，应按照突发事件的内在变化规律，设置情景事件的发生时间、地点、状态特征、波及范围以及变化趋势等要素，并进行情景描述。

⑦ 应急行动与应对措施。根据情景描述，对应急演练过程中应当采取的预警、应急响应、决策与指挥、处置与救援、保障与恢复、信息发布等应急行动与应对措施应预先设定和描述。

⑧ 需要注意的问题。

a. 策划人员应熟悉本部门（单位）的工艺与流程、设备状况、场地分布、周边环境等实际情况；

b. 情景事件的时间应使用北京时间，如因其他原因，应在应急演练前予以说明；

c. 应急演练中应尽量使用当时当地的气象条件或环境参数；

d. 应充分考虑应急演练过程中发生真实事故的可能性，必须制定切实有效的保障措施，确保安全。

（4）编写应急演练文件。

① 应急演练方案。应急演练方案是指导应急演练实施的详细工作文件，通常包括：应急演练需求分析、应急演练的目的、应急演练的目标及规模、应急演练的组织与管理、情景事件与情景描述、应急行动与应对措施预先设定和描述、各类参演人员的任务及职责。

② 应急演练评估指南和评估记录。应急演练评估指南是对评估内容、评估标准、评估程序的说明，通常包括：

a. 相关信息：应急演练目的和目标、情景描述，应急行动与应对措施简介等；

b. 评估内容：应急演练准备、应急演练方案、应急演练组织与实施、应急演练效果等；

c. 评估标准：应急演练目标实现程度的评判指标应具有科学性和可操作性；

d. 评估程序：为保证评估结果的准确性，针对评估过程做出的程序性规定。

应急演练评估记录是根据评估标准记录评估内容的照片、录像、表格等，用于对应急演练进行评估总结。

③ 应急演练安全保障方案。应急演练安全保障方案是防止在应急演练过程中发生意外情况而制定的，通常包括：

a. 可能发生的意外情况；

b. 意外情况的应急处置措施；

c. 应急演练的安全设施与装备；

d. 应急演练非正常终止条件与程序。

④ 应急演练实施计划和观摩指南。对于重大示范性应急演练，可以依据应急演练方案把应急演练的全过程写成应急演练实施计划（分镜头剧本），详细描述应急演练时间、情景事件、预警、应急处置与救援及参与人员的指令与对白、视频画面与字幕、解说词等。根据需

要，编制观摩指南供观摩人员理解应急演练活动内容，包括应急演练的主办及承办单位名称，应急演练时间、地点、情景描述、主要环节及演练内容等。

（5）确定参与应急演练活动人员。

① 控制人员。控制人员是指按照应急演练方案，控制应急演练进程的人员，通常包括总指挥、现场总指挥以及专业工作组人员。控制人员在应急演练过程中的主要任务是：确保应急演练方案的顺利实施，以达到应急演练目标；确保应急演练活动对于演练人员既具有确定性，又富有挑战性；解答演练人员的疑问，解决应急演练过程中出现的问题。

② 演练人员。演练人员是指在应急演练过程中，参与应急行动和应对措施等具体任务的人员。演练人员承担的主要任务是：按照应急预案的规定，实施预警、应急响应、决策与指挥、处置与救援、应急保障、信息发布、环境监控、警戒与管制、疏散与安置等任务，安全、有序完成应急演练工作。

③ 模拟人员。模拟人员是指在应急演练过程中扮演、代替某些应急机构管理者或情景事件中受害者的人员。

④ 评估人员。评估人员是指负责观察和记录应急演练情况，采取拍照、录像、表格记录等方法，对应急演练准备、应急演练组织和实施、应急演练效果等进行评估的人员。评估人员可以由相应领域内的专家、本单位的专业技术人员、主管部门相关人员担任，也可委托专业评估机构进行第三方评估。

2. 专项演练活动的筹备

专项应急演练的筹备可参考综合应急演练的筹备程序和内容，由于只涉及部分应急功能，负责演练筹备的单位可以根据需要进行适当调整。

七、应急演练的实施

1. 现场应急演练的实施

（1）熟悉演练方案。

应急演练领导小组正、副组长或成员召开会议，重点介绍有关应急演练的计划安排，了解应急预案和演练方案，做好各项准备工作。

（2）安全措施检查。

确认演练所需的工具、设备、设施以及参演人员到位。对应急演练安全保障方案以及设备、设施进行检查确认，确保安全保障方案的可行性，安全设备、设施的完好性。

（3）组织协调。

应在控制人员中指派必要数量的组织协调员，对应急演练过程进行必要的引导，以防出现发生意外事故。组织协调员的工作位置和任务应在应急演练方案中作出明确的规定。

（4）紧张有序开展应急演练。

应急演练总指挥下达演练开始指令后，参演人员针对情景事件，根据应急预案的规定，紧张有序地实施必要的应急行动和应急措施，直至完成全部演练工作。

（5）注意事项。

① 应急演练过程要力求紧凑、连贯，尽量反映真实事件下采取预警、应急处置与救援的

过程。

② 应急演练应遵照应急预案有序进行，同时要具有必要的灵活性；

③ 应急演练应重视评估环节，准确记录发现的问题和不足，并实施后续改进；

④ 应急演练实施过程应作必要的评估记录，包括文字、图片和声像记录等，以便对演练进行总结和评估。

2. 桌面应急演练的实施

桌面应急演练的实施可以参考现场应急演练实施的程序，但是由于桌面应急演练的组织形式、开展方式与现场应急演练不同，其演练内容主要是模拟实施预警、应急响应、指挥与协调、现场处置与救援等应急行动和应对措施，因此需要注意以下问题：

（1）桌面应急演练一般设一名主持人，可以由应急演练的副总指挥担任，负责引导应急演练按照规定的程序进行。

（2）桌面应急演练可以在实施过程中加入讨论的内容，以便于验证应急预案的可操作性、实用性，做出正确的决策。

（3）桌面应急演练在实施过程中可以引入视频，对情景事件进行渲染，引导情景事件的发展，推动桌面应急演练顺利进行。

八、应急演练的评估和总结

1. 应急演练讲评

应急演练的讲评必须在应急演练结束后立即进行。应急演练组织者、控制人员和评估人员以及主要演练人员应参加讲评会。

评估人员对应急演练目标的实现情况、参演队伍及人员的表现、应急演练中暴露的主要问题等进行讲评，并出具评估报告。对于规模较小的应急演练，评估也可以采用口头点评的方式。

2. 应急演练总结

应急演练结束后，评估组汇总评估人员的评估总结，撰写评估总结报告，重点对应急演练组织实施中发现的问题和应急演练效果进行评估总结，也可对应急演练准备、策划等工作进行简要总结分析。

应急演练评估总结报告通常包括以下内容。

（1）本次应急演练的背景信息；

（2）对应急演练准备的评估；

（3）对应急演练策划与应急演练方案的评估；

（4）对应急演练组织、预警、应急响应、决策与指挥、处置与救援、应急演练效果的评估；

（5）对应急预案的改进建议；

（6）对应急救援技术、装备方面的改进建议；

（7）对应急管理人员、应急救援人员培训方面的建议。

九、应急演练后续行动

1. 应急演练资料的归档与备案

应急演练活动结束后，将应急演练方案、应急演练评估报告、应急演练总结报告等文字资料，以及记录演练实施过程的相关图片、视频、音频等资料归档保存；对主管部门要求备案的应急演练资料，演练组织部门（单位）将相关资料报主管部门备案。

2. 应急预案的修改完善

根据应急演练评估报告对应急预案的改进建议，由应急预案编制部门按程序对预案进行修改完善。

3. 应急管理工作的持续改进

应急演练结束后，组织应急演练的部门（单位）应根据应急演练评估报告、总结报告提出的问题和建议，督促相关部门和人员，制定整改计划，明确整改目标，制定整改措施，落实整改资金，并应跟踪督查整改情况。

第五节　加油（气）站发生火灾时的现场处置

加油站发生火灾后，应采取积极主动的方法，就地取用灭火器材，把火灭掉。如火势蔓延，在采取有效防范措施的同时，尽快向消防部门报警。

（1）主动切断电源，停止一切作业，关闭阀门。

（2）按照灭火预案迅速组织灭火。根据各自的分工，该报警的要报警，不能延误战机。

（3）有秩序地疏散人员、车辆，进出口两侧要有人监视和控制。

（4）及时收理票证、现金等贵重物品。

（5）引导外部力量支援。

（6）保护好火灾现场，以便善后处理，并查明原因。

一、加油站火灾的扑救方法

1. 加油站收发作业中车辆火灾的扑救

（1）收油时发生火警，必须立即扑救，同时关闭油罐车放油阀门，必要时将车迅速撤离现场。

（2）如果是车辆在加油中油箱口着火，可用石棉毯将油箱口堵严，使火窒息或干粉灭火器扑灭。

（3）如果是摩托车发动机着火，应停止加油，设法将油箱盖盖上，然后用灭火器将火扑灭。

（4）车辆发生火灾，一时不能扑灭时，必须边扑救，边将车撤离油站，继续扑救。同时指挥在场车辆迅速疏散，防止蔓延。

2. 扑救油罐汽车火灾的方法

（1）若油罐汽车在卸油时起火，应首先停止卸油，迅速驶离现场，再进行扑救。

（2）如果是油罐车罐口着火，可首先停止卸油，用石棉毯将罐口盖上，或使用其他覆盖物（如湿棉衣、湿麻袋）堵严罐口将油火扑灭。当火势较猛时，应使用灭火器对准罐口将火扑灭。

3. 站房或操作室内火灾的扑救

（1）首先应停止加油，切断电源，关闭油罐阀门。

（2）组织人员迅速用灭火器扑救。

（3）指挥加油车辆立即驶离加油站。

4. 敞口容器内油品火灾的扑救

敞口容器蒸发面积大，如果用油盆装汽油清洗汽车或其他机械的零件是很容易发生火灾的。当敞口容器内的油品发生火灾时，其扑救方法如下：

（1）不可用水浇，不要急于将盆内的零件取出，防止取零件时将油火带出盆外或将油火飞溅到人身上，或在取零件时将油盆翻倒，将油火四处流散，给扑救带来困难。

（2）用加油站的干粉或泡沫、二氧化碳灭火器进行扑救。

（3）也可用石棉被或浸过水的棉被、麻袋等覆盖着火容器，使油火窒息。

5. 电气火灾的扑救

（1）发生电气火灾时，首先应切断电源，然后用二氧化碳或干粉灭火器扑灭。

（2）电气火灾严禁用泡沫灭火器、水和湿棉被进行灭火。

（3）当无法切断电源时，灭火人员应身着耐火并绝缘的鞋靴、服装，防止触电。然后用二氧化碳灭火器或干粉灭火器直接向电气着火源喷射灭火剂灭火，并应尽快设法切断电源，然后全面灭火。

6. 加油站因油蒸气燃烧或爆炸，威胁整个加油站安全时，应采取以下程序扑救

（1）立即停止加油，关闭阀门，切断电源。

（2）清理疏通站内或站外消防道路，并进行火灾报警。

（3）指挥加油车辆迅速驶离加油站，并派人在交叉路口等待和引导消防车。

（4）组织在场人员利用站内现有灭火器材扑灭火灾，同时转移油桶等小型储油容器，最大限度地减少火灾损失。

（5）配合消防队按预定方案投入灭火战斗。

7. 人身上着火的扑救

当人身上着火时，常惊慌失措或急于找人解救拔脚就跑，这种方法是错误的。因为人身上粘上油火时，一般是先烧衣服，如果人一跑，着火的衣服得到充足的空气，火就会更猛烈地燃烧起来。另外，着火的人一跑，势必将火种带到经过的地方，有可能扩大火灾。因此，人身上着火应注意以下几点：

（1）衣服能脱下来时，就应迅速地脱下，浸入水中，或用脚踩灭，或用灭火器、水扑灭。

（2）如果衣服来不及脱，可就地打滚，把火扑灭。

（3）如果有两个以上人在场，未着火的人要镇定沉着，立即用随手可以拿到的麻袋、衣服、扫帚等朝着火人身上的火点覆盖、扑打或浇水，或帮他脱下衣服，但应注意，不能用灭火器向人身体上喷射，以免扩大伤势。

二、液化石油气（LPG）加气站火灾的扑救

LPG火灾的扑救主要是指对初期火灾的临场扑救。常采取的措施如下。

1. 堵塞泄漏，杜绝火种

消除液化石油气的泄漏，杜绝火种的产生，这是消除其火灾蔓延最重要的步骤。无论火灾是否发生，当液化石油气继续从工艺装置中外泄时，都要立即采取措施将泄漏点控制住，同时切断电源和严禁一切明火的发生。

（1）关闭漏点管道上的阀门时，应站在上风向，并离开气雾区。要尽可能把距漏点最近的上游阀门关闭。

（2）对产生泄漏还没有着火的情况，**堵漏**时要严防着火，不得使用非防爆电器，禁止金属物品之间产生碰撞，并在四周设立警戒区，警戒区内不得有任何火源存在。

2. 控制火区，扑灭火灾

在切断气源的同时，即应启用消防器材，用喷雾水枪驱散LPG气体，向火区喷发干粉或二氧化碳灭火剂，以阻断空气与火苗及液化石油气的继续接触，即使气源未能彻底切断，此项工作也要进行。

3. 严密组织，指挥得当

发生LPG火灾时，加气站现场工作人员应保持冷静，理智处置，迅速采取相应对策，及时报警。站长应立即担负起组织扑救的责任，做到准确判断火情，合理调度指挥，正确采取对策，按灭火预案进行灭火。

第十二章　加油（气）站 HSE 管理体系

第一节　HSE 管理体系概论

一、实施健康、安全与环境管理体系的意义

健康、安全与环境管理体系（简称 HSE 管理体系）是近几年来，国际上石油、石化行业通行的管理体系。它是一种事前对自身活动进行风险分析，确定其可能发生的危害和后果，从而采取控制手段和防范措施，防止生产事故和职业危害、职业病的发生，以减少可能引起的人员伤害、财产损失和环境污染的有效的管理方法。

实施 HSE 管理体系的主要意义在于：

（1）满足政府对健康、安全和环境的法律、法规要求；

（2）为单位提出的总方针、总目标以及各方面具体目标的实现提供保证；

（3）减少生产事故和职业危害及职业病的发生，保障职工的安全与健康；

（4）保护环境，保护自然资源，满足可持续发展的要求；

（5）提高经济效益，改善单位的社会形象；

（6）增强单位的市场竞争能力；

（7）促进单位与国际接轨，进入国际市场。

二、HSE 管理体系的基本结构

目前，HSE 管理体系没有共同的标准，但是各个大企业集团公司实施的 HSE 管理体系的基本结构和关键要素具有相同的态度。

（1）按照"戴明"模式，即"计划—实施—评价—改进"模式，形成一个持续循环和不断改进的结构。

（2）由若干关键要素组成。主要有领导与承诺，方针与战略目标，组织机构、职责、资源与文件控制，风险评价与隐患治理，新建、改建、扩建装置建设；运行和维修，事故处理和预防，变更管理和应急管理，承包商和供应商管理，检查和监督，审核、评审和持续改进等。

（3）各个关键要素之间不是孤立的，而是密切相关的。其中领导与承诺是核心，方针与战略目标是方向，组织机构与职责、资源与文件作为支持，其他各项都是手段。

（4）在实践过程中，管理体系的要素和机构可以根据实际情况做适当调整。如前所述，各个 HSE 管理体系中关健康要素不尽相同。

第二节　　HSE 管理体系要素解析

一、领导与承诺

领导与承诺是指单位自上而下的各级管理层的领导与承诺，是 HSE 管理体系的核心。高层管理者应对健康、安全和环境的责任及管理提供强有力的领导和明确的承诺，并保证将领导与承诺转化为必要的资源，以建立、运行和保持 HSE 管理体系，实现既定的方针与战略目标。

1. 领导承诺的意义

单位高层管理者的承诺是对全体职工和社会的公开承诺，应表明以下观点。

（1）高层管理者对做好健康、安全和环境等负有首要责任和义务，各级最高管理者是 HSE 的第一责任人。

（2）HSE 管理是单位整个管理体系的优先项之一、（如管理层会议要把 HSE 议题放在首位；领导要参加及主持 HSE 会议及检查、评估活动等）。单位所有生产经营活动首先应满足 HSE 的要求。

（3）保证对体系的建立、实施和保持给予支持，配备资源（包括人力及其应有的权力、时间、资金及物质等）。

（4）保证建立与政府和公众联系的渠道，定期公布 HSE 的表现。

（5）鼓励全体职工、承包商、供应商和其他有关人员提出改善 HSE 的建议，积极参与到 HSE 体系的不断改进中来。

各级管理层的领导与承诺，除以上内容以外，还应表明：

（1）个人的管理责任中都应包括 HSE 的内容；

（2）单位内部和外部的 HSE 的活动、交流和创新。

2. 承诺内容提要

（1）对实现 HSE 管理体系政策、战略目标和计划的承诺。

（2）对 HSE 优先地位和有效实施 HSE 管理体系的承诺。

（3）对职工 HSE 表现的期望。

（4）对承包商的承诺。

（5）其他承诺。

3. 对承诺的要求

（1）由最高层领导在体系建立前提出，并形成文件。

（2）在正式提出之前，要征求职工和社会对承诺的意见。

（3）承诺要明确、简要，便于职工和公众理解、掌握。

（4）承诺要公开、透明，并利用各种形式加以宣传（如张贴、上网等）。

（5）应定期或不定期对承诺履行情况进行评估及改进。

（6）当条件发生变化时，应及时对承诺进行修改。

二、方针与战略目标

方针与战略目标由最高管理者制定和发布，是单位开展 HSE 管理工作的行为准则，它应体现在单位各层次的管理目标和计划之中，是单位制定 HSE 具体目标和指标的基础。

1. 方针与战略目标的内容

方针与战略目标至少应包括以下内容：

（1）遵守有关法律、法规、标准和其他应遵守的外部、内部要求；

（2）持续改进的原则；

（3）预防为主的原则；

（4）对职工的期望和对承包商的要求等。

方针与战略目标还可以包括下列有针对性的内容：

（1）健康，创建一个有利于职工健康的工作场所；

（2）安全，防止或减少生产事故；

（3）环境，逐步减少废气/废水和固体废物的排放，以最终消除对周围环境的有害影响。

2. 方针和战略目标应满足的要求

（1）符合或严于法律、法规、标准。

（2）与单位其他方针和目标具有同等重要性。

（3）与单位其他方针和目标保持一致，相互协调。

（4）得到各级组织的贯彻和实施。

（5）尽可能具体化、量化。

（6）尽可能减少单位的业务活动对 HSE 带来的风险和危害。

（7）公众易于获得。

（8）通过定期审核和评审，以达到持续改进的目的。

三、组织机构、职责、资源和文件控制

组织机构、职责、资源和文件控制是 HSE 管理体系正常运行的保障。

1. 组织机构

单位设立 HSE 管理委员会；各级部门建立相应的 HSE 管理机构，并对其职责和权限做出明确规定。

2. 职责

单位应依据国家法律、法规、标准，制定各级机构、人员的职责，主要包括：

（1）HSE 委员会和各级 HSE 管理机构的职责。HSE 委员会是 HSE 事务的决策机构；各级 HSE 管理机构负责 HSE 事务的组织与监督。

（2）各级职能部门（如生产、科研、计划、技术、设备、工程建设、供应、销售、财务、人事劳资、行政管理、医疗卫生、工会等）的 HSE 职责。各个职能部门的主要职责是在各自工作范围内，负责贯彻执行单位 HSE 管理体系的规定和要求，做好与 HSE 相关的工作，确保 HSE 方针和目标的实现。

（3）单位最高管理者、最高管理层的其他人员、职能部门负责人及管理人员、各级负责管理人员、班组长和全体职工的职责。做到单位每个成员都有明确的 HSE 职责。

单位应制定制度，通过定期检查，确保各项职责全面落实，并以此为依据，确定各部门、各人的业绩目标。职责履行的检查结果和部门、业绩目标的考核结果，都应记录、存档并反馈。

3. 资源

单位应优先安排用于 HSE 管理方面所需的人员、资金、设备设施和技术等，确保 HSE 管理体系的有效运行。

4. 文件控制

（1）文件范围。

单位应根据有关法律、法规、标准和本单位的具体情况确定所需获取和自行制定文件的范围。主要包括：

① 相关的国家法律、法规、标准；

② 所有的经主管部门审批的档案材料（如作业许可证等）；

③ 有关 HSE 管理体系的文件（如领导承诺、HSE 方针和目标、组织机构和职责、工作计划及实施程序、HSE 管理体系的审核及评审报告等）；

④ 有关生产装置的文件（如装置"三同时"验收报告、技术改造方案及实施程序、停产检修及技术改造前的检查记录等）；

⑤ 有关事故管理档案（如事故调查、处理报告、施工统计分析报告等）；

⑥ 对承包商、供应商的评估材料；

⑦ 各类报表；

⑧ 与 HSE 有关的其他文件。

（2）文件控制与修订。

① 单位应控制 HSE 管理文件，以确保 HSE 管理体系的顺利运行。

② 定期评审，必要时进行修订。

③ 应使政府有关机构、领导、管理人员及全体职工、承包商等随时都能够获得所需文件的现行的有效版本。

四、风险评价和隐患治理

从某种意义上说，风险评价和隐患治理是所有 HSE 工作的基础、核心及关键。单位的高层管理者应定期或在发生重大变化时，组织风险评价工作。辨识危害和隐患，对其进行评价分析；在此基础上确定并实施有效或适当的风险控制措施，从而将风险降到最低或者控制在可以承受的程度。

1. 风险评价

风险评价程序参见图 12-1。

图 12-1　风险评价程序

（1）明确评价对象，选择风险评价方法和程序。评价对象确定后，单位应根据相应的法律、法规、标准的要求，确定评价方法和程序。

（2）危害和影响的确定。

在确定危害和影响时，应遵循"全过程"、"全面"和"全员"的原则。即应系统地考虑从规划、设计和建设、投产、运行等阶段；常规和非常规的工作环境及操作条件；事故及职业危害、职业病以及潜在的危害等。在组织这项工作时，应注意鼓励全员积极参与。

（3）选择相应的判别准则。

判别准则来自法律、法规及标准；合同规定；单位方针及目标等。

（4）评价危害和影响。

风险评价应全面考虑人（包括操作人员及管理人员）和物两大方面因素导致的危害和影响；

在全面考虑的基础上，风险评价还应结合本单位的生产特点确定评价重点。如对危险化学品生产单位，应将易引起火灾爆炸事故的因素、易导致化学中毒的因素、易引起压力容器及压力管道事故的因素等作为评价的重点。

风险评价应由具有资格的单位及人员来实施，并应定期进行。

（5）记录重要危害和影响。

评价结束后，单位应将较为重要的危害和影响记录在案，形成文件。

（6）确定具体目标和量化指标。

在对危害和影响因素评价的基础上，应根据单位的方针、风险管理要求、生产及商业需要，从人（包括操作和管理）和物两方面确定与 HSE 有关的、适当的具体目标和量化指标。这些指标应是现实可行的和可检验的。单位还应定期评审这些指标的适用性和连续性，必要时应进行修订。

（7）制定和评价风险控制措施。

单位应制定及采取措施来控制或者降低风险及其影响。包括：预防事故、控制事故的扩大、预防急慢性职业危害和职业病、降低事故短期及长期影响等。

（8）风险评价报告。

单位应将风险评价报告形成文件并存档备查。

（9）实施风险控制措施。

（7）和（9）是需要强调的两个阶段。只有实施了风险控制措施，才有可能切实减少事故；减少职业危害及职业病，以实现 HSE 管理体系的方针和目标。

2. 环境因素评价

HSE 管理体系的重要特点是将环境因素列入管理体系之中。

（1）确定重要环境因素的依据，确定本单位重要环境因素需要考虑的方面包括：

① 国家或地方环境保护法律法规和标准的要求；

② 环境因素影响范围及影响程度大小；

③ 环境影响因素持续时间；

④ 社会和公众关注的敏感点及关注程度。

（2）环境因素的确定范围。

（3）制定环境目标和指标。

（4）达到环境目标、指标的实施方案。

（5）环境因素的变更。

3. 隐患治理

（1）隐患评估。

自评：由基层单位按照单位 HSE 管理部门规定的评估程序及方案进行评估。评估结果应建立档案，其内容包括：隐患评估报告；技术结论；隐患治理方案、整改进度和责任人；资金概预算等。

复评：基层单位 HSE 管理部门应根据自评结果进行复评。在征求相关部门意见后，编制出年度隐患治理计划并列入单位年度综合计划。其中重大隐患治理项目须按照管理权限，经上级 HSE 管理部门审查批准，组织实施。必要时，可以由有关部门组织专家对隐患治理计划进行评估。

（2）隐患治理各级单位的最高管理者应对隐患治理工作负责，并亲自组织隐患治理工作。

（3）跟踪复查 HSE 管理部门应按照本单位隐患治理计划，对隐患治理工作进行跟踪复查。如果发现问题，应与有关部门联系解决，必要时，可向本单位最高管理者报告。

五、新建、改建、扩建装置（设施）建设

新建、改建、扩建装置（设施）建设，应按照"三同时"（即职业安全健康设施和环境保护设施要与主体工程同时设计、同时施工、同时投入使用）原则进行；装置（设施）的设计、采购、施工、安装和试车，都应符合有关法律、法规和标准（国际标准、国家标准或行业标准），以确保装置（设施）运行顺利、正常。

按照有关法律法规和标准的要求，新建、改建、扩建装置（设施）建设项目应做好以下

4 项工作。

1. 安全预评价和环境影响评价

新建、改建、扩建项目在可行性阶段应进行安全预评价和环境影响评价，两项评价报告经有关部门批准后，建设项目方可继续进行。

2. 资质和审核

建设项目的评价、设计、施工都应由取得相应资质证书的单位承担；工作人员应具备相应资质。职业安全健康与环境管理人员应参与项目的设计审查及竣工验收。初步设计的《职业安全健康篇》和设计施工图应由 HSE 相关部门会签批准。

3. 采购与安装

建设中的采购与安装均应符合有关法律、法规和标准的要求，建立文件、档案并保存有关资料。

4. 阶段风险评估

从设计、直到试运行的各个阶段，都应进行风险评价，采取有效的措施控制风险，最大限度地减少事故及职业危害、职业病的发生和对环境的不良影响。

六、运行和维修

单位应建立运行和维修管理程序，以确保 HSE 方针、目标的实现。运行和维修的基本要求如下。

（1）对所有新安装和改造的设备、设施，应在开车前、后进行审查，确认与设计相符，所需验证、试验全部完成并达到法规、标准要求。审查情况应记录在案、存档。

（2）所有设备、设施在运行期间，都满足或优于法规、标准要求。

（3）设置关键运行参数并定期监测，保证装置在这些参数范围内运行。

（4）编制开、停车及操作、维修规程。

（5）制定以保持装置安全运行为目的的试验和维修计划。

（6）停车检修（维修）和改造的设备、设施再次投入使用之前，应按照规定要求进行必要的检查和测试，并将结果记录在案。

（7）应建立关键生产装置监控系统，实现信息管理。

（8）对重要环境因素应建立并保持监测、控制程序和手段。

（9）按照有关法律、法规、标准，对特种设备进行管理。

（10）安全设备的使用、维修、改造和报废，应符合国家标准或行业标准。

（11）建立质量保证体系，确保更换或改造的设备、设施保持完好运行。

七、变更管理和应急管理

1. 变更管理

变更管理是指对人员、工作程序、工作过程、技术、设备设施等的永久性变化或暂时性变化进行控制管理。变更管理如果失控往往会引发事故。

（1）变更类型。

变更类型包括：

① 工艺、技术的变更，如因新建、改建、扩建项目引起的变更，原料或介质的变更，工艺流程及操作条件的变更，操作规程的变更等；

② 机械、设备的变更，如工艺设备的改造和变更，更换与原设备不同的设备或配件，设备材料代用变更，临时性的电气设备变更等；

③ 管理变更，如政策、法规或标准的变更，机构和人员的变更，规章制度的变更，HSE管理体系的变更等。

（2）变更管理。

变更管理应包括变更申请、变更审批、变更实施和变更验收 4 个程序。单位应制定变更管理的管理制度，并严格执行。

2. 应急管理

应急管理是指对单位生产、储运和服务等各个方面进行全面、系统的调查、研究、分析，识别可能发生的生产事故、突发事件和紧急情况，制定可靠的防范措施和应急预案，以确保在一旦发生上述紧急情况时，能够最大限度减少损失。

应急管理实施分级管理，单位各级组织都应建立应急指挥系统，制定应急预案。应采取措施，使应急预案"人人皆知"，而且平时应组织应急训练。

八、事故处理和预防

单位应建立事故管理（包括事故报告、调查处理、统计分析，乃至存档的一系列管理工作）制度和程序，以保证能够及时报告、调查处理事故，确认事故发生的原因，处理责任人员，并制定相应的防范措施，确保同类事故不再发生。应做到"四不放过"，即事故原因没有查清不放过，责任没有得到追究不放过，职工没有受到教育不放过，防范措施没有落实不放过。

1. 事故报告

发生事故后，应按照规定及时上报，杜绝瞒报、漏报现象。

2. 事故调查

对发生的所有事故（包括未遂事故）都应进行调查、分析，查明事故原因，并制定防范措施。

3. 事故处理

事故处理应坚持原则，对直接责任者、间接责任者及负有领导责任者，都应按照法律法规的规定，追究法律责任。

4. 事故预防

应根据事故调查、分析所确认的事故原因和责任，制定并落实防范措施。事故预防包括工程技术措施、教育培训措施及管理措施等。

事故发生后，应采取各种方式迅速传递事故信息，以便引起各方面的警醒，吸取事故教训，采取相应措施，杜绝类似事故再次发生。

九、检查和监督

单位各级组织建立检查和监督制度，对本单位 HSE 管理体系运行情况进行定期检查和监督，以保证 HSE 方针和目标的实现和 HSE 管理体系的正常、有效运行。

1. 依据

国家法律、法规、标准和单位 HSE 管理体系文件是检查和监督的依据。

2. 检查的分类和频次

指令性检查按照国家或单位的安排要求进行；常规检查分为日常检查、定期检查、专业检查和不定期检查四类，一般按照单位制定的安全检查制度的要求进行。

3. 不符合纠正与整改

当发现不符合情况时，在进一步调查的基础上，应采取下列措施：

(1) 通知责任单位和相关方面，对于检查发现的重大隐患和问题，应实施《整改通知书》管理；

(2) 确定产生不符合情况的原因及可能的结果；

(3) 制定整改计划或改进方案、措施；

(4) 对于违章操作或违章指挥，应及时予以纠正，情节严重的应按照有关规定予以责任追究；

(5) 实施检查和监督的部门或人员，应对不符合的纠正与整改情况进行跟踪监督，直至问题得以彻底解决。

十、承包商、供应商及相关方的管理

承包商、供应商及相关方对于单位的 HSE 业绩十分重要，应制定相应的文件，对其进行有效管理。

1. 对承包商的管理

管理内容包括对承包商资质的审定，将对承包商 HSE 方面的要求列入承包合同，对承包商的作业过程实施监督，对承包商的 HSE 表现进行评价等。

2. 对供应商的管理

管理内容包括：资质审定，将对其 HSE 方面的要求列入有关合同，定期或不定期对供应商的产品及售后服务进行监督检查，对其 HSE 表现进行评价等。

十一、审核、评审和持续改进

单位应制定审核与评审制度，并据此定期对 HSE 管理体系进行审核与评审，以确保其持续的适应性和有效性。

1. 审核

（1）审核方式。

① 内部审核由各级单位自行组织进行；

② 第三方审核由具有相应资格的单位进行。

（2）审核内容。

① HSE 管理体系与有关法律、法规、标准的符合性；

② HSE 管理体系的要素和活动与其领导承诺、方针、目标的符合性；

③ HSE 管理体系的要素和活动的实施情况及其效果。

（3）审核程序。

① 审核前的准备；

② 建立审核准则；

③ 明确审核重点；

④ 确定审核组织及对审核人员的要求；

⑤ 确定审核方法和步骤；

⑥ 实施审核；

⑦ 审核记录的整理；

⑧ 不符合情况及其纠正；

⑨ 审核结果通报。

2. 评审

对 HSE 管理体系的评审由单位最高领导层组织进行，由单位最高管理者负责。

（1）评审内容。

① HSE 领导承诺的实现程度；

② HSE 管理体系文件与实际活动的适宜性、充分性和有效性；

③ HSE 的方针、目标及管理措施的实施情况有无改进的必要；

④ 针对本单位及其他单位的事故分析，来改进 HSE 管理体系；

⑤ HSE 所需资源的保证情况及最高管理者的责任；

⑥ 关键过程和装置的风险控制情况；

⑦ 应急预案的制定及其有效性。

（2）评审程序。

① 评审准备，如制定计划、收集有关文件资料等；

② 实施评审，由最高管理者主持召开评审会议或者现场评审会；

③ 编制评审报告，主要内容包括评审概况、评审内容、所发现的不符合项、评审结论及改进措施等；

④ 评审报告经最高管理者批准后，印发有关单位和人员。

3. 持续改进

根据审核与评审的结论和改进建议。本着持续改进的原则，不断完善 HSE 管理体系，实现动态循环，提高本单位的 HSE 管理水平。

　　了解职业安全健康管理体系（OSHMS）、健康安全与环境管理体系（HSE）的作用、基本内容（或关键要素）；按照"计划—实施—评价—改进"的模式，保证职业安全健康管理的持续循环和不断改进。

第十三章 加油（气）站典型事故案例评析

案例一、油罐车卸油中突然起火

广州某化肥厂雇请私人油罐车运输煤焦油，油罐车刚装载 30 t 煤焦油到厂卸油，油泵电机突然起火，在场人员立即使用灭火器灭火，并拨打 119 求援。由于出警及时，仅烧掉了 1 t 多煤焦油，并避免了可能引发的油罐爆炸事故。

简析：这是一起因电机短路引发的技术事故。

(1) 起火原因初步认定为油罐车自带油泵电机短路起火。

(2) 标明载重 8 t 的油罐车却装载了 30 t 煤焦油。这种严重超载的现象较为普遍，特别是自行改装的油罐车基本都超标，这成为油罐车事故多发的一个重要原因。

案例二、电焊切割时引发空油罐爆炸

发生爆炸的加油站由于不符合新的安全标准已经停业，旁边新建了一座加油站，但还没有投入使用。事发时，两名工人正在安装从旧油罐到新加油站的输油管。旧油罐内虽然没有油，但里面有残油和油气存在。工人在电焊切割时引发罐内油气爆炸起火，致使两人受伤，其中一人右眼失明。

简析：这是一起违章在输油管线上电焊引发的责任事故。旧油罐内虽然没有存油，但罐内与输油管道内存有残油及油气，这种有限空间内的油气浓度一般在爆炸极限范围之内，所以在焊接中引燃油气而发生爆炸。

案例三、某加油站卸油中爆炸起火

某加油站油罐车卸油中，静电火花引起油罐车突然起火爆炸。加油站工作人员迅速灭火，并对站内人员进行疏散，同时向消防部门报警救助。经消防人员全力扑救，火焰基本熄灭，加油机损毁，但大火没有引燃油罐车及加油站油罐。

简析：这是一起因静电放电引发的责任事故。油罐车不论采用何种卸油方式，都会因冲击摩擦、接触分离而聚集静电，当电荷积累达到一定的静电电位时（一般大于 300 V），导电体接触不良处就会发生静电放电现象，再加上卸油口周围空间存在着爆炸性混合物，这时就有可能发生燃爆事故。

案例四、烟蒂引发加油站发生火灾

某加油站在营业中突然发生特大火灾，随后发生大爆炸。这起事故中，加油站、汽车、附近的几家商铺被大火烧毁，一人因重度烧伤而入院抢救。事发后，消防人员经过一个多小时扑救，将加油站和附近房屋的大火扑灭。

警方在事故现场检测结果认定，事故是由一位司机的草率行为造成的。当这位司机驾车驶入加油站时，将自己刚抽完烟的烟蒂随意弹出了车窗，烟蒂余火点燃了加油中逸散在空气中的油气，随后火焰迅速吞没整个加油站，并引发爆炸。

简析：这是一起因司机在加油站内弹落烟蒂引发的责任事故。

（1）司机随便扔烟蒂是引发事故的直接原因。司机行车中，从车窗向外扔烟蒂的不安全行为经常可以见到，也曾有因随便扔烟蒂引燃了车辆所载货物的事件发生。司勤人员应改掉这种不良行为。

（2）一般来说，加油中逸散的油气不会在周围形成爆炸性混合气体，加油站可能设备技术状态不良，储加油设备可能有渗漏，或者加油站正在卸油，或者加油站所处环境低洼、封闭，油气难以及时消散。

案例五、某加油站中控电脑和加油机遭受雷击

某加油站遭受雷击，中控电脑系统和加油机等用电设备被击坏，其中 6 台加油机无法使用，雷击造成直接经济损失约 3 万元。

简析：这是一起因雷击引发的技术事故。

（1）此次雷击事故不是由直击雷引起。

（2）因为其电信信号及设备未被击坏，雷电流绝非从信号线路引入。

（3）从设备损坏情况来看，雷击源为雷电电磁脉冲，从高压线路被引入到低压配电系统，从而造成设备损坏。

案例六、某加油站油品泄漏威胁周围安全

某加油站在维修中，突然发生爆炸，油罐破裂，油品泄漏漫流，上空弥漫着滚滚浓烟，所幸未造成人员伤亡。

简析：这是一起违反检修作业程序引发的责任事故。

（1）加油站维修储油输油设备的安全要求：一是应使用防爆工具；二是凡是能拆卸的设备及附件，应拆卸拿到安全区域进行维护检修；三是在现场检修时应采用安全措施，如隔离

等，以防发生意外。

（2）气阀检修本应将其拆卸下来，拿到安全地带检修，这起事故是因违反了这一规定，再加检修中碰撞产生火花而引发爆炸。

（3）失控汽油流出加油站，看来加油站没有设置防火堤，致使汽油到处漫流。

案例七、接听手机引发加油站爆炸

某加油站一名工人在给一辆运油车卸油时，从衣袋里掏出手机接听电话，引发了爆炸，该名工人 3/4 的皮肤被烧伤，伤势严重。

简析：这是一起因使用手机引发的责任事故。

（1）汽油挥发气爆炸极限为 1.4%～7.6%，点燃能量为 0.2 mJ，任何细小的火花或肉眼看不见的静电都可能引起爆炸。

（2）手机本身没有防爆功能，其寿命也是有一定限制的，在长期的使用当中，会导致手机内部线路的老化，在接通的瞬间产生电火花，引起爆炸。

（3）手机工作机理是接收无线电波后产生射频电流，这种电流在导体形成环流时，若遇到接触不良的地方，就会产生放电火花、射频火花，从而为油库加油站的燃烧爆炸提供了火源。

（4）使用手机时，手机接通就有了手机与基站的数据交流，会产生随机突变信号，在电器设备周围形成一个动态的电磁场。这种动态的电磁场信号，会感应出突变的干扰信号，使电子仪器产生静电，可能引起燃烧爆炸，也会影响加油站（油库零发油）电脑控制，导致计量不准。

案例八、某加油站售劣质柴油与客户发生纠纷

某加油站购进二十多吨劣质柴油，使在此站长期定点加油的二十多辆客车发生故障。车主因油品质量问题与加油站经营者闹得不可开交。

简析：这是一起典型的因劣质油品而引发的责任事故。

（1）汽车队油品质量的要求越来越高，而油品市场竞争不断加剧，部分不法经营者就采用缺斤短两、以次充好的方式来经营，致使加油站油品质量事故的发生。

（2）油品质量事故发生后，要进行事故处理、索赔、调解等，还要受到工商、监督部门的处罚；更重要的是破坏企业声誉，严重影响企业形象。

（3）坚持"质量第一，信誉至上"的质量方针，加油站应严格制度，把好油品进出站质量、数量关，做到加给客户的油品"质量合格，数量充足"，绝不获取黑利。

参考文献

[1] 吴金林. 加油站经营与管理 [M]. 北京：中国石化出版社，2007

[2] 杨怀青、郭建新. 加油（气）站安全技术与管理 [M]. 北京：中国石化出版社，2006

[3] 国家安全生产监督管理总局宣传教育中心. 加油（气）站从业人员安全培训教材 [M]. 北京：中国矿业大学出版社，2008

[4] 林刚、王新. 油（气）田安全 [M]. 哈尔滨：哈尔滨地图出版社，2009

[5] 国家安全生产监督管理总局宣传教育中心. 危险化学品经营单位主要负责人和安管人员培训教材 [M]. 北京：冶金出版社，2009

[6] 道路交通运输企业安全生产隐患排查治理指导丛书编委会. [M]. 北京：中国劳动社会保障出版社，2008

责任编辑：柯　言

封面设计：明　羲

企业主要负责人和安全管理人员安全生产培训教材系列

企业负责人与管理人员安全生产法律责任与风险防范

企业负责人与管理人员职业安全健康培训教材

企业车间班组负责人安全生产培训教材

采石场负责人和安全管理人员安全生产培训教材

砖瓦粘土矿山企业主要负责人与安全管理人员安全生产培训教材

道路运输企业主要负责人与安管人员安全培训教材

加油（气）站负责人与管理人员安全培训教材

冶金企业主要负责人与安全管理人员安全生产培训教材

农药油漆化工经营网点负责人安全培训教材

ISBN 978-7-80214-939-7

9 787802 149397 >

定价：36.00元